国家自然科学基金重大项目

大数据环境下的商务管理研究丛书

大数据环境下的顾客洞察与市场营销策略研究

贾建民　耿　维　李国鑫 等　著

科 学 出 版 社

北　京

内 容 简 介

新兴信息技术深刻地影响着人类社会，使人类个体行为与组织行为呈现出鲜明的网络化特征，并随之产生了爆炸式增长的海量复杂数据。本书围绕商务管理活动在大数据环境下所呈现出的新的重要趋势，基于人类流动数据、在线评论数据、移动互联数据、问卷数据等多源多态大数据，从时间、空间和关联的视角，展现了基于大数据的顾客行为、营销推广与管理、营销战略等方面的研究成果。研究内容紧扣现实问题，旨在设计和构建相应的管理决策分析模型和方法，有效地将信息科学和商业应用结合，基于大数据驱动的市场机制开展协同创新，力求更好地回应现实问题，也为相关研究提供新的思路和实例。

本书主要面向高校和科研院所的硕士研究生、博士研究生和学者，对企业应用和研发人员也具有参考价值。

图书在版编目（CIP）数据

大数据环境下的顾客洞察与市场营销策略研究/贾建民等著.
—北京：科学出版社，2020.6

（大数据环境下的商务管理研究丛书）

ISBN 978-7-03-064590-6

Ⅰ. ①大… Ⅱ. ①贾… Ⅲ. ①消费者行为论-研究②市场营销学-研究 Ⅳ. ①F713.55②F713.50

中国版本图书馆 CIP 数据核字（2020）第 036485 号

责任编辑：陈会迎 / 责任校对：严 娜

责任印制：徐晓晨 / 封面设计：无极书装

科学出版社 出版

北京东黄城根北街 16 号

邮政编码：100717

http://www.sciencep.com

北京虎彩文化传播有限公司 印刷

科学出版社发行 各地新华书店经销

*

2020 年 6 月第 一 版 开本：720×1000 1/16

2020 年11月第二次印刷 印张：11 1/4

字数：227 000

定价：116.00 元

（如有印装质量问题，我社负责调换）

大数据环境下的商务管理研究丛书
编委会名单

总　序

科技发展日新月异，颠覆性的技术不断涌现，特别是最近十几年，互联网、物联网、云计算、智能技术等的快速发展和普及，使我们的社会发生了翻天覆地的变化。支付宝、微信等记录着人们的交易情况；穿戴设备记录着人们的运动和身体状况；社交媒体记录着人们的思考和交流网络；天网工程记录着人和物的出行轨迹，保障社会的稳定和安全；等等。目前，微信每天有 450 亿次信息发送，数以亿计的镜头更是留下了数量巨大的数据，全球数据量呈爆炸式增长，互联网数据中心（Internet Data Center，IDC）预计到 2025 年全球数据量将达到 175ZB①。大数据正在渗透人类社会的方方面面，正在成为改变世界格局、塑造人类社会未来的重要力量之一。在商务领域，一方面，大数据赋能（empower）企业发展，帮助企业增强能力，助力企业转型升级。例如，传统零售商利用大数据开展精准营销，制造企业利用大数据生产个性化产品，医疗健康服务提供者利用大数据开展个性化诊疗等。另一方面，大数据使能（enable）企业创新，为企业创造新的产品、模式，开辟新领域。例如，滴滴和 Uber 等对传统出租车行业的冲击和改造，支付宝和微信等对支付行业的冲击，亚马逊和京东等对传统零售行业的冲击等。

大数据正在改变着商务的格局，使得当前的商务环境呈现出一些显著的特征，其中有三个特征尤其突出。第一个是移动化，技术的进步和普及推动互联网向移动互联网发展，促进万物智联，便利的移动接入满足了所有商务活动参与者随时、随地采取行动的愿望，随着 5G②等的发展，这个特征将成为常态。第二个是社会化，白热化的竞争进一步加速了企业以核心能力为导向的趋势，技术发展支撑制造和服务向社会化、网络化发展；消费者的行为和决策常常受“社会意见”的影响；商家的决策既要考虑利益相关者的诉求，也要顾及利益无关者的影响；整个商业生态建立在社会化的基础之上。第三个是个性化，当前顾客成为竞争中的稀缺资源，以顾客为中心成为企业、商家的核心战略；在数字化时代，突出个性、彰显自我是“新人类”的重要标签，企业如何做到随顾客的“意”，即满足他们的个性化要求，是当前竞争的焦点。当然，这三个特征不是相互孤立的，而是相互作用和影响的。

---

① 即 zettabyte，中文名为泽字节，是计算机术语，代表的是 10^{21} 字节。

② 即 5th-generation，第五代移动通信技术。

大数据引发的变革是全面而深刻的，且具有颠覆性，既是机会又充满挑战，存在大量的科学问题亟待解决。我们有幸承担了国家自然科学基金重大项目“大数据环境下的商务管理研究”（71490720）的任务。作为国内第一个大数据方面的重大项目，该项目将具体的研究内容确定为：针对大数据的复杂性和大数据环境下商务管理面临的巨大挑战和机遇，采用建模、实验、实证、案例分析等研究方法，从参与者与市场的商务行为机理、顾客洞察与市场营销策略、运营策略优化与协调、商务智能与模式创新、商务分析与计算方法、大数据支撑平台等角度，系统地凝练和解决当前大数据环境下的商务管理中的一些重大科学问题（研究框架如图 0-1 所示）。通过深入系统的研究，该项目试图揭示大数据环境下商务管理中参与者与市场的交互式商务行为机理，洞察顾客行为与价值实现机制并设计相应的市场营销策略，优化大数据环境下企业运营策略与风险控制方案，构建大数据环境下企业商务智能的能力并剖析商业模式创新的原理和模式，研发面向大数据的商务分析与计算方法。

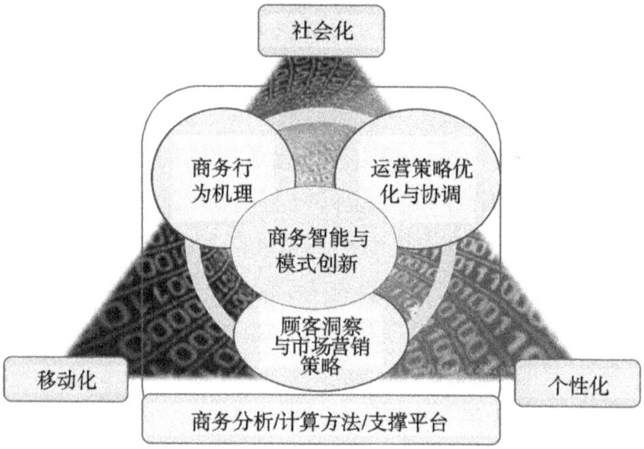

图 0-1 “大数据环境下的商务管理研究”内容框架

为此，我们组织了一支以清华大学、复旦大学、西南交通大学、合肥工业大学和哈尔滨工业大学优秀学者为核心的研究团队，围绕上述研究框架开展深入研究。研究团队紧紧把握立足中国实践，到国际上讲中国故事这个总方针；围绕从实践中发现具有普适性的科学问题，通过我们的努力为人类贡献学术新知这个总目标；采取注重整体、协同攻关的研究思路，经过四年多的努力，取得了一大批有价值的研究成果。主要进展包括以下几个方面。

揭示大数据环境下用户产生内容以目的价值、社会价值和娱乐价值为导向的动机，解析企业商业干预行为对用户产生内容的影响机理，剖析多渠道整合信息传播的商业价值、不同传播内容特征和传播主体特征对用户商业行为的影响规律，以及网络信息传播、社会资本结构、用户商务行为三者之间动态交互与发展的关系，系统地解释企业、用户群体之间共创企业价值和用户价值的逻辑，探索用户评论机制、卖家保证机制和平台治理机制对市场有效性和公平性的理论解释，总结大数据技术与应用采纳和扩散的新过程及新方式，初步构建大数据技术扩散的组织理论。

用网络中心度和多样性等特征来刻画顾客在大数据时代的兴趣系统及全生命周期行为特性，探究基于家庭网络和社区网络行为特征的个体行为向群体行为演化的过程和规律，从网络结构和动态特征上揭示城市与农村之间在社区网络、家庭网络上的差异及其对消费行为和产品扩散的影响，剖析企业在线产品推荐与用户互动行为的机理，解析行为定位如何影响用户对在线广告的反应，并建立两阶段决策模型，设计考虑时间、地理位置和社会关系三维因素以获得动态实时精准的企业电子商务和市场营销策略，探讨“一带一路”框架下高铁“走出去”的国家战略，并分析其全球战略价值。

建立几类典型消费者的行为模型，探究大数据环境下的信息设计策略，优化大数据环境下的企业的运作策略（包括企业市场进入策略、价格决策、库存决策、广告竞争决策、平台匹配策略、线上及线下和全渠道运作策略与多职能业务集成的策略优化等），开发数据驱动的企业运作策略优化和协调方法（如定价决策，库存决策，以及选址、选品和库存联合决策等），设计大数据环境下企业间竞争与合作策略（如竞争企业产能合作策略、供应链渠道优化策略、不同场景下供应链企业间的契约设计方法、动态机制设计方法），构建基于大数据的采购风险综合集成管理框架。

构建面向企业内外部数据资源整合的商务智能模型与方法（如性能更优的融合内外部数据的用户辨识方法、新颖代表性测度及代表性信息提取方法、面向特定场景的更高效推荐算法等），揭示信息技术（information technology，IT）具有应对不确定性以减轻企业绩效波动的潜力的内在规律，探讨了 IT 投资决策时企业偏离行业平均水平后带来的绩效影响，探究了企业信息系统的存在性和实施程度与审计师的工作质量及效率的相关性，基于提出的竞争性测度和模型可智能识别出反映市场用户意图和认知的竞争品牌，提炼出社会化互动营销情境下的任务特征及分类以分析社会化互动模式的创新扩散机理，拓展和加深了技术采纳和使用理论的基础。

提出面向商务管理的大数据获取、评估与融合、学习和预测等方法（如高效检索相似性计算技术、面向商务管理的数据约简方法、面向商务管理的数据融合方法、因果学习方法等），构建面向商业情报分析、个性化推荐的大数据分析与计算方法（如面向用户画像方面的非参数层次贝叶斯主题模型、面向产品个性维度的量化模型和基于语言规则的产品标签筛选方法、针对个性化需求的推荐方法等），初步建立了面向汽车品牌管理的大数据商务分析系统与支撑平台（包括大数据分析平台、多源数据获取和融合系统、面向企业需求和用户需求的品牌管理子系统）。

基于上述研究成果，我们在国内外高水平学术刊物上发表了一大批论文，特别是在相关领域国际顶尖期刊（即管理、数据分析类顶尖刊物：UT Dallas 界定的 24 种期刊、*ACM Transactions on Database Systems*、*ACM Transactions on Information Systems*、*ACM Transactions on Knowledge Discovery from Data*、*IEEE Transactions on Knowledge and Data Engineering*）上发表论文 50 多篇，并在重要国际会议上作了大量的学术报告（包括一些主旨报告、邀请大会报告）。这些结果反映出我们预期到国际上讲中国故事的努力取得了显著的成效，我们讲的中国故事得到了国际学术同行的认可，并在相关领域的国际顶级学术论坛展示和传播我们基于中国实践的学术新知。同时，我们也非常注意将研究成果应用于国内外企业，帮助它们更好地开展相关业务，例如，我们的研究成果被中国人民保险集团股份有限公司、国药控股股份有限公司、安徽江淮汽车集团股份有限公司、奇瑞汽车股份有限公司、苏宁易购集团股份有限公司、IBM 公司等采纳。

为了更为系统地展示我们前期的研究成果，特组织项目研究团队将部分研究成果汇集成这一系列研究专著。本系列专著的出版一方面向大众展示和传播我们的研究成果，另一方面希望起到抛砖引玉的作用，吸引更多的人投身到这个蓬勃发展的研究领域。本系列由下列五部专著组成：《大数据环境下的商务行为机理：理论与实证》（黄丽华等著）、《大数据环境下的顾客洞察与市场营销策略研究》（贾建民等著）、《大数据环境下的运营策略优化与协调研究》（陈剑等著）、《基于大数据的商务智能与模式创新研究》（陈国青等著）、《数据驱动的品牌关系管理》（刘业政等著）。

尽管该重大项目的任务即将完成，然而对大数据环境下商务管理的探索和研究不仅没有结束，而是方兴未艾。毕竟，大数据的时代潮流正在引发巨大的、全方位的社会经济变革。我们的尝试和努力仅仅是一个开头，需要更加深入、全面、系统地认识、理解大数据对商务引发的革命性变革，研究其逻辑和规律，进而顺应变革的潮流、结合科技的力量研究相关的理论、方法和管理技术。至少有三个方向值得特别关注。第一，技术和商务的深度融合将颠覆和重塑人们的思维逻辑、认知方式和行为习惯。需要重点回答下面问题：如何基于数据形成具有因果关系的逻辑分析框架从而指导数据驱动的商务分析理论和方法，如何设计新的机制和规范以适应商务参与者的变化、参与者的思维和行为的改变，等等。第二，大数据、智能技术等导致的自动化、智能化将助力传统行业的转型升级，如机器人、无人仓库、无人超市、自动驾驶等的普及。关键课题包括如何结合领域知识改进商务模型、优化商务流程和经营策略、提升竞争效率等。第三，大数据和新技术也在推动行业破坏性创新，例如，“数据–服务–产品”包将真正实现“产品即服务”，改变产品的产权关系，触发制造业的彻底革命；又如，基因测序的应用和普及将引发医疗健康及保险等行业的革命。那么，接下来就要进一步探索如何在新的商务生态下创新商务模式、设计商务流程和经营策略、创造竞争优势等。

该项目能够在过去四年多的时间里得以顺利、有效地执行并取得重要进展和成果离不开许多组织和个人的殷切关怀、热情帮助、大力支持和全力投入。首先，感谢国家自然科学基金委员会高瞻远瞩，把握学科发展的前沿，适时立项，并在研究经费上予以支持。感谢国家自然科学基金委员会管理科学部的领导吴启迪主任、李一军主任、高自友主任一贯的关心、指导、支持和鼓励，工商管理处的冯芷艳处长在推动大数据相关研究方面的热情和努力与在该项目启动会上对项目执行规划的具体指导，工商管理处的吴刚处长在项目的执行过程中的指导、督促和支持。衷心感谢项目专家指导组马费成教授、毛基业教授和曾大军教授对项目在研究过程中给予的指导和具体的建设性意见。还要特别感谢项目团队所在单位，清华大学、复旦大学、西南交通大学、合肥工业大学和哈尔滨工业大学为研究团队工作的顺利开展提供了良好的环境和条件，以及一大批企业在项目研究过程中的配合和协助［包括阿里巴巴（中国）有限公司、北京京东尚科信息技术有限公司、苏宁易购集团股份有限公司、北京嘀嘀无限科技发展有限公司、中国人民保险集团有限公司、中国移动通信有限公司、北京百度网讯科技有限公司、奇瑞汽车股份有限公司等］。也要感谢所有参加该项目研究的老师和同学，包括项目团队核心成员：杨善林院士、叶强教授、徐心教授、刘红岩教授、戴悦教授。各课题的协调人：卫强教授、卢向华教授、肖勇波教授、郝辽刚教授、姜元春教授。各课题组骨干成员：课题一成员包括凌鸿教授、黄京华教授、李玲芳教授、郭迅华教授、王有为教授、张诚教授、彭志伟教授、林丽慧教授、许博教授、李希熙教授等；课题二成员包括徐飞教授、杨沙教授、张紫琼教授、李国鑫教授、耿维教授、Chul Ho Lee 教授、杨洋博士、王欣教授等；课题三成员包括吴俊杰教授、朱岩教授、刘登攀教授、张成洪教授、吴肖乐教授、黄朔教授、黎波教授、叶青教授、杨柳教授、袁华教授、钱宇教授等；课题四成员包括 Doug Vogel 教授、闻中教授、易成教授、吴天石教授、夏昊教授等；课题五成员包括倪志伟教授、李军教授、何建民教授、徐进教授、丁帅教授、王晓佳教授和孙见山教授等。谢谢大家一直以来真诚的配合和全心的投入，正是大家的齐心协力保障了项目的顺利进行。最后向参加本系列专著撰写的所有作者的倾心投入、朱华女士在项目进行和专著系列出版过程中的尽心协助，以及科学出版社及相关编辑在专著的编辑和出版过程中表现出的职业水准致以诚挚的敬意。

陈　剑　清华大学
陈国青　清华大学
黄丽华　复旦大学
贾建民　西南交通大学
刘业政　合肥工业大学
2019 年 7 月

前　言

蓬勃发展的新兴信息技术深刻地影响着人类社会，使人类个体行为与组织行为呈现出鲜明的网络化特征，并随之产生了与之相伴的爆炸式增长的海量复杂数据。人类社会进入大数据时代，在这种大数据环境下，商务管理活动发生了深刻的变化，在市场营销、企业运营、商业模式等方面呈现出一些新的重要趋势。这些新趋势的出现，要求设计和构建相应的管理决策分析模型和方法，有效地将信息科学和商业应用结合，基于大数据驱动的市场机制开展协同创新。

聚焦“大数据环境下的顾客洞察与市场营销策略研究”，本书从时间、空间和关联的视角，重点反映了基于人类流动数据（零售客流、公交出行轨迹）、在线评论数据（电子口碑、顾客评论、管理方与顾客交互）、电信数据（电信业务使用、移动应用程序使用）、问卷数据等多源多态大数据的若干研究成果，这些研究成果在基于大数据的顾客行为、营销推广与管理、营销战略等方面具有理论和实践意义。本书关注精准营销、人类流动规律、初次口碑和追加口碑、在线评论行为和社会化嵌入、管理反馈、专家评论、顾客生成内容、灾后重建与恢复等方面的学术与应用挑战，希望以“时空关”的新视角切入，力求更好地回应现实问题，也为相关研究提供新的思路和实例。

本书内容来源于重大项目“大数据环境下的顾客洞察与市场营销策略研究”（71490722）的研究成果。本书各章的撰写作者如下：第 1 章由哈尔滨工业大学李国鑫、隋悦鹏撰写，第 2 章由西南交通大学耿维、张鼎喆撰写，第 3 章由西南交通大学赵岩撰写，第 4 章由哈尔滨工业大学张紫琼、张自立撰写，第 5 章由哈尔滨工业大学孙文俊、张紫琼、叶强撰写，第 6 章由哈尔滨工业大学张紫琼、叶强、李国鑫撰写，第 7 章由西南交通大学耿维、赵岩撰写，第 8 章由西南交通大学贾建民、耿维撰写。全书由西南交通大学耿维、哈尔滨工业大学李国鑫统稿。衷心感谢团队成员及所有合作者在项目研究中所做的学术创新和贡献。清华大学的朱华为本书做了大量工作，在此一并表达谢意。

作　者

2020 年 4 月

目　　录

第 1 章　基于"时空关"的精准营销与顾客触达：客流大数据赋能智能零售 ··· 1

1.1　概述 ······ 1

1.2　智能零售的客流大数据采集 ······ 2

1.3　智能零售的客流大数据处理 ······ 3

1.4　智能零售的客流大数据应用 ······ 3

1.5　智能零售发展的相关建议 ······ 5

第 2 章　公交乘客时空规律度与伴随网络 ······ 6

2.1　数据概况与典型乘客 ······ 7

2.2　空间熵与时间熵 ······ 9

2.3　伴随网络 ······ 14

参考文献 ······ 16

第 3 章　基于大数据的顾客口碑分析 ······ 19

3.1　顾客的在线初次口碑和追加口碑对产品销售的影响研究 ······ 20

3.2　顾客的在线初次口碑与追加口碑效价一致性对产品销售的影响研究 ······ 28

参考文献 ······ 40

第 4 章　顾客在线评论行为的动机与回报 ······ 45

4.1　顾客在线评论：动机、回报与努力 ······ 45

4.2　顾客评论内容的感知有用性和感知有趣性 ······ 56

4.3　顾客在线评论的社会化嵌入 ······ 65

参考文献 ······ 72

第 5 章　在线评论管理反馈的外部性 ······ 79

5.1　顾客在线评论的管理反馈策略 ······ 79

5.2　管理反馈对企业绩效的影响研究：来自 TripAdvisor 的证据 ······ 83

参考文献 ······ 91

第 6 章 专家评论对顾客在线评分的影响 ······ 95
6.1 专家评论对顾客在线评分行为的影响研究 ······ 95
6.2 顾客在线评论感知价值的影响因素研究 ······ 104
6.3 顾客生成内容受欢迎程度的影响因素研究 ······ 113
参考文献 ······ 122
第 7 章 娱乐行为在降低感知风险中的角色：来自手机应用数据的证据 ······ 129
7.1 研究假设 ······ 129
7.2 研究方法 ······ 131
7.3 数据获取 ······ 132
7.4 研究结果 ······ 133
7.5 讨论 ······ 141
参考文献 ······ 143
第 8 章 大数据行为研究趋势：一个“时空关”的视角 ······ 146
8.1 概述 ······ 146
8.2 大数据行为研究进展 ······ 148
8.3 基于交通大数据的流动行为研究 ······ 152
8.4 流动行为的社会关联研究 ······ 155
8.5 社会网络行为研究 ······ 157
8.6 结束语 ······ 160
参考文献 ······ 161

第 1 章　基于“时空关”的精准营销与顾客触达：客流大数据赋能智能零售

1.1　概　　述

1996 年，Howard 教授首先提出商务智能（business intelligence）的概念，并将其定义为一系列的概念和方法，通过应用基于事实的支持系统来辅助商业决策的制定。商务智能技术提供使企业迅速处理并分析数据的技术和方法，包括收集、管理和分析数据，将这些数据转化为有用的信息，然后分发到企业各处。

大数据时代，数据化、智能化逐渐成为零售实体店经营决策的重要前提，构建以数据信息为核心的经营决策模式，是实现自身转型与发展强有力的条件。线上零售店凭借自身对数据的收集优势已在数据挖掘、决策领域取得了显著的进展。相对来说，线下零售实体店对数据的收集方式较为单一，对数据的处理与运用的方式稍显不足。现阶段，如何通过对现有数据的分析与应用，进行有效的营销，从而提升客流量成为零售实体店所面临的重大问题。

通过对线下零售实体店的实际考察，以及对从事大数据业务的相关公司的访谈，本书提出形成闭环形式的智能营销模式流程链。在该流程链中，数据采集为最基础的一步，通过铺设 Wi-Fi 及 Wi-Fi 探针的方式对客流数据进行收集；在大数据平台上对客流数据进行清洗与分析；得出可以实际采用的有效数据，根据获取的数据进行实际应用，最后产生引流的效果，可以丰富数据的收集与利用。整个流程链最终呈闭环形式。

1.2 智能零售的客流大数据采集

目前，由于技术手段的不断发展，以往进行数据采集的方法已经逐渐得到优化。传统的对顾客个人信息的采集需要采用问卷发放的方式，该方式首先获取顾客数较少，其次对顾客的消费行为会产生一定的影响。现阶段线下零售实体店对数据的收集方式主要有顾客关系管理（customer relationship management，CRM）、车牌扫描、客流扫描、Wi-Fi 登录及 Wi-Fi 探针。

CRM：在零售实体店中，该部分顾客的信息是最易整理和分析的。顾客注册会员时会登记一部分个人信息，且在每次购买过程中会使用会员卡等带有个人标识的凭证，因此获取该类顾客的用户画像及消费模式较为容易。

车牌扫描、客流扫描：该类技术应用的时间较早，主要设置在停车场及商场各出入口，对来往车牌、客流进行扫描。该类技术对于车流量及客流量控制上有部分作用，但是其弊端很大。车牌扫描仅能辨识出乘车的顾客群，而客流扫描也只能进行简单的数量统计，无法进行顾客属性的描述。且车牌描述与客流描述无法进行匹配，因此在数据的运用上存在很大的障碍。

Wi-Fi 登录及 Wi-Fi 探针：通过 Wi-Fi 获取到顾客移动轨迹和购买行为信息也是较为常用的一种数据收集手段。Wi-Fi 登录是应用较为广泛的一种方式，它的优点在于可以收集到顾客的手机号码，并将其作为顾客的唯一标识，这为下一步通过电话、短信进行移动营销提供了基础。但是 Wi-Fi 登录的缺点也十分明显，对于主动登录的顾客，它可以收集到相关数据，但是对于在 Wi-Fi 设定范围内并未登录该 Wi-Fi 设备的顾客，其数据将收集不到。在一定情况下，会遗失大部分的顾客数据，这对于以后的数据分析是一种样本偏差。Wi-Fi 探针则很好地弥补了这一点，它能识别手机的媒体访问控制（media access control，MAC）地址并将其作为顾客的唯一标识，无论顾客是否连接到 Wi-Fi 设备上，进入该设备范围内的移动信息大部分都会被捕获。通过 Wi-Fi 获取的顾客移动轨迹数据可以实时上传，零售实体店可以随时获取顾客位置、时间方面的信息。

由于移动互联网的快速发展，现阶段零售实体店通过 Wi-Fi 技术获取顾客移动轨迹的方式较为普遍。顾客持手机（Wi-Fi 状态为打开）进入到设备区域后，手机的 MAC 地址即可被 Wi-Fi 探针扫描到，并将此设定为该顾客的身份标识，当该顾客在零售店内进行购物行为时，其移动轨迹可以被数个 Wi-Fi 探针记录到，根据记录的时间，可以描绘出顾客在店内的移动轨迹。

1.3　智能零售的客流大数据处理

收集顾客数据后，需要对数据进行处理，主要包括数据清洗、数据结构化及数据标签化等过程。当顾客进入零售店内时，通过设备可以收集到的初步信息包括顾客移动轨迹及驻店时长。

经过大数据平台的数据清洗后，首先将可能存在的工作人员等非顾客的信息剔除掉；其次将顾客已经认证过的相关信息与消费行为进行匹配，以形成模式化数据，并进行聚类分析，将属性类似的数据进行标签化；最后根据零售实体店的需求，给出关于客流分析、回访率、实时热力图等信息。

经过简单数据处理后的信息所展示的内容较为单一，若与网络上顾客登记的信息数据进行匹配，则可以获取较为完整的用户画像。如图 1-1 所示，通过将对某一顾客的客观描述和消费行为相结合，可以很容易描绘出该顾客所处年龄阶段、身份背景、活动范围、消费偏好及部分消费行为。顾客的用户画像有助于零售实体店进行针对性的营销活动，并在一定程度上可预测该类人群的购买倾向，有的放矢地进行个性化营销。

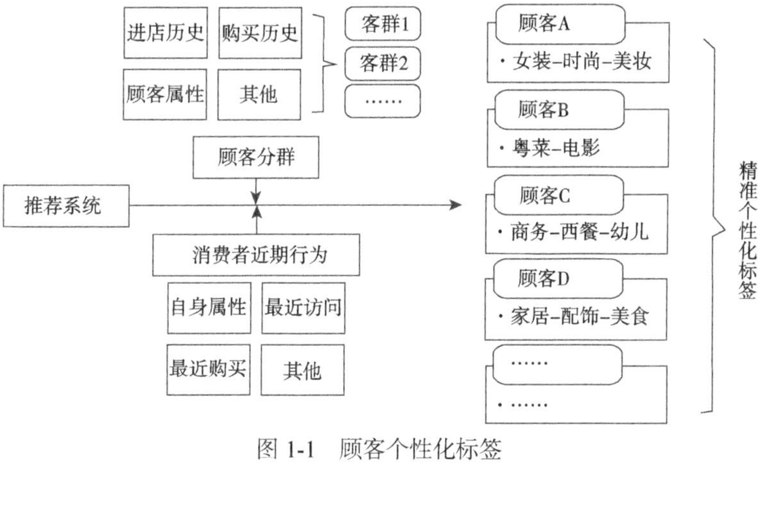

图 1-1　顾客个性化标签

1.4　智能零售的客流大数据应用

智能零售可以着重解决线下零售实体店的以下五组问题。

（1）顾客是谁？从哪里来？到哪些目标店铺？什么时间离开？

（2）指定品牌店铺的潜在顾客是谁？他们在哪？

（3）如何有效地引导新顾客和留住老顾客？

（4）如何快速评估营销活动的效果？

（5）如何判断商铺的价值点在哪？

顾客的移动轨迹可以通过数个设备按照时间属性进行描述，在进行一定的网络匹配及问卷调查后，可以获取部分顾客的个人属性，通过大数据平台的处理，将顾客移动轨迹与个人属性进行整合，形成可以区分各类人群的数据模型。形成模型后，将实时收集到的数据代入该模型中进行匹配，用以将实时数据进行分类，获取某一类品牌的目标人群与潜在顾客，并根据顾客实时的消费行为及移动轨迹在空间维度上找出目标顾客，根据顾客的驻店时长及各设备获取信号的时间，在时间维度上找出目标顾客。

在顾客转化方面，大数据平台可以根据一段时间内的访问频次将顾客进行初步划分，零售实体店需针对不同频次类型的顾客采用不同的营销方式。例如，对于忠诚顾客可以推送各类商品名目；对于沉默顾客则根据顾客类别分别推送具有吸引力的商品折扣信息；而对于睡眠顾客则需要通过电话、短信或者微信等能与之沟通的方式与其进行交流，以期了解其不愿购买的原因；对于流失顾客则应像新顾客一样，重新建立有效的联系。在一段时间范围内，该分类是有效的，但是随着时间的变化，该分类需要实时调整，对在不同时间内的顾客保证有准确且单一的属性划分。

零售实体店在进行营销活动后，最关注的信息是该次营销活动的效果是否达到预期，以及在营销活动中顾客的接受程度是怎样的，以往是从销售终端及客流量中获取该类信息，而在智能营销的框架下，该类信息可以依靠实时后台获取。首先后台编辑选择受众人群进行信息发送，以确保营销活动的针对性和有效性。其次在活动区域内设置地理围栏，当有效目标进入该范围后即触发营销信息的发送，保证信息的实时性；同时可以检测收到该营销信息的顾客是否进入活动区域，以测试营销信息的转化率。最后将营销信息发送量与实际到达人群相比较，即可获取该次营销信息发送的转化率。以上各部分内容相互独立，却又实时相关，确保在任一时刻发生的任何情况都能通过后台获取。

对于大型的线下零售实体店，出租的店铺会因为位置问题而导致客流量之间产生差异，从而影响销售额。但是，客流量的问题是否真的会直接影响到销售额？店铺自身是否会影响到本身客流量呢？通过智能营销可以较容易地观察到这两点的区别。根据设备对客流量的统计，可以清晰地描绘出商场实时的热力图（根据数据生成），假设A、B、C三个区域均显示客流量较大，而其中A区域靠近电梯，客流导向店内的居多；B区域内店铺门前客流量相同，但是可以明显观察出店铺间进店客流量的差别；C区域处于非电梯端，但是显示人流热度远高于其余区域，且平均进店量较高。可以得出初步的结论是，A、B、C 三个区域中 C 处客流较大，原因是品牌影响力较大，会将客流引导到该区域。在各区域内部，不同店铺之间的进店量差距明显，这说明是商铺自身对客流的吸引力有一定差距。相对来说，A 处门前客流密度较小，但是其进店量较大，可能是因为商铺影响力将客流导入店内。

在智能零售的作用下，“购物篮”效应得到了最大的发挥。通过对顾客移动轨迹的记录，可以较容易发现某些商品之间存在的联系，如在某商场内发现的优衣库—影院—外婆家之间的消费关系。这类信息可以使零售实体店推出类似于套餐优惠形式的优惠券，从而增加顾客的购买种类与频率。

1.5　智能零售发展的相关建议

本章主要根据智能零售的发展现状构建了智能零售发展的框架，分别从大数据采集、大数据处理、大数据实际应用等方面进行分析。在实际应用中可能遇到以下一些问题和限制。

（1）顾客数据的隐私性。对于顾客认证的信息，实体零售店可以有一部分的使用权，但是这部分使用权是有一定限制的，而该限制的具体界限是不清晰的。这需要零售实体店在使用时有所注意。

（2）顾客私密性可能受到影响。当短信、电话营销信息传达到不需要的顾客处，会被认为是垃圾信息。这不仅是营销资源的浪费，同时可能会使顾客产生厌烦心理。因此需要对顾客进行准确的用户画像，并发送合适频率和内容的营销信息。

（3）零售实体店内各店铺布局。在对顾客的分析中发现，顾客会对某些产品产生“购物篮”现象，因此，相关店铺的位置关系需要进行进一步考量。例如，这类店铺是应放置于共同区域内方便购买，还是应放置距离稍远，才能增加顾客在店内的驻留时长。

（4）线上与线下的合作关系。线下零售实体店获取用户购物行为的数据频率较低，所以在描述用户购买行为时会有数据量不足的可能性存在。而线上顾客的购物数据及浏览数据是较多的。线下可以将顾客预留的手机或者微信号进行关联，从而打通线上、线下购买行为的联系。因此，线下零售实体店应与线上店铺进行沟通与合作。

第 2 章　公交乘客时空规律度与伴随网络①

世界各地的公共交通体系已经大量应用基于智能公交卡的无人售票系统以向乘客提供更为方便和快捷的售票服务[1]。在售票的同时，这些系统也生成了大量的数据，如乘客的路径选择、换乘、出行时间等，记录下乘客每一次出行所对应的一系列时空足迹，即“轨迹”。轨迹当中蕴含着丰富的关于个体兴趣、决策和行为的知识。

其中一种是关于人类流动性的知识。社会的快速发展激活了大范围、大体量和高频率的人类流动，而人类流动也反作用于社会本身。深入理解人类流动性具有重大意义，其在交通运输[2-4]、迁徙移民[5]、流行病学[6, 7]、灾后重建[8, 9]、商业创新[10, 11]等诸多领域有重要应用。在对人类流动性的研究当中，公交轨迹数据与手机通信数据[12-18]、GPS（global positioning system，全球定位系统）轨迹数据[19]、基于位置的签到数据[20]、问卷调查和访谈[11, 21, 22]、人口普查数据[5, 15, 23]等一道被广泛应用[1, 3-5, 24, 25]。借助来源广泛、种类多样、规模庞大的数据，人类流动性的研究正在不断地向前推进。对人类流动规律的研究或者说对人类流动可预测性的探索，是当前该领域的重点内容之一[14, 16]。人类流动行为的规律性同时涉及空间和时间两个维度。沿空间维度的探索在诸多学者的努力下已经积累了较为丰厚的成果[6, 14, 16, 22, 26]；沿时间维度的探索正方兴未艾，如考虑观察和测量人类流动性的时间尺度问题[26]、序贯观察人类流动性并与空间移动相结合[16]等。对时间规律度的研究是对时间维度的探索中新近出现的专题。例如，Sun 等[4]以时间规律度为工具解释公共交通中“熟悉的陌生人”现象，Zhong 等[25]检验了时间节点粒度对计算时间规律度的影响。为准确刻画与人类流动性相关的时间规律度，学者使用了多种不同的测度，如乘客日间出行的时间变动性[4]、多周期中乘

① 本章部分内容发表在 Geng W，Yang G. Partial correlation between spatial and temporal regularities of human mobility. Scientific Reports，2017，7：6249。

客群体出行的跨期差异[17]、基于向量相关性的累积差异[25]等。除这些测度之外，源于物理学和信息学中的熵已经被广泛应用于对人类流动性空间规律度的研究[8, 16]，在对时间规律度的研究中也有较大的潜力。

另一种是关于人际社会网络的知识。重叠的轨迹在一定程度上意味着类似的个体兴趣、决策和行为。文献中关注了多种形式的轨迹重叠，如空间维度的同地点、时间维度的同时间、时空双维度的共存等[27]。进一步地，重叠的轨迹意味着存在人与人之间某种意义上的连接。Eagle 等[28]检验了基于轨迹的物理接近性对社会网络连接的可预测性，发现准确率为 95%。后续研究反复确认了这种预测效力[20, 29]，并进一步拓展到社会网络中的链路预测[29]。基于轨迹的人际连接可相应地在人群中建立起社会网络，即基于位置的社会网络[30]。基于轨迹通过不同方法提取出的不同连接所建立的社会网络往往具有不同特性。例如，Sun 等[4]基于公交轨迹是否重叠提取出乘客间是否存在车内相遇的共乘关系，并基于这种共乘关系建立了一类社会网络，认为这种社会网络有助于管理者观察以信息扩散和疾病传播为代表的多种扩散或传播过程中的动态细节。

本章基于四川省成都市的公交轨迹数据集，首先考虑人类流动性的空间和时间规律度，计算乘客个体层面的空间和时间熵，考察其分布，明确几种重要因素对时空规律度的影响，并检验空间熵和时间熵之间的相关性；其次考虑轨迹的完全重叠所反映出的人际社会连接，建立相应的社会网络，即伴随网络，分别考察时间截面上的瞬时网络和时间段内的累积网络，以及网络结构的演化。

2.1　数据概况与典型乘客

本章分析所使用的数据来自四川省成都市二环高架路快速公交系统。该系统于 2013 年开始运营，共有构成环状结构的 29 个站点。

数据集中包括 195 065 名乘客于 2013 年 6 月 11 日至 2013 年 8 月 20 日共计 5 759 234 次的出行记录。如表 2-1 所示，每条记录都包括乘客当次出行的卡号、出发时间、到达时间、出发站点、到达站点，所有记录都是匿名的。

表 2-1　记录字段及范例

字段	描述	范例值
卡号	可区分智能公交卡的唯一代码	6100000103003403
出发时间	当次出行开始时间	2013-06-11 06:28:01
到达时间	当次出行结束时间	2013-06-11 06:43:19
出发站点	当次出行开始站点的代码	0001
到达站点	当次出行结束站点的代码	0003

初步分析数据集中所记录的公交乘客出行轨迹，可以发现人类流动性在个体层面的显著异质性。图 2-1 展示了 4 名典型乘客的出行轨迹。其中，每个分图代表 1 名乘客，图中横轴为时刻，纵轴为站点，每条线段代表 1 次出行，其起点、终点分别为当次出行的出发时刻和出发站点、到达时刻和到达站点，线段的颜色深浅代表当次出行在观察期内的天数（2013 年 6 月 11 日为第 1 天）。每个分图的左部还各有一个环状流量圈，分别展示了该名乘客出行出发站点—到达站点对的计数。显然，图 2-1 表明这些乘客的出行模式在站点分布和时间分布上存在显著不同，展现了他们在出行的时空规律度上显著的差异性。

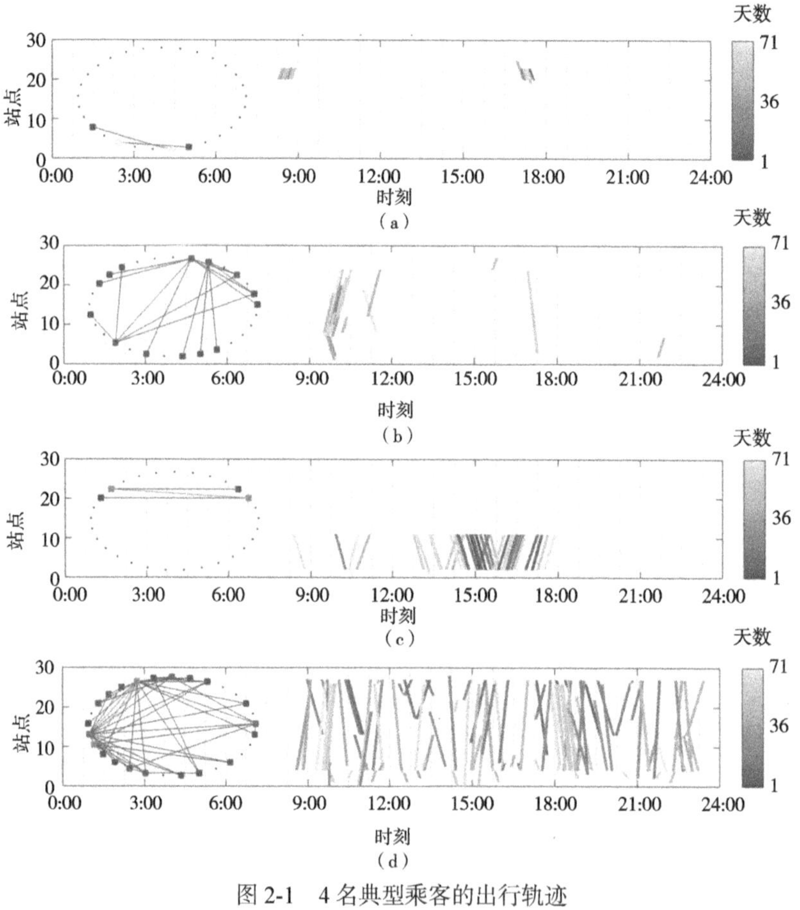

图 2-1　4 名典型乘客的出行轨迹

图 2-2 进一步展示了这 4 名乘客的出行时空规律度。其中，每对图代表 1 名乘客，左列图展示空间规律度，右列图展示时间规律度。在左列图中，横轴代表出发站点，纵轴代表到达站点，每一个点代表一个出发站点—到达站点对，其颜色深浅和大小表示该站点对对应的出行次数计数值。在右列图中，横轴代表在快速公交系统中的时刻，纵轴代表出行密度，任一时刻的密度为该时刻时乘客在系

统中的次数占总出行次数的比值。图 2-2 表明，这 4 名乘客的出行时空规律度存在显著差异：第 1 名乘客的出行空间规律度和时间规律度都非常高，他几乎只在 2 个站点对之间出行，也几乎只在固定的一早一晚时间内出行；第 2 名乘客出行的空间规律度较低但时间规律度较高；第 3 名乘客出行的空间规律度较高但时间规律度较低；第 4 名乘客出行的空间和时间规律度都很低。

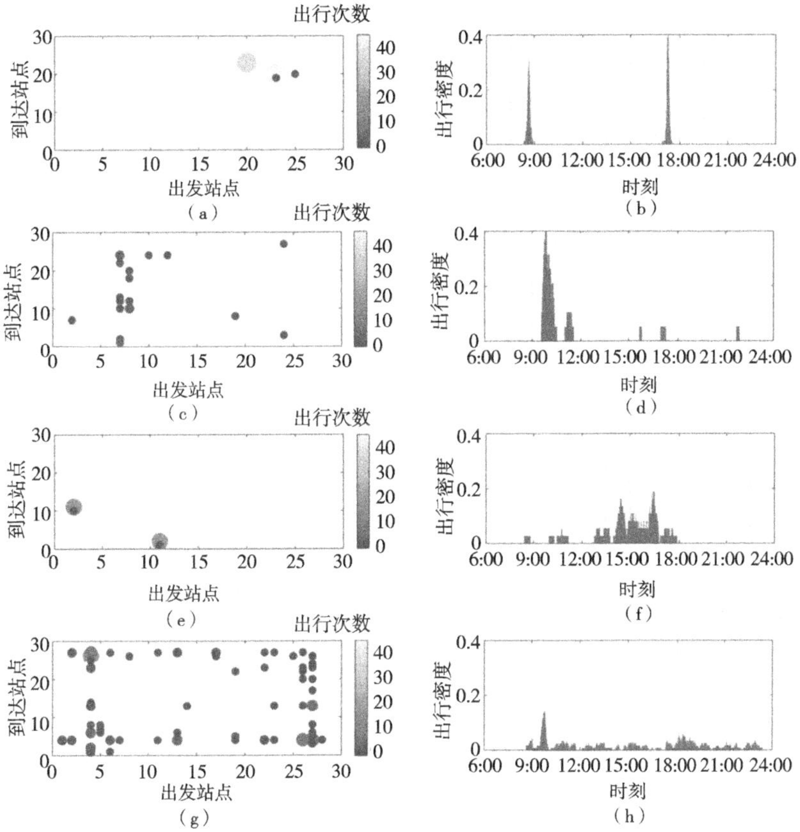

图 2-2　4 名典型乘客的出行时空规律度

对乘客出行时空规律度的进一步研究需要引入熵进行测度。

2.2　空间熵与时间熵

空间熵是乘客出行的空间规律度的一种测度，由 Song 等[16]以“时间无关熵”的名称提出并应用。对任意的乘客 i，若其到访（出发或到达）过的站点总数为 N_i，并以 $p_i(j)$的概率到访其中的任一站点 j，则其空间熵为

$$S_i^s = -\sum_{j=1}^{N_i} p_i(j)\log_2 p_i(j)$$

乘客在公共交通系统中的空间移动是发生在其自主选择的出发站点和到达站点之间，因此在计算空间熵时将这两个站点都考虑了进来。可以看到，空间熵是乘客到访的站点数及相应的到访频率的函数。进一步地，易见：

$$S_i^s = -\sum_{j=1}^{N_i} p_i(j)\log_2 p_i(j) \leqslant -\sum_{j=1}^{N_i} \frac{1}{N_i}\log_2 \frac{1}{N_i} = \log_2 N_i$$

即空间熵有一个紧的上界 $\log_2 N_i$。

如图 2-2 所示，4 名典型乘客无论是站点数还是频率，在个体层面都呈现高度的异质性。因此，个体层面的空间熵也应呈现高度的异质性。在群体层面上，空间熵却可能呈现出一些新的规律。

对数据集中各乘客出行的空间熵进行计算，结果如图 2-3 所示。首先，图 2-3（a）展示了到访站点数对空间熵的影响。当到访站点数变动时，空间熵分布为非对称的单峰分布，其右侧尾部呈现指数下降（除去最后 4 个观察值后空间熵 $\log y = -0.2277n + 6.0895$，$p=0$，$R^2=0.9801$）。其次，图 2-3（b）以直方图形式展示了空间熵的总体分布，空间熵的分布具有多个峰值，其中最显著的峰在 1 附近：在总数中占比约为 5.09%的乘客群体的空间熵严格等于 1，即理论上的最小值。这些乘客只在某两个特定的站点间出行而概无例外，出行的空间规律度最高。在根据熵值是否相等划分出的群体中，这一群体是人数最多的。除了 1 附近的峰外，空间熵分布还有其他一些峰，但都不显著，整体上呈近似非对称的单峰分布。图 2-3（b）的上子图展示了空间熵的累积分布，其中位数为 1.8131。为更直观展示，下面对空间熵值为 1.8131 的乘客出行模式做进一步介绍。在这些乘客中，有一半按照[0.4667，0.2667，0.2000，0.0333，0.0333]的概率分布在 5 个站点间出行，有 23.53%按照[0.4545，0.3636，0.0909，0.0455，0.0227，0.0227]的概率分布在 6 个站点间出行，其他的乘客则出行模式各异。实际上，对全体乘客共识别出 81 059 种不同的出行模式。按照这些模式出行的乘客数各异。图 2-3（b）的下子图在双对数坐标轴中展示了按乘客数排序后的模式分布，其中横轴为模式序号、纵轴为按照此模式出行的乘客数。如图 2-3（b）下子图所示，模式序号排序后在双对数坐标轴中的主体为直线段，即实际上呈现出某种幂律分布。图 2-3（c）展示了空间熵（散点）随到访站点数变化的情况，其中圆圈表示具有相同到访站点数 n 的乘客的平均空间熵。如图 2-3（c）所示，空间熵整体上随到访站点数增加而增大；但对任意给定的到访站点数 n，空间熵可能在一个较大的范围内波动，于是基于某两个个体的到访站点数大小判定各自的空间熵大小在多数情况下是不可靠的。另外，当到访站点数 n 较小时，不少乘客的空间熵值达到理论上界 $\log_2 n$，即这些乘客以相等的频率在 n 个站点间出行。图 2-3（d）展示了空间熵

（散点）随出行次数变化的情况，其中圆圈表示具有相同出行次数乘客的平均空间熵。如图 2-3（d）所示，空间熵整体上随出行次数增加而减小。也就是说，高频出行的乘客往往空间规律度更高，他们更多地在少数几个站点间移动，很可能是在居住地和工作地之间通勤。

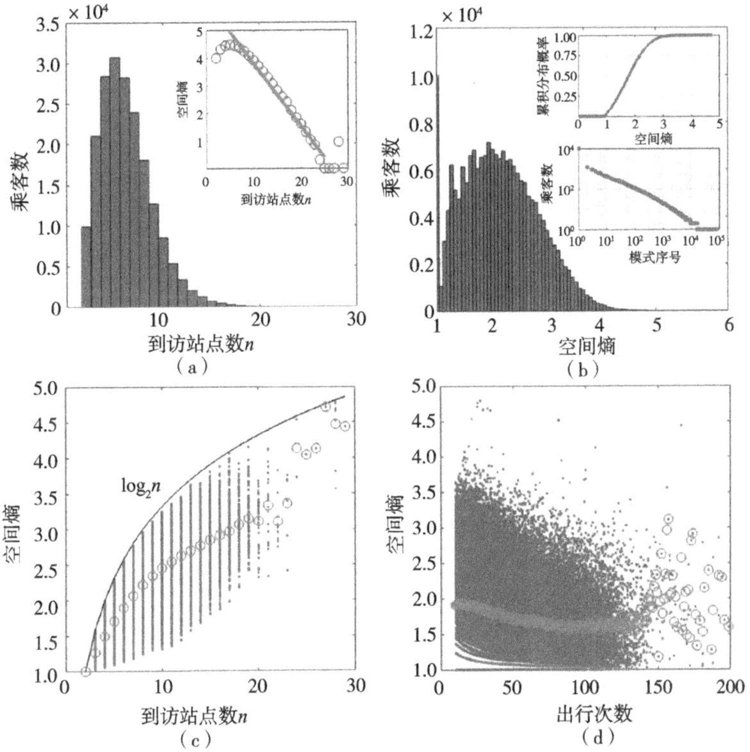

图 2-3 空间熵及其分布

时间熵是在研究乘客出行的时间规律度时，根据空间熵的概念对应提出的一种测度，也可以如文献中那样称为“空间无关熵”。在给出时间熵的定义之前，需要先定义乘客出行到访的时间节点（以下简称时点）数目和到访概率。如表 2-1 所示，数据集中的时间戳可精确至秒，这为汇总计算时点提供了丰富的选项。在既有文献中，Song 等[16]的时点粒度为 1 小时，其可能是为了减少计算量；Sun 等[4]的时点粒度是其数据集的精度，即为 5 分钟；而 Zhong 等[25]的时点粒度从 1 分钟到 12 小时不等以研究其对时间规律度变动性的影响。综合考虑计算量和应用场景并参考 Zhong 等[25]的研究结论，本章选取时点粒度为 30 分钟。在给定时点粒度后，得到一系列序贯的时点。由于时间总是持续向前的，乘客并不会再度返回某个时点。因此在考虑时间维度的流动性时，研究者普遍将不同日期的对应时点认为是同一个时点，即考虑一个商集[25]。于是，数据集中公交一天运营的 17 小时在 30

分钟的粒度下一共有 34 个时点。该数字与计算空间熵时的 29 个站点总数相近而具有可比性。在计算时间熵时，考虑到乘客在交通工具上的时间受到出发站点—到达站点距离的影响，也受到交通工具、路况等外部因素的影响，只有上车时间是自由选取的，因此仅使用上车时间而不使用下车时间。为保持术语的一致性，若乘客在某时点内上车，仍称其到访该时点。于是，对任意的乘客 i，若其到访过的时点总数为 M_i，并以 $p_i(j)$ 的概率到访其中的任一时点 j，则其时间熵为

$$S_i^t = -\sum_{j=1}^{M_i} p_i(j)\log_2 p_i(j)$$

可以看到，时间熵是乘客到访的时点总数及相应的到访频率的函数。进一步地，有

$$S_i^t = -\sum_{j=1}^{M_i} p_i(j)\log_2 p_i(j) \leqslant -\sum_{j=1}^{M_i} \frac{1}{M_i}\log_2 \frac{1}{M_i} = \log_2 M_i$$

即时间熵有一个紧的上界 $\log_2 M_i$。

图 2-3 表明乘客出行的时间规律度在个体层面呈现高度的异质性。因此，个体层面的时间熵也应呈现高度的异质性。在群体层面，时间熵与空间熵类似地呈现出一些新的规律。

对数据集中各乘客出行的时间熵进行计算，结果如图 2-4 所示。图 2-4（a）展示了到访时点数对时间熵在乘客中的分布的影响。与空间熵类似，时间熵的分布是具有重尾的非对称分布。图 2-4（b）以直方图形式展示了时间熵的总体分布。时间熵的分布为具有多个峰值、左尾稍重的非对称分布，但与空间熵不同的是，时间熵的分布没有一个占比显著较大的峰值。图 2-4（b）的上子图展示了时间熵的累积分布，其中位数为 3.3643。为更直观地展示，下面对时间熵取 3.3643 的乘客的出行模式做进一步介绍。接近一半乘客按照[0.2500，0.1429，0.1071，0.0714（×4），0.0357（×6）]的概率在 13 个时点出行，其中（×n）表示重复的次数；11.76%的乘客按照[0.2500，0.1071，0.0714（×8），0.0357（×2）]的概率在 12 个时点出行；11.76%的乘客按照[0.2250，0.1500，0.1000（×2），0.0750（×3），0.0500（×2），0.0250（×4）]的概率在 13 个时点出行；其他乘客则各自有不同的出行模式。对全体乘客共识别出 103 233 种不同的出行时间模式，按照这些模式出行的乘客数各异。图 2-4（b）的下子图在双对数坐标轴中展示了按乘客数排序后的模式分布，其中横轴为模式序号、纵轴为按照此模式出行的乘客数。图 2-4（c）展示了时间熵（散点）随到访时点数变化的情况，其中圆圈表示具有相同到访时点数 n 的乘客的平均时间熵。与空间熵类似，时间熵整体上随到访时点数增加而增大；但对任意给定的到访时点数 n，时间熵可能在一个较大的范围内波动，于是基于某两个个体的到访时点数大小判定各自的时间熵大小在多数情况下是不可靠的。图2-4（d）展示了时间熵（散点）随出行次数变化的情况，其中圆圈表示具有

相同出行次数的乘客的平均时间熵。如图 2-4（d）所示，时间熵整体上随出行次数增加而分布趋于集中，其分布下界增大；平均时间熵则先增加再降低直到因为样本量过小变得分散而失去规律。

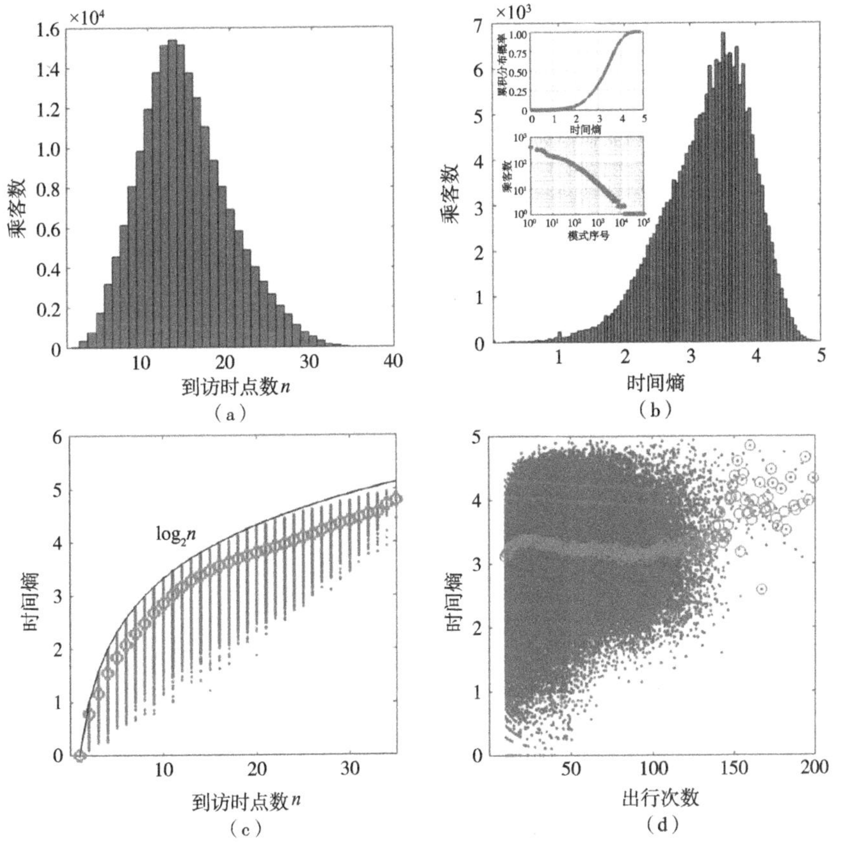

图 2-4　时间熵及其分布

从图 2-2~图 2-4 可以看到，乘客出行的空间和时间规律度在个体层面和聚合的群体层面有所不同。在个体层面上异质性较大的时空规律度在聚合达到群体层面后表现出一定的统计规律，这与其他专题中由个体到群体的变化类似[22, 25]。如图 2-5 所示，若以热力图形式展示群体层面的空间熵和时间熵之间的关系，其中横轴为空间熵，纵轴为时间熵，格点的颜色越浅则所包括的乘客人数越多，则可发现图中左下部的乘客具有较低的空间熵和时间熵值，即他们的出行规律性较高；右上部的乘客则相反，具有较高的空间熵和时间熵值，即他们出行具有较低的规律性。乘客的熵值分布总体上自左下向右上延伸，在左下部有较细长的头部并在向右上部延伸过程中逐渐拓展。依据熵值的不同，乘客分布在两个显著的聚落中。第一个聚落是一条非常狭长的条带，其空间熵分布在 1 附近很窄的范围内。第二个聚落则是由左下向右上斜向延展的带状，其峰值在（2，3.5）附近。这种斜向带状分布意味着该聚落中空间熵和时间熵存在某种相关性。数据集中空间熵不小于 1.05 的乘客共有 184 861 名，约占乘客总数的 94.77%。这些乘客的空间熵和时间熵具有显著的线性相关性，即 $S_i^t=0.6187S_i^s+2.1350$，$p=0$，决定系数 $R^2=0.2236$。同时，斯皮尔曼秩等级相关系数 $\rho=0.4820$（$p=0$）。在占人群绝大多数的群体当中，空间熵和时间熵具有某种意义上的相关性。

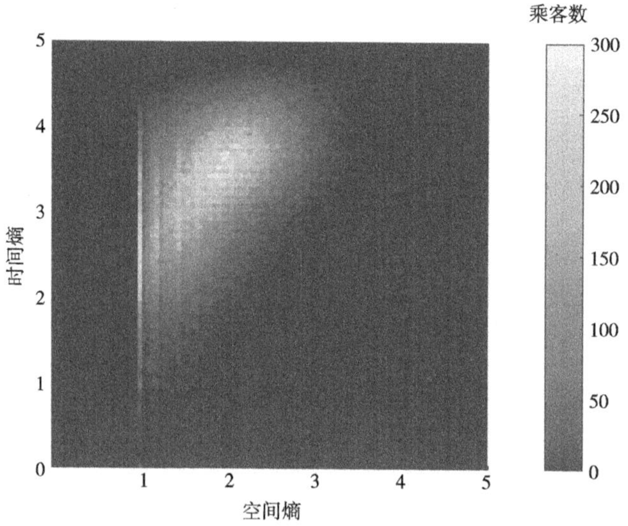

图 2-5　空间熵和时间熵的联合分布

在计算空间熵和时间熵时分别排除了乘客在时间和空间维度上流动性的影响而仅分别考虑空间和时间维度上的流动性，因此两种熵之间的相关性实际上意味着乘客空间流动性和时间流动性之间存在关联和相互影响。这意味着在开展相关研究而控制时间或是空间维度的流动性影响时，需要非常谨慎和小心地排除这种关联和相互影响。

空间熵和时间熵之间显著的相关性同样表明人类流动性在空间和时间这两个独立维度上的分量存在某种程度的一致性。虽然这种一致性背后的机制和影响因素尚待进一步的研究确定，但其发现为后续人类流动性的研究提供了新的知识和线索。

2.3　伴 随 网 络

公交乘客出行的轨迹重叠可以诱导出人与人之间的社会连接进而构建成为社

会网络。Sun 等[4]提出一种“车内相遇”的社会连接，即只要两名乘客各自的出行轨迹存在重叠，就认为他们之间存在某种意义上的社会关系。与这种车内相遇的连接不同，本章考虑一种“车内伴随”的社会连接：若两名乘客各自的轨迹完全重叠即等同，则认为他们之间存在一种社会连接。显然这种车内伴随关系比车内相遇关系更强，因为两名轨迹等同的乘客更可能有相似的兴趣、决策和行为，更可能会相识甚至熟悉彼此。

轨迹是由一个站点–时点对构成的序列，其定义如下。

定义 2-1　称 $T=\{d,(s_0,t_0),(s_1,t_1),\cdots,(s_i,t_i),\cdots,(s_l,t_l)\}$ 为一条轨迹，其中 d 为卡号；l 为轨迹长度；s_i（$i=0,1,\cdots,l$）为站点；t_i（$i=0,1,\cdots,l$）为满足 $t_{i-1}<t_i$（$i=1,2,\cdots,l$）的时点。即轨迹为带有卡号标记的站点–时点对序列。

考虑到公交车辆或站点的智能公交卡感应器往往只能同时处理一个请求，乘客的出行轨迹在时间维度上基本不可能完全重叠，因此本章所讨论的轨迹完全重叠包括空间维度的完全重叠和时间维度的足够接近，分别有如下定义。

定义 2-2　称两条轨迹 T 和 T' 为空间完全重叠，若 $l=l'$ 且对 $i=0,1,\cdots,l$ 有 $s_i=s_i'$。

定义 2-3　称两条轨迹 T 和 T' 为 δ-时间接近，若 $l=l'$ 且对 $i=0,1,\cdots,l$ 有 $|t_i-t_i'|<\delta$。

取 δ 为 5 分钟，根据上述定义，可从数据集中生成乘客间的车内伴随关系，进而构建相应的网络。类似于 Sun 等[4]基于车内相遇关系所构建的相遇网络，在任一时间截面生成的这种基于车内伴随关系所构建的伴随网络，由大量微小的互不连通的全连通子图构成，并有大量没有连接的点。相比于相遇网络，伴随网络中的边更少，因为轨迹完全重叠是轨迹存在重叠的一种特殊情况。当观察期由单一的时间截面变成时间段，伴随网络中的边不断累积并形成累积伴随网络。图 2-6 展示了 2013 年 7 月 1 日从早上 7：00 到 8：00、12：00、18：00 和 22：00 分别形成的 4 个累积伴随网络，其中仅展示了至少存在 1 条边的节点。

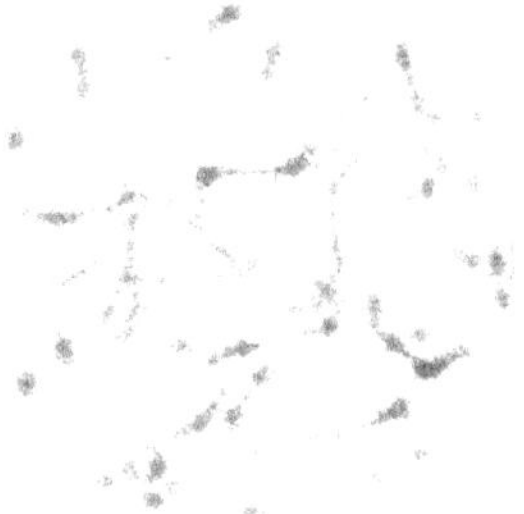

（a）1 小时（7：00~8：00）

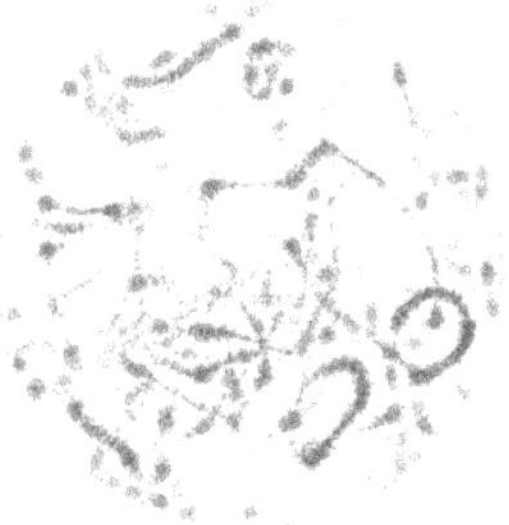

（b）5 小时（12：00）

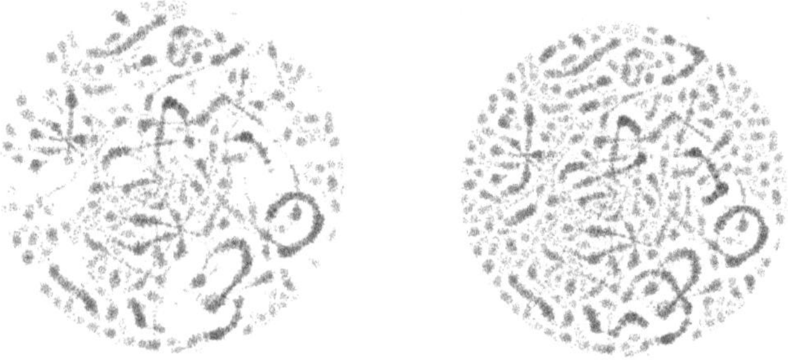

（c）11 小时（18：00）　　（d）15 小时（22：00）

图 2-6　累积伴随网络

如图 2-6 所示，随着观察期的延长，基于伴随关系而形成的边越来越多，累积伴随网络中连接的点也越来越多，逐渐形成较大的连通子图。图 2-7 从点和边两个角度展示了这种增长，其中横轴为时刻，左轴为点或边的增量，右轴为点或边的累积量。无论是点还是边，其增长主要都发生在早晚高峰时期，而且两种增长是几乎同步的。进一步的分析表明点和边的增量是线性相关的，其决定系数 R^2=0.9984。线性回归的结果表明，每增加 1 个点则增加 15.523 条边。

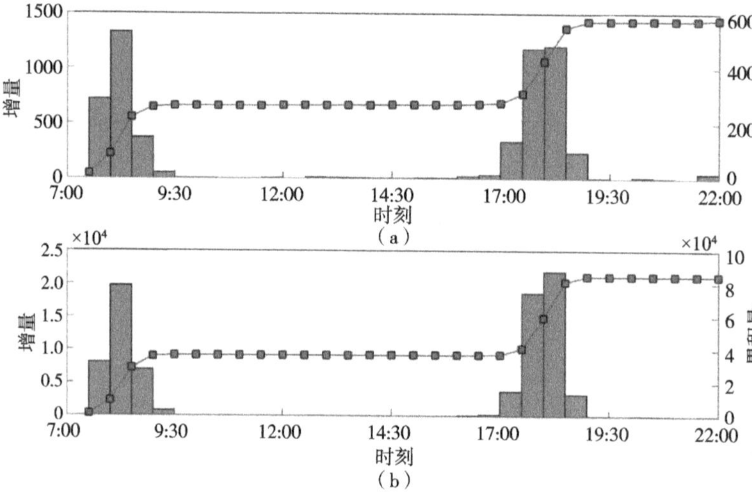

图 2-7　累积伴随网络中点和边的增长

参 考 文 献

[1] Pelletier M P，Trépanier M，Morency C. Smart card data use in public transit：a literature review. Transportation Research Part C：Emerging Technologies，2011，19（4）：557-568.

[2] Chen C, Ma J T, Susilo Y, et al. The promises of big data and small data for travel behavior (aka human mobility) analysis. Transportation Research Part C: Emerging Technologies, 2016, 68: 285-299.
[3] Sun L, Axhausen K W. Understanding urban mobility patterns with a probabilistic tensor factorization framework. Transportation Research Part B: Methodological, 2016, 91: 511-524.
[4] Sun L, Axhausen K W, Lee D H, et al. Understanding metropolitan patterns of daily encounters. Proceedings of the National Academy of Sciences of the United States of America, 2013, 110 (34): 13774-13779.
[5] Simini F, González M C, Maritan A, et al. A universal model for mobility and migration patterns. Nature, 2012, 484: 96-100.
[6] Balcan D, Colizza V, Goncalves B, et al. Multiscale mobility networks and the spatial spreading of infectious diseases. Proceedings of the National Academy of Sciences of the United States of America, 2009, 106 (51): 21484-21489.
[7] Eubank S, Guclu H, Kumar V S A, et al. Modelling disease outbreaks in realistic urban social networks. Nature, 2004, 429 (6988): 180-184.
[8] Lu X, Bengtsson L, Holme P. Predictability of population displacement after the 2010 Haiti earthquake. Proceedings of the National Academy of Sciences of the United States of America, 2012, 109 (29): 11576-11581.
[9] Jia J S, Jia J, Hsee C K, et al. The role of hedonic behavior in reducing perceived risk: evidence from postearthquake mobile-app data. Psychological Science, 2017, 28 (1): 23-35.
[10] Hanson S. Perspectives on the geographic stability and mobility of people in cities. Proceedings of the National Academy of Sciences of the United States of America, 2005, 102 (43): 15301-15306.
[11] Zheng V W, Zheng Y, Xie X, et al. Collaborative location and activity recommendations with GPS history data. Proceedings of the 19th International Conference on World Wide Web, 2010.
[12] Bayir M A, Demirbas M, Eagle N. Discovering spatiotemporal mobility profiles of cellphone users. 2009 IEEE International Symposium on a World of Wireless, Mobile and Multimedia Networks & Workshops, 2009.
[13] Dong L, Li R Q, Zhang J, et al. Population-weighted efficiency in transportation networks. Scientific Reports, 2016, 6: 1-10.
[14] González M C, Hidalgo C A, Barabási A L. Understanding individual human mobility patterns. Nature, 2008, 453 (7196): 779-782.
[15] Isaacman S, Becker R, Cáceres R, et al. Human mobility modeling at metropolitan scales. Proceedings of the 10th International Conference on Mobile Systems, Applications, and Services, 2012.
[16] Song C, Qu Z, Blumm N, et al. Limits of predictability in human mobility. Science, 2010: 327 (5968): 1018-1021.
[17] Sun J B, Yuan J, Wang Y, et al. Exploring space-time structure of human mobility in urban space. Physica A: Statistical Mechanics and its Applications, 2011, 390 (5): 929-942.
[18] Palchykov V, Mitrović M, Jo H H, et al. Inferring human mobility using communication patterns. Scientific Reports, 2014, 4: 1-6.
[19] Zhao K, Musolesi M, Hui P, et al. Explaining the power-law distribution of human mobility through transportationmodality decomposition. Scientific Reports, 2015, 5: 1-7.
[20] Cho E, Myers S A, Leskovec J. Friendship and mobility: user movement in location-based social networks. Proceedings of the 17th ACM SIGKDD International Conference on Knowledge Discovery and Data Mining, 2011.

[21] Schneider C M, Belik V, Couronné T, et al. Unravelling daily human mobility motifs. Journal of the Royal Society Interface, 2013, 10: 1-8.

[22] Yan X Y, Han X P, Wang B H, et al. Diversity of individual mobility patterns and emergence of aggregated scaling laws. Scientific Reports, 2013, 3: 1-7.

[23] Dalziel B D, Pourbohloul B, Ellner S P. Human mobility patterns predict divergent epidemic dynamics among cities. Proceedings of the Royal Society B: Biological Sciences, 2013, 280: 1-6.

[24] Hasan S, Schneider C M, Ukkusuri S V, et al. Spatiotemporal patterns of urban human mobility. Journal of Statistical Physics, 2013, 151 (1/2): 304-318.

[25] Zhong C, Batty M, Manley E, et al. Variability in regularity: mining temporal mobility patterns in London, Singapore and Beijing using smart-card data. PLoS One, 2016, 11 (2): e0149222.

[26] Brockmann D, Hufnagel L, Geisel T. The scaling laws of human travel. Nature, 2006, 439: 462-465.

[27] Andrienko N, Andrienko G, Pelekis N, et al. Basic concepts of movement data//Giannotti F, Pedreschi D. Mobility, Data Mining and Privacy: Geographic Knowledge Discovery. Berlin: Springer, 2008: 15-38.

[28] Eagle N, Pentland A S, Lazer D. Inferring friendship network structure by using mobile phone data. Proceedings of the National Academy of Sciences of the United States of America, 2009, 106 (36): 15274-15278.

[29] Wang D, Pedreschi D, Song C, et al. Human mobility, social ties, and link prediction. Proceedings of the 17th ACM SIGKDD International Conference on Knowledge Discovery and Data Mining, 2011.

[30] Zheng Y. Location-based social networks: users//Zheng Y, Zhou X. Computing with Spatial Trajectories. New York: Springer, 2011: 243-276.

第3章　基于大数据的顾客口碑分析

从20世纪90年代至今，电子商务行业走过了从电子商务技术、电子商务服务到电子商务经济的发展道路。电子商务充分发挥了互联网带来的开放性、全球化、低成本和高效率等优势，深刻改变着生产、零售、金融支付和物流仓储等领域，是商业活动和经济持续变革的重要推动力量。在高度社会化的网络环境中，社交媒体的商业化应用日益增多，电子商务也呈现社交化的趋势[1]，并发展出包含商业功能的社交网站和增加了社交工具的电子商务网站两种主要的社交电子商务类型[2, 3]。社交媒体使得顾客不再处于与电商企业关系中的被动状态，顾客可以轻松地在社交媒体中表达观点，顾客已经转变为具有较强参与能力的价值创造合作伙伴[4, 5]。发表口碑是顾客在电子商务中的常见参与行为[6]，这种方式不仅有助于顾客个人价值的创造[7]，而且可为潜在顾客提供关于产品、服务或企业的相关信息，以更好地支持他们的购买决策[8]。许多研究也发现，先前顾客的口碑会对产品销售产生重要影响[9, 10]。因而，顾客口碑是当今商务领域中的重要研究议题。

近年，社交电子商务平台的评论板块推出了一项创新，顾客可以在发表口碑后六个月内再次追加发表口碑，这自然地将口碑分为初次口碑和追加口碑两个维度。初次口碑与追加口碑是同一位顾客在不同的时间点基于不同程度的消费体验所发表的，其间的形式差异和同源联系可能影响潜在顾客对产品的评估，并反映在产品的销售上。现有关于追加口碑的研究工作，主要集中在追加口碑对顾客感知有用性[11-15]和购买意愿的影响上[16]，仅少数学者分析了初次口碑和追加口碑的基本特征，以及初次口碑和追加口碑情感倾向得分对产品销售影响的差异[17, 18]。本章分别从各效价初次口碑和追加口碑的影响对比及效价一致性两个角度，探讨初次口碑和追加口碑对产品销售的作用。从初次口碑和追加口碑的影响对比视角上，着重分析各效价初次口碑和追加口碑对产品销售的影响，以及追加口碑对初次口碑效应的稀释作用；从初次口碑与追加口碑效价一致性的视角上，重点探究一致性追加口碑组和矛盾性追加口碑组对产品销售的影响，并将产品品牌引入探究，讨论产品品牌对口碑与产品销售关系的调节作用。

3.1 顾客的在线初次口碑和追加口碑对产品销售的影响研究

口碑原本指顾客与其他人提供关于品牌、产品或服务信息的私人对话[19]。随着互联网将超过30亿的顾客和70亿台的设备联结起来，网络口碑（electronic word of mouth，eWOM）变得无处不在，已成为当代顾客行为发展的最重要代表之一[9]。网络口碑具有数量大、存储时间久、可观察性高、效价显著和社区参与等主要特征[20]，可为潜在顾客提供真实、丰富和公正的产品信息[21]。这些信息为潜在顾客提供了知识和经验，进而有助于降低潜在顾客对产品的不确定性，使其做出更明智的购买决策[22-24]。因此，诱导、收集和展示网络口碑已成为许多电商平台增加被信任感及刺激产品销售的重要手段[9]。

近年，随着追加口碑的出现，学者围绕追加口碑开展了一些探讨。从初次口碑与追加口碑特征及影响对比角度进行的研究工作，仅仅关注初次口碑和追加口碑的字符长度、情感强度、感知有用性和情感倾向得分等方面对产品销售的影响[11, 15, 17]，对于各效价初次口碑和追加口碑与产品销售的关系则尚未明确。效价是当前研究中被关注最多的网络口碑特征之一，其反映了电子口碑所蕴含信息的本质，可以分为正向、中性和负向三种[25]，主要通过产品评级或口碑内容进行体现。产品评级仅含有较为粗略的态度信息，并非总能准确反映产品的真实质量[26, 27]。而口碑内容则以更细的粒度描述积极或消极的产品特征，有助于潜在顾客做出更准确的决定[28, 29]。并且，在当前的社交电子商务平台中，追加口碑通常仅以文本评论的形式展示。针对这一情况，聚焦于口碑的内容效价，本节探讨初次口碑和追加口碑对产品销售的影响，并对比各效价初次口碑和追加口碑对产品销售影响的差异。

3.1.1 初次口碑、追加口碑与产品销售

现有关于口碑与产品销售的研究主要关注口碑的正向和负向两种极性效价，并且已经基本达成正向口碑会提高潜在顾客对产品质量的判断，进而促进产品销售，而负向口碑则会降低潜在顾客对产品质量的预期，进而影响产品销售[30-32]的共识。同时，许多研究发现负向口碑比正向口碑对产品销售的影响更强[30, 31, 33]。但当前关于中性口碑作用的争议较大，部分研究假定中性口碑对产品销售不存在影响，并在分析中予以忽略[32, 34]。虽然有学者探究了中性口碑在产品销售中的作

用[35-37]，但有学者认为中性口碑对产品销售没有作用[37]，也有学者认为中性口碑对产品销售有积极影响[35, 36]。关于中性口碑对产品销售的影响，从不同理论角度的分析有着不同的结果预测。依据展望理论（prospect theory）指出的人们对负面信息更加敏感的特点[38]，潜在顾客受中性口碑中消极信息的影响应强于积极信息，因而潜在顾客可能基于中性口碑对产品做出负面判断。我们提出如下假设。

H3-1：正向初次口碑对产品销售具有显著正向影响。

H3-2a：负向初次口碑对产品销售具有显著负向影响。

H3-2b：负向初次口碑比正向初次口碑对产品销售的影响强。

H3-3a：中性初次口碑对产品销售具有显著正向影响。

H3-3b：中性初次口碑对产品销售具有显著负向影响。

在追加口碑方面，同效价初次口碑和追加口碑对产品销售影响的方向应该相同，且潜在顾客对负向信息更加敏感的负面偏差效应在追加口碑中也应存在，但同效价初次口碑和追加口碑对产品销售的影响强度可能存在差异。MOA（motivation-opportunity-ability，动机–机遇–能力）理论框架[36, 39]强调了机遇、动机和能力在产品信息和沟通效果间的中介作用，并指出信息内容为潜在顾客提供信息处理机遇，以及对潜在顾客处理信息动机和能力的唤醒程度决定着信息的传播效果。初次口碑和追加口碑均为潜在顾客提供了处理产品信息的机遇，但潜在顾客处理初次口碑和追加口碑信息的动机和能力可能会有不同。一方面，追加口碑在形式和蕴含的信息上都比初次口碑新颖，更易引起潜在顾客的新奇感，而好奇心的增加会驱动潜在顾客对口碑信息的处理和采用[40, 41]。并且，追加口碑是顾客基于较长时间体验对产品做出的更加全面和可靠的评价[16]，追加口碑可更有效率地降低潜在顾客对产品的不确定性，因而潜在顾客阅读追加口碑的动机可能更强。另一方面，追加口碑更富有感知有用性[11, 15]，潜在顾客更易调动认知资源对追加口碑的信息进行处理。通过更多的认知资源分配，潜在顾客可以更快、更准确且更自信地对产品信息进行判断[42, 43]，因而潜在顾客处理追加口碑信息的能力可能会更高。当潜在顾客具有较强的信息处理动机和能力时，口碑对产品销售的影响会得到加强[36]。因此，我们提出如下假设。

H3-4a：正向追加口碑对产品销售具有显著正向影响。

H3-4b：正向追加口碑比正向初次口碑对产品销售的影响强。

H3-5a：负向追加口碑对产品销售具有显著负向影响。

H3-5b：负向追加口碑比负向初次口碑对产品销售的影响强。

H3-5c：负向追加口碑比正向追加口碑对产品销售的影响强。

H3-6a：中性追加口碑对产品销售具有显著正向影响。

H3-6b：中性追加口碑对产品销售具有显著负向影响。

H3-6c：中性追加口碑比中性初次口碑对产品销售的影响强。

3.1.2 追加口碑对初次口碑效应的稀释作用

初次口碑和追加口碑对产品销售的影响可能不是相互独立的。对于含追加口碑的口碑组而言，当追加口碑出现时，初次口碑的感知有用性会下降[11]，即追加口碑会稀释初次口碑的感知有用性。另外，MOA 理论框架指出认知资源是潜在顾客处理产品相关信息能力的必要组成部分[39]，追加口碑情感倾向得分比初次口碑情感倾向得分对产品销售的影响强[18]，也表明潜在顾客很可能分配了更多的认知资源用以处理追加口碑的信息。但人们的认知资源是有限的[44-46]，当认知资源更多地分配给追加口碑，潜在顾客对初次口碑信息的处理能力就会降低。追加口碑对初次口碑感知有用性和潜在顾客信息处理能力的稀释作用，可能会调节初次口碑对产品销售的影响。此外，不同效价口碑对潜在顾客的影响程度不同（如负面偏差效应），对产品销售影响的方向和强度也不完全一致，因此我们主要关注同效价追加口碑对初次口碑的稀释作用。如果稀释作用存在，正向追加口碑可能导致正向初次口碑的正向影响减弱，而中性追加口碑和负向追加口碑可能会分别导致中性初次口碑和负向初次口碑的负向影响减弱。我们提出如下假设。

H3-7：正向追加口碑对正向初次口碑具有显著负向调节作用。

H3-8：负向追加口碑对负向初次口碑具有显著正向调节作用。

H3-9：中性追加口碑对中性初次口碑具有显著正向调节作用。

3.1.3 研究设计与研究方法

1. 数据获取

关注于各效价初次口碑和追加口碑对产品销售的影响，为了尽量避免样本产品选择可能造成的估计偏差，本书使用较为丰富的产品数据作为研究基础。具体地，本书选择能够提供追加口碑功能且日交易量较大的天猫商城为数据源，并参照天猫商城划定的类别目录筛选样本产品，共选择多个类别下的产品 96 件。本书在 2017 年 11 月 1 日爬取样本产品所有的口碑内容，由于各产品口碑的时间跨度不尽相同，截取最长时间交集（2017 年 8 月 15 日~11 月 1 日）内的各产品口碑数据为观测数据，其中初次口碑 152 662 条，追加口碑 13 902 条。在销售数据方面，天猫平台实时发布每个产品近 30 天的销售总量，本书通过专业的电商数据采集与分析公司获取所观测产品每天的销售量。此外，产品销售价格和促销活动易对产品销售产生较大影响[47-49]，本书中这些数据也来源于第三方数据库，与其他数据共同构成研究数据集。

2. 变量计算

在计算口碑变量之前，需对口碑的内容效价进行判定。情感词和褒贬词是口碑内容所表达态度的重要载体[50, 51]，基于情感词和褒贬词的文本分析可以有效判断电子口碑内容的态度倾向[52]。但电子口碑的内容多为短文本[53, 54]，这对口碑切词和单词识别的准确度提出了较高的要求。我们使用含有 415 532 个汉语单词的百度分词词库对口碑的内容进行切词，口碑中所含被切分后的积极性和消极性单词由知网情感词典、台湾大学情感词典、清华大学李军中文褒贬义词典和电商热词词典等互联网工具词库合并后的词库进行识别，共可识别积极性单词 17 580 个，消极性单词 20 842 个。此外，单词前的程度词和否定词也是单词所传达信息的重要组成部分[55]，程度词由含有 181 个程度词的词典工具进行识别，而否定词则由含有 41 个否定词的词典工具进行识别。词库构成如表 3-1 所示。

表 3-1　词库构成

词库	构成
分词词库	由百度分词词典和电商热词词典组成，包含单词 415 532 个
程度词词库	包括极其的、非常的、较强的和轻微的四种强度级别，共 181 个单词
否定词词库	包含 41 个否定词，如非、难、莫、勿、尚未和不易等
褒贬词词库	由知网情感词典、台湾大学情感词典、清华大学李军中文褒贬义词典和电商热词词典等互联网工具词库合并构成，可识别积极性单词 17 580 个，消极性单词 20 842 个

在具体的计算上，本书先对识别出的积极性和消极性单词进行赋值，然后判断单词前是否存在程度词和否定词。如果识别出程度词，我们依据程度词的强度级别对积极性或消极性单词的分值进行加权。如果识别出否定词，我们将积极性或消极性单词的效价倾向做变向处理。在分别累加单条口碑所含积极性和消极性单词的分值后，我们将积极分值大于、等于或小于消极分值口碑的效价分别判定为正向、中性和负向。

为了检验口碑效价判定的准确性，我们请 30 位参与者对随机抽取的 100 条口碑的效价进行判断，并分别将正向、中性及负向口碑的效价赋值为 1、0 和−1。之后，我们将使用文本挖掘方法对口碑效价的判定结果（组 1）与参与者对每条口碑效价判定的均值（组 2）进行配对样本 t 检验。结果如表 3-2 所示，p 值为 0.701，表明使用上述文本挖掘方法对口碑效价的判定结果与参与者对口碑内容效价的判断结果没有显著性差异。

表 3-2　配对样本 t 检验

组号	样本量	均值	标准误	均值的标准误	t	df	p 值
1	100	0.150	0.093	0.925	0.385	99	0.701
2	100	0.133	0.072	0.725			

值得注意的是，潜在顾客容易因大量口碑感到信息过载而仅依据少量较易获

取的口碑做出购买决定[56, 57]，发表时间较近的口碑更易对潜在顾客的购买决策产生影响[58]。本书调查了 30 位参与者通常在筛选拟购产品时翻读口碑的页数，调查结果的均值为 3.12 页。天猫平台每页显示 20 位顾客发表的口碑内容，这表明产品每天前 62 位顾客发表的口碑易对潜在顾客的购买决策产生影响。因此，我们将潜在顾客每天可翻读到的前 62 位顾客发表口碑中所含各效价初次口碑和追加口碑的数量作为解释变量，被解释变量选择为产品的每日销售数量，控制变量则为产品的每日销售价格及促销活动数量。本节涉及的各变量描述如表 3-3 所示。

表 3-3 变量描述（一）

变量代号及英文名称	变量名称	定义
Sales_{it}	产品销量	产品 i 在时间 t 的销售数量
PosIW_{it}（positive & initial WOM）	正向初次口碑	产品 i 的正向初次口碑在时间 t 的可阅读数量
NegIW_{it}（negative & initial WOM）	负向初次口碑	产品 i 的负向初次口碑在时间 t 的可阅读数量
NeuIW_{it}（neutral & initial WOM）	中性初次口碑	产品 i 的中性初次口碑在时间 t 的可阅读数量
PosAW_{it}（positive & additional WOM）	正向追加口碑	产品 i 的正向追加口碑在时间 t 的可阅读数量
NegAW_{it}（negative & additional WOM）	负向追加口碑	产品 i 的负向追加口碑在时间 t 的可阅读数量
NeuAW_{it}（neutral & additional WOM）	中性追加口碑	产品 i 的中性追加口碑在时间 t 的可阅读数量
PRO_{it}（promotion）	促销活动数量	产品 i 在时间 t 的促销活动数量
PRI_{it}（price）	销售价格	产品 i 在时间 t 的销售价格

注：WOM（word of mouth，口碑）

3. 实证研究

由于样本数据涉及多个产品的多个时间，为了减少产品选择和随时间变化因素可能对估计造成的影响，本书选择个体和时间双向固定效应模型进行回归分析。结合研究目标和假设，建立初次口碑和追加口碑与产品销售的关系的计量回归模型（3-1）。产品销量的对数化是为了排除产品销量波动可能带来的估计偏差。T_t 为时间虚拟变量；π_i 为产品虚拟变量；ε_{it} 为残差项。

$$\begin{aligned}\ln\text{Sales}_{it}=&\beta_0+\beta_1\text{PosIW}_{it}+\beta_2\text{NegIW}_{it}\\&+\beta_3\text{NeuIW}_{it}+\beta_4\text{PosAW}_{it}+\beta_5\text{NegAW}_{it}\\&+\beta_6\text{NeuAW}_{it}+\beta_7\text{PRO}_{it}+\beta_8\text{PRI}_{it}\\&+T_t+\pi_i+\varepsilon_{it}\end{aligned}\tag{3-1}$$

为了考察初次口碑与追加口碑的交互作用，建立计量回归模型（3-2）。

$$
\begin{aligned}
\text{lnSales}_{it} = & \beta_0 + \beta_1 \text{PosIW}_{it} + \beta_2 \text{NegIW}_{it} \\
& + \beta_3 \text{NeuIW}_{it} + \beta_4 \text{PosAW}_{it} + \beta_5 \text{NegAW}_{it} \\
& + \beta_6 \text{NeuAW}_{it} + \beta_7 \text{PosIW}_{it} \times \text{PosAW}_{it} \\
& + \beta_8 \text{NegIW}_{it} \times \text{NegAW}_{it} + \beta_9 \text{NeuIW}_{it} \times \text{NeuAW}_{it} + \beta_{10} \text{PRO}_{it} \\
& + \beta_{11} \text{PRI}_{it} + T_t + \pi_i + \varepsilon_{it}
\end{aligned} \tag{3-2}
$$

模型（3-1）的回归结果如表 3-4 所示。结果表明，正向初次口碑对产品销售具有显著正向影响（β_1=0.001，p<0.001），H3-1 成立；负向初次口碑对产品销售具有显著负向影响（β_2=–0.003，p<0.05），且 β_2 的绝对值大于 β_1，H3-2a 和 H3-2b 成立；中性初次口碑对产品销售具有显著负向影响（β_3=–0.011，p<0.001），H3-3a 不成立，而 H3-3b 成立；正向追加口碑对产品销售具有显著正向影响（β_4=0.003，p<0.01），且 β_4 的绝对值大于 β_1，H3-4a 和 H3-4b 成立；负向追加口碑对产品销售具有显著负向影响（β_5=–0.014，p<0.01），且 β_5 的绝对值大于 β_2 和 β_4，H3-5a、H3-5b 和 H3-5c 成立；中性追加口碑对产品销售具有显著负向影响（β_6=–0.030，p<0.05），且 β_6 的绝对值大于 β_3，H3-6a 不成立，而 H3-6b 和 H3-6c 成立。

表 3-4　口碑对产品销售的影响（一）

变量	因变量：ln（产品销量+1）	
	系数	标准误
初次口碑		
正向初次口碑	0.001***	0.000 2
负向初次口碑	–0.003*	0.001
中性初次口碑	–0.011***	0.003
追加口碑		
正向追加口碑	0.003**	0.001
负向追加口碑	–0.014**	0.004
中性追加口碑	–0.030*	0.013
控制变量		
促销活动数量	0.114***	0.020
销售价格	–0.000 04*	0.000 02
时间虚拟变量	Yes	
产品虚拟变量	Yes	
样本量	7584	
调整后的 R^2	0.731 4	
F 值	10.23***	

注：Yes 表示有对时间虚拟变量和产品虚拟变量进行控制

*、**和***分别表示在 5%、1%和 0.1%的统计水平下显著

本节基于潜在顾客翻读3.12页口碑计算各口碑组的数量可能导致回归结果存

在偏差。因此，本节分别以 2 页、3 页和 5 页为参数计算各效价初次口碑和追加口碑的数量，以检验表 3-4 回归结果的稳健性。使用模型（3-1）进行回归，结果如表 3-5 所示。可知，表 3-4 的回归结果是稳健的。

表 3-5 稳健性检验（一）

变量	2 页		3 页		5 页	
	系数	标准误	系数	标准误	系数	标准误
初次口碑						
正向初次口碑	0.002^{***}	0.0003	0.002^{***}	0.0002	0.001^{***}	0.0001
负向初次口碑	-0.005^{**}	0.002	-0.003^{*}	0.001	-0.003^{**}	0.001
中性初次口碑	−0.008	0.004	-0.009^{*}	0.004	-0.009^{**}	0.003
追加口碑						
正向追加口碑	0.005^{***}	0.001	0.003^{**}	0.001	0.004^{***}	0.001
负向追加口碑	-0.016^{*}	0.007	-0.018^{**}	0.005	-0.008^{*}	0.003
中性追加口碑	-0.042^{*}	0.018	-0.028^{*}	0.013	-0.038^{**}	0.013
控制变量						
促销活动数量	0.106^{***}	0.020	0.112^{***}	0.020	0.117^{***}	0.020
销售价格	-0.0001^{*}	0.0001	-0.0001^{*}	0.0001	-0.0001^{*}	0.0001
时间虚拟变量	Yes		Yes		Yes	
产品虚拟变量	Yes		Yes		Yes	
样本量	7584		7584		7584	
调整后的 R^2	0.7340		0.7325		0.7316	

注：Yes 表示有对时间虚拟变量和产品虚拟变量进行控制

*、**和***分别表示在 5%、1%和 0.1%的统计水平下显著

模型（3-2）的回归结果如表 3-6 所示。对比表 3-4 和表 3-6 的回归结果可知，加入同效价初次口碑和追加口碑的交互项后，模型的解释能力有了提高（ΔR^2= 0.0004，p<0.001），表明追加口碑对初次口碑存在显著的调节作用。结果显示，正向追加口碑对正向初次口碑有显著负向调节作用（β_7=−0.0001，p<0.01），H3-7 成立；负向追加口碑对负向初次口碑有显著正向调节作用（β_8=0.0001，p<0.05），H3-8 成立；中性追加口碑对中性初次口碑没有显著的调节作用（β_9=0.003，p>0.05），H3-9 不成立。可以发现，正向和负向初次口碑对产品销售的影响会分别被正向和负向追加口碑所稀释，而中性追加口碑对中性初次口碑没有显著影响。

表 3-6　追加口碑的调节作用

变量	因变量：ln（产品销量+1）	
	系数	标准误
初次口碑		
正向初次口碑	0.001***	0.0002
负向初次口碑	−0.005**	0.001
中性初次口碑	−0.015***	0.004
追加口碑		
正向追加口碑	0.006***	0.001
负向追加口碑	−0.025**	0.007
中性追加口碑	−0.053**	0.019
交互项		
正向初次口碑×正向追加口碑	−0.0001**	0.0001
负向初次口碑×负向追加口碑	0.0001*	0.0001
中性初次口碑×中性追加口碑	0.003	0.002
控制变量		
促销活动数量	0.115***	0.020
销售价格	−0.0001*	0.0001
时间虚拟变量	Yes	
产品虚拟变量	Yes	
样本量	7584	
调整后的 R^2	0.7318	
F 值	10.03***	

注：Yes 表示有对时间虚拟变量和产品虚拟变量进行控制

*、**和***分别表示在 5%、1%和 0.1%的统计水平下显著

3.1.4　研究结果分析

上文基于 96 件产品的电子口碑及销售数据，使用文本挖掘方法和计量回归模型研究了各效价初次口碑及追加口碑对产品销售的影响。研究发现，正向口碑可促进产品销售，而中性口碑和负向口碑均会影响产品销售。对比初次口碑和追加口碑对产品销售的影响强度发现，同效价追加口碑比初次口碑对产品销售的影响强。进一步地，分析了同效价追加口碑对初次口碑的调节作用，结果显示正向追加口碑和负向追加口碑分别会稀释正向初次口碑和负向初次口碑对产品销售的影响。

当前关于追加口碑的研究主要基于实验方法探究正向口碑和负向口碑对潜在顾客感知有用性和购买意愿等方面的影响，仅有的实证研究则对比初次口碑和追加口碑情感倾向对产品销售的影响差异。本书基于 MOA 理论框架，首次细致探

讨了正向、中性和负向效价的初次口碑及追加口碑对产品销售的影响，完善了追加口碑的相关研究。结果显示，中性初次口碑和追加口碑均会影响产品销售，在研究和实践中不应被忽视。并且，同效价追加口碑比初次口碑对产品销售的影响强，这在实证中证实了各效价追加口碑的追加效应。

为了探究初次口碑和追加口碑对产品销售影响差异的原因，本书进一步分析了同效价初次口碑和追加口碑间的交互作用，结果显示正向追加口碑和负向追加口碑会分别稀释同效价初次口碑对产品销售的作用，这揭示了正向追加口碑和负向追加口碑比初次口碑对产品销售影响强的机制。

3.1.5 小结

研究发现各效价初次口碑和追加口碑均对产品销售具有影响，因此电商平台和管理者都需要重视电子口碑的管理。电商平台可以按照效价将口碑进行分类，使潜在顾客有选择地查看拟购产品积极、消极或中性的口碑，以更快捷地了解产品的优缺点并结合自身期望做出选择。电商公司管理者也可以积极挖掘口碑所传达的共性观点，找出被多数顾客认可和批判的产品特性，以对产品进行持续的改进。

由于同效价追加口碑比初次口碑对产品销售的影响强，管理者要更加重视追加口碑。管理者可以分配更多的资源在追加口碑的管理上，如加强对中性追加口碑和负向追加口碑的解释，尽量使潜在顾客理解当前产品存在的部分缺陷，或减轻由不准确口碑引起的对产品性能的误会。此外，管理者也可以积极听取发表中性和负向追加口碑的顾客的诉求，及时地提供相应的服务补救，尽量避免不良消费体验严重影响顾客的忠诚度。

3.2 顾客的在线初次口碑与追加口碑效价一致性对产品销售的影响研究

在电商平台的社交板块中，同一顾客所发表的初次口碑和追加口碑以紧邻的形式展示，其间同源的内在联系和整体性的传达方式，使得潜在顾客难以忽略初次与追加口碑间信息的一致性。先前顾客在初次口碑和追加口碑中表达态度的变化，可能会对潜在顾客的购买决策带来重要影响，尤其是初次口碑与追加口碑态度矛盾时。当前的研究工作已经发现，初次口碑与追加口碑、效价一致性口碑组与效价矛盾性口碑组在感知有用性上存在差异，对潜在顾客购买意愿的影响也有较大不同[12, 14, 16]，但追加效应会如何影响潜在顾客的购买决策并反馈到与产品销售的关系中并不明确，电商企业也缺乏初次口碑和追加口碑两种形式下的营销管理借鉴。本节从同一顾客发表初次口碑与追加口碑效价一致性的视角，探讨追加口碑对产品销售的影响。

3.2.1　理论基础

初次口碑和追加口碑是同一顾客在不同的时间点基于不同程度的消费体验所发表的，当潜在顾客参考先前顾客的口碑对产品进行评估时，可能对初次口碑和追加口碑的信息有所偏重。信念调整模型（belief adjustment model）指出个人会受到后续信息的影响并对当前观点进行调整，但会依情景差异表现出不同的秩序效应：当信息简单且个人需在信息序列结束时做出响应时，首先出现的信息对个人的影响往往大于最后出现的信息的影响，表现为首因效应；当个人逐条接收较复杂的信息并不断修正信念时，最后出现的信息易表现出更强的说服力，表现为近因效应[59]。现有研究发现，追加口碑比初次口碑更具感知有用性[11]，且潜在顾客基于同一来源的信息评估产品时，会更多地参考后期的信息[60]。因此，含追加口碑组对潜在顾客的影响很可能表现为近因效应。

从初次口碑与追加口碑效价变化的角度考虑，追加口碑组可分为效价一致性和效价矛盾性两种。依据展望理论指出的“个人满意度评价和决策受到效用与期望差距的影响，且潜在损失比同等收益对个人影响强”的观点[38]，矛盾性口碑组对潜在顾客的影响可能偏向负面。因而，矛盾性追加口碑组对潜在顾客的影响既可能表现为近因效应又可能表现为负面偏差效应。具体地，对效价消极性变化口碑组而言，近因效应和负面偏差效应均可能导致追加口碑对潜在顾客的影响占据主要作用。但对效价积极性变化口碑组而言，近因效应和负面偏差效应的作用可能是矛盾的，即近因效应使得效价更高的追加口碑对潜在顾客的影响更强，而负面偏差效应使得效价更低的初次口碑对潜在顾客的影响更强。潜在顾客受矛盾性口碑组的影响，并反馈在产品销售上的为哪种效应值得探究。此外，除了风险规避，顾客的决策和满意度评价均有参考点依赖的特点，但顾客对参考点的判断是敏感的[61]，产品自身因素（如品牌）也会影响顾客对参考点的评估[62]，因此本节将对产品品牌的潜在影响进行考察。

3.2.2　初次–追加口碑效价一致性与产品销售

1. 单次口碑

从追加形式上可将口碑分为单次口碑（同一顾客只发表了初次或追加口碑）、效价一致性口碑组（同一顾客所发表初次口碑和追加口碑的效价一致）和效价矛盾性口碑组（同一顾客所发表初次口碑和追加口碑的效价不一致）。当前学者已经对正向单次口碑[31，32]、负向单次口碑[25，63]和中性单次口碑[35，36]进行了较为充分的研究。因此，本节将正向、中性和负向单次口碑作为控制变量，并重点探究复合型口碑组对产品销售的影响。

2. 效价一致性口碑组

效价一致性口碑组指同一顾客所发表初次口碑与追加口碑效价一致，包含正向一致性、负向一致性和中性一致性口碑组。从信息重复角度进行的研究发现，论点的重复陈述可以增加其真实感[64]，说服力也更强[65]。但关于一致性口碑组的研究发现，网络口碑对潜在顾客的影响存在限度，当潜在顾客面对一致性口碑组时会更加谨慎，因而初次口碑和一致性口碑组对潜在顾客购买意愿的影响没有明显差异，需要品牌等其他一致性信息的强化，潜在顾客的购买意愿才会发生改变[16]。一致性追加口碑组和同效价单次口碑的效价方向一致，因而两者对产品销售的影响方向可能相同。并且，现有研究普遍认为正向口碑会促进产品销售而负向口碑会影响产品销售[25，31，32，63]，因而正向和负向一致性追加口碑组可能对产品销售分别具有正向和负向的影响，本节提出 H3-10 和 H3-11。在中性一致性口碑组方面，现有研究发现中性口碑对产品销售具有正向影响，并认为中性口碑可以帮助潜在顾客对产品建立更全面的认识[36]。但依据展望理论指出的人们对损失更加敏感的特点，中性口碑可能包含同等强度的积极和消极情感信息，其中消极信息对潜在顾客的影响相对较大，因而中性口碑对产品销售的影响可能偏向负向。因此提出如下假设。

H3-10：正向一致性追加口碑组对产品销售具有显著正向影响。

H3-11：负向一致性追加口碑组对产品销售具有显著负向影响。

H3-12a：中性一致性追加口碑组对产品销售具有显著正向影响。

H3-12b：中性一致性追加口碑组对产品销售具有显著负向影响。

3. 效价矛盾性口碑组

效价矛盾性口碑组指同一顾客所发表初次口碑与追加口碑效价矛盾，依据初次口碑与追加口碑的效价方向，可将矛盾性口碑组分为六种情形。其中，中性初次评论与正向追加评论组（初中追正组）、负向初次评论与正向追加评论组（初负追正组）、负向初次评论与中性追加评论组（初负追中组）属于追加口碑效价相对于初次口碑效价积极变化的口碑组，而正向初次评论与中性追加评论组（初正追中组）、正向初次评论与负向追加评论组（初正追负组）、中性初次评论与负向追加评论组（初中追负组）属于追加口碑效价相对于初次口碑效价消极变化的口碑组。积极性变化和消极性变化口碑组中的初次口碑与追加口碑效价是相异的，当面对态度不一致的信息时，个人会自发地寻找解释性联系，以得出综合性评价[66，67]。且学者得到的矛盾性口碑组比一致性口碑组更能增强阅读者有用性感知的结论[12，14]，也佐证了这一点。

值得注意的是，依据展望理论指出的负面信息比正面信息对潜在顾客影响力强的特点，效价积极性变化和消极性变化的矛盾性口碑组均可能对产品销售产生负向影响。而从口碑秩序效应的角度考虑，潜在顾客会根据追加口碑对初次口碑的观点进行调整。且现有研究发现，潜在顾客基于同一来源的正向和负向信息评估产品时，会更多地参考后期信息[60]。对于效价积极性变化口碑组来说，近因效应和负面偏差效应的作用是矛盾的，我们依据近因效应提出 H3-13a，而依据负面偏差效应提出 H3-13b。对于效价消极性变化口碑组而言，近因效应和负面偏差效应的作用是一致的，因此提出如下假设。

H3-13a：效价积极性变化口碑组对产品销售具有显著正向影响。

H3-13b：效价积极性变化口碑组对产品销售具有显著负向影响。

H3-14：效价消极性变化口碑组对产品销售具有显著负向影响。

3.2.3 品牌对初次—追加口碑效价一致性与产品销售关系的调节

品牌是潜在顾客获取产品质量信息的重要线索之一[68]，会影响潜在顾客对产品的判断[69, 70]。具体地，高端品牌的产品往往被赋予较高的质量预期[71]，而低端品牌的产品往往存在价格优势，可以对产品质量提供补偿，使潜在顾客适当降低质量要求[72]。因此，产品品牌可能会影响顾客的决策参考点，进而影响潜在顾客对口碑内容信息的诊断，这可能使产品所属品牌在口碑与产品销售关系中存在显著的调节作用。具体到不同形式的口碑组，由于潜在顾客对高端品牌产品的期望更高，正向一致性口碑组不一定会显著增加潜在顾客的购买意愿；而负向一致性口碑组表达的消极观点较为强烈，这很可能使潜在顾客对高端品牌产品产生更为消极的判断；对中性一致性口碑组来说，中性口碑蕴含的态度接近潜在顾客满意度评价的平均参考点[73]，其关于产品的描述可能高于潜在顾客对低端品牌产品的心理预期，而低于潜在顾客对高端品牌产品的心理预期；对效价积极性变化口碑组来说，由于潜在顾客可能更难以接受高端品牌产品存在的缺陷，展望理论指出的负面偏差效应可能在效价积极性变化口碑组对高端品牌产品销售的影响中得到体现；同样由于负面偏差效应的影响，效价消极性变化口碑组对高端品牌产品销售的负向影响可能更强。因此提出如下假设。

H3-15：产品品牌对正向一致性口碑组与产品销售的关系具有调节作用。

H3-16：产品品牌对负向一致性口碑组与产品销售的关系具有调节作用。

H3-17：产品品牌对中性一致性口碑组与产品销售的关系具有调节作用。

H3-18：产品品牌对效价积极性变化口碑组与产品销售的关系具有调节作用。

H3-19：产品品牌对效价消极性变化口碑组与产品销售的关系具有调节作用。

3.2.4 研究设计与研究方法

1. 数据获取

本节的顾客口碑数据同样采集于天猫商城。但不同的是，我们在每种产品下分别选取低端品牌产品和高端品牌产品各 51 件，共计 102 件产品，以考察产品品牌在口碑与产品销售关系中可能产生的影响。采集 2017 年 11 月 1 日每个产品在天猫商城中所有的口碑内容，所观测产品每天的销售量、销售价格和促销活动数量均采自第三方平台。

2. 变量测量

本节研究所涉及口碑的内容效价判定方法与 3.1 节相同。潜在顾客翻读口碑的页数也选用 3.12 页。我们统计各产品每天前 62 组口碑中各口碑组的数量，为产品销量的解释变量。表 3-7 为对各变量进行描述的结果。

表 3-7 变量描述（二）

变量代号及英文名称	变量名称	定义
$Sales_{it}$	产品销量	产品 i 在时间 t 的销售数量
$PosConW_{it}$（positive & consistent WOM group）	正向一致性口碑组	产品 i 的正向一致性追加口碑组在时间 t 的可阅读数量
$NegConW_{it}$（negative & consistent WOM group）	负向一致性口碑组	产品 i 的负向一致性追加口碑组在时间 t 的可阅读数量
$NeuConW_{it}$（neutral & consistent WOM group）	中性一致性口碑组	产品 i 的中性一致性追加口碑组在时间 t 的可阅读数量
$PosChgW_{it}$（positive change in WOM group）	积极性变化口碑组	产品 i 的积极性变化口碑组在时间 t 的可阅读数量
$NegChgW_{it}$（negative change in WOM group）	消极性变化口碑组	产品 i 的消极性变化口碑组在时间 t 的可阅读数量
$PosIW_{it}$（positive & initial WOM）	正向初次口碑	产品 i 的正向初次口碑在时间 t 的可阅读数量
$NegIW_{it}$（negative & initial WOM）	负向初次口碑	产品 i 的负向初次口碑在时间 t 的可阅读数量
$NeuIW_{it}$（neutral & initial WOM）	中性初次口碑	产品 i 的中性初次口碑在时间 t 的可阅读数量
$PosAW_{it}$（positive & additional WOM）	正向追加口碑	产品 i 的正向追加口碑在时间 t 的可阅读数量
$NegAW_{it}$（negative & additional WOM）	负向追加口碑	产品 i 的负向追加口碑在时间 t 的可阅读数量
$NeuAW_{ijt}$（neutral & additional WOM）	中性追加口碑	产品 i 的中性追加口碑在时间 t 的可阅读数量
PRO_{it}（promotion）	促销活动数量	产品 i 在时间 t 的促销活动数量
PRI_{it}（price）	销售价格	产品 i 在时间 t 的销售价格

3. 实证研究

本节通过计量回归模型（3-3）分析各口碑组与产品销售的关系。对产品销量进行对数化处理，是为了排除产品销量波动可能带来的估计偏差。

$$\begin{aligned}\ln \text{Sales}_{it} =& \beta_0 + \beta_1 \text{PosConW}_{it} + \beta_2 \text{NegConW}_{it} \\ &+ \beta_3 \text{NeuConW}_{it} + \beta_4 \text{PosChgW}_{it} + \beta_5 \text{NegChgW}_{it} \\ &+ \beta_6 \text{PosIW}_{it} + \beta_7 \text{NegIW}_{it} + \beta_8 \text{NeuIW}_{it} \\ &+ \beta_9 \text{PosAW}_{it} + \beta_{10} \text{NegAW}_{it} + \beta_{11} \text{NeuAW}_{it} \\ &+ \beta_{12} \text{PRO}_{it} + \beta_{13} \text{PRI}_{it} + T_t + \pi_i + \varepsilon_{it}\end{aligned} \tag{3-3}$$

使用分类变量 C_i 表示产品品牌的高低（C_i 等于 0、1，分别表示产品 i 属于低端品牌产品、高端品牌产品）。把口碑组和品牌分类变量构成的交互项代入模型，构建调节作用检验模型（3-4）。

$$\begin{aligned}\ln \text{Sales}_{it} =& \beta_0 + \beta_1 \text{PosConW}_{it} + \beta_2 \text{NegConW}_{it} \\ &+ \beta_3 \text{NeuConW}_{it} + \beta_4 \text{PosChgW}_{it} + \beta_5 \text{NegChgW}_{it} \\ &+ \beta_6 \text{PosIW}_{it} + \beta_7 \text{NegIW}_{it} + \beta_8 \text{NeuIW}_{it} \\ &+ \beta_9 \text{PosAW}_{it} + \beta_{10} \text{NegAW}_{it} + \beta_{11} \text{NeuAW}_{it} \\ &+ \beta_{12} C_i \text{PosConW}_{it} + \beta_{13} C_i \text{NegConW}_{it} + \beta_{14} C_i \text{NeuConW}_{it} \\ &+ \beta_{15} C_i \text{PosChgW}_{it} + \beta_{16} C_i \text{NegChgW}_{it} + \beta_{17} C_i \text{PosIW}_{it} \\ &+ \beta_{18} C_i \text{NegIW}_{it} + \beta_{19} C_i \text{NeuIW}_{it} + \beta_{20} C_i \text{PosAW}_{it} \\ &+ \beta_{21} C_i \text{NegAW}_{it} + \beta_{22} C_i \text{NeuAW}_{it} + \beta_{23} \text{PRO}_{it} \\ &+ \beta_{24} \text{PRI}_{it} + T_t + \pi_i + \varepsilon_{it}\end{aligned} \tag{3-4}$$

模型（3-3）的回归结果如表 3-8 所示。其中，正向一致性口碑组、负向一致性口碑组和中性一致性口碑组均在 5%统计水平下不显著，H3-10、H3-11、H3-12a 和 H3-12b 均不成立；积极性变化口碑组的系数显著为正（β=0.053，p<0.001），消极性变化口碑组的系数显著为负（β=−0.032，p<0.01），H3-13a 和 H3-14 成立，而 H3-13b 不成立。可以发现，积极性变化口碑组对产品销售的影响与近因效应一致。关于均不成立的 H3-10、H3-11、H3-12a 和 H3-12b，一方面可能是基于 3.12 页计算潜在顾客翻读口碑的数量导致结果不够稳健，另一方面也可能是产品品牌对估计结果造成了影响。因此，本节检验表 3-8 估计结果的稳健性，并考察产品品牌对口碑与产品销售关系可能的调节作用。

表 3-8　口碑对产品销售的影响（二）

变量	因变量：ln（产品销量+1）	
	系数	标准误
一致性口碑		
正向一致性口碑组	0.001	0.001
负向一致性口碑组	−0.003	0.010
中性一致性口碑组	0.075	0.055

续表

变量	因变量：ln（产品销量+1）	
	系数	标准误
矛盾性口碑		
积极性变化口碑组	0.053***	0.014
消极性变化口碑组	−0.032**	0.010
控制变量		
初正追无口碑组	0.002***	0.0002
初负追无口碑组	−0.003*	0.001
初中追无口碑组	−0.010**	0.003
初无追正口碑组	0.005*	0.002
初无追负口碑组	−0.027**	0.008
初无追中口碑组	−0.055*	0.027
促销活动数量	0.130***	0.020
销售价格	−0.0001*	0.0001
时间虚拟变量	Yes	
产品虚拟变量	Yes	
样本量	8058	
调整后的 R^2	0.724	
F 值	10.45***	

注：Yes 表示有对时间虚拟变量和产品虚拟变量进行控制

*、**和***分别表示在 5%、1%和 0.1%的水平下显著

3.12 页为潜在顾客翻读口碑页数的均值，当翻读页数不同时，潜在顾客阅读到的口碑组数量会有差异。因此，本节使用潜在顾客翻读 2 页、3 页和 4 页时的口碑数据计算各口碑变量并进行回归计算，以检验翻读页数可能造成的估计偏差。同时，考虑到同一顾客所发表初次与追加口碑的时间间隔、初次口碑的字符长度和追加口碑的字符长度可能会影响潜在顾客对口碑的评估，但潜在顾客往往基于多组口碑对产品进行评估，且不同口碑组对产品销售的影响方向存在差异，在以当天产品销量为因变量的模型中无法准确地对顾客口碑的时间间隔和字符长度特征与当天产品销量的关系进行检验。为了排除这些因素的潜在影响，本节构建多组口碑的平均初次与追加口碑时间间隔（S）、初次口碑总字符数和追加口碑总字符数三个变量，并代入模型（3-3）进行检验。稳健性检验结果如表 3-9 所示，可知表 3-8 的回归结果是稳健的。

表 3-9　稳健性检验（二）

变量	2 页		3 页		4 页	
	系数	标准误	系数	标准误	系数	标准误
一致性口碑						
正向一致性口碑组	−0.001	0.002	0.001	0.001	0.001	0.001
负向一致性口碑组	−0.021	0.013	0.015	0.009	−0.010	0.010
中性一致性口碑组	0.122	0.065	0.095	0.053	0.076	0.055
矛盾性口碑						
积极变化口碑组	0.059***	0.016	0.054***	0.013	0.060***	0.014
消极变化口碑组	−0.026**	0.012	−0.039***	0.008	−0.032**	0.010
控制变量						
初正追无口碑组	0.002***	0.0003	0.001***	0.0002	0.001*	0.0002
初负追无口碑组	−0.004*	0.002	−0.002	0.001	−0.003*	0.001
初中追无口碑组	−0.011**	0.004	−0.014***	0.003	−0.008*	0.003
初无追正口碑组	0.007*	0.003	0.005*	0.002	0.004	0.002
初无追负口碑组	−0.019	0.011	−0.025***	0.007	−0.028*	0.008
初无追中口碑组	−0.042	0.031	−0.071**	0.024	−0.067*	0.027
促销活动数量	0.123***	0.020	0.134***	0.020	0.130***	0.020
销售价格	−0.0001*	0.0001	−0.0001*	0.0001	−0.0001*	0.0001
ln 平均间隔					−0.003	0.014
ln 初次口碑字数					0.240***	0.049
ln 追加口碑字数					0.025	0.022
时间虚拟变量	Yes		Yes		Yes	
产品虚拟变量	Yes		Yes		Yes	
样本量	8058		8058		8058	
调整后的 R^2	0.726		0.724		0.726	

注：Yes 表示有对时间虚拟变量和产品虚拟变量进行控制

*、**和***分别表示在 5%、1%和 0.1%的水平下显著

模型（3-4）的回归结果如表 3-10 所示，对比表 3-8 和表 3-10 的回归结果可知，加入产品品牌与口碑组的交互项后，模型的解释能力有了提高（ΔR^2=0.004，p<0.001），表明产品品牌对口碑效价与产品销售的关系具有调节作用。结果显示，正向一致性口碑组与品牌交互项的系数在 5% 的统计水平下不显著，H3-15 不成立；负向一致性口碑组和中性一致性口碑组与品牌交互项的系数分别在 1% 和 0.1%的统计水平下负向显著，H3-16 和 H3-17 成立；效价积极性变化口碑组与品牌交互项的系数在 0.1%的统计水平下负向显著，H3-18 成立；效价消极性变化口碑组与品牌交互项的系数在 5%统计水平下不显著，H3-19 不成立。

表 3-10 品牌的调节作用

变量	因变量：ln（产品销量+1）	
	系数	标准误
一致性口碑组		
正向一致性口碑组	0.004*	0.002
负向一致性口碑组	0.001	0.012
中性一致性口碑组	0.168**	0.063
矛盾性口碑组		
积极性变化口碑组	0.097***	0.017
消极性变化口碑组	−0.033**	0.011
交互项		
正向一致性口碑组×品牌	−0.0008	0.003
负向一致性口碑组×品牌	−0.078**	0.027
中性一致性口碑组×品牌	−0.559***	0.147
积极性变化口碑组×品牌	−0.150***	0.030
消极性变化口碑组×品牌	−0.043	0.026
控制变量		
初正追无口碑组	0.001***	0.0002
初负追无口碑组	−0.002	0.001
初中追无口碑组	−0.009*	0.004
初无追正口碑组	−0.004	0.003
初无追负口碑组	−0.004	0.009
初无追中口碑组	−0.021	0.032
促销活动数量	0.130***	0.020
初正追无口碑组×品牌	0.002***	0.0004
初负追无口碑组×品牌	0.002	0.004
初中追无口碑组×品牌	−0.007	0.009
初无追正口碑组×品牌	0.032***	0.006
初无追负口碑组×品牌	−0.080***	0.021
初无追中口碑组×品牌	−0.199**	0.060
销售价格	−0.0001*	0.0001
时间虚拟变量	Yes	
产品虚拟变量	Yes	
样本量	8058	
调整后的 R^2	0.728	
F 值	10.560***	

注：Yes 表示有对时间虚拟变量和产品虚拟变量进行控制

*、**和***分别表示在 5%、1%和 0.1%的水平下显著

品牌在部分口碑组对产品销售的影响中具有显著的调节作用，因此，口碑组对低端品牌产品和高端品牌产品销售的影响可能会有差异。进一步地，本节将对低端品牌产品和高端品牌产品进行分组回归，以考察各口碑组对低端品牌产品和高端品牌产品销售的具体影响。

使用模型（3-3）分别对低端品牌产品和高端品牌产品进行回归计算，结果如表 3-11 所示。从低端品牌产品看，正向一致性口碑组和中性一致性口碑组对低端品牌产品均有显著正向影响，系数分别为 $\beta=0.003$（$p<0.05$）和 $\beta=0.155$（$p<0.05$）；负向一致性口碑组对低端品牌产品的销售没有显著影响（$p>0.05$）；效价积极性变化口碑组对低端品牌产品销售具有显著正向影响（$\beta=0.054$，$p<0.01$），而效价消极性变化口碑组对低端品牌产品销售具有显著负向影响（$\beta=-0.028$，$p<0.05$），可见效价积极性变化口碑组对低端品牌产品销售的影响与近因效应一致。

表 3-11　低端品牌产品和高端品牌产品的分组回归计算结果

变量	（1）低端品牌产品		（2）高端品牌产品	
	系数	标准误	系数	标准误
一致性口碑组				
正向一致性口碑组	0.003*	0.002	0.003	0.003
负向一致性口碑组	−0.002	0.012	−0.074**	0.024
中性一致性口碑组	0.155*	0.063	−0.388**	0.132
矛盾性口碑组				
积极性变化口碑组	0.054**	0.018	−0.059*	0.024
消极性变化口碑组	−0.028*	0.011	−0.061**	0.023
控制变量				
初正追无口碑组	0.001***	0.0000	0.003***	0.0004
初负追无口碑组	−0.002	0.001	−0.001	0.004
初中追无口碑组	−0.006	0.004	−0.016*	0.008
初无追正口碑组	−0.004	0.003	0.029***	0.005
初无追负口碑组	−0.011	0.009	−0.088***	0.019
初无追中口碑组	0.013	0.032	−0.249***	0.051
促销活动数量	0.105***	0.030	0.156***	0.026
销售价格	−0.001***	0.0000	−0.0001	0.0001
时间虚拟变量	Yes		Yes	
产品虚拟变量	Yes		Yes	
样本量	4029		4029	
调整后的 R^2	0.523		0.698	

注：Yes 表示有对时间虚拟变量和产品虚拟变量进行控制

*、**和***分别表示在 5%、1%和 0.1%的水平下显著

在高端品牌产品方面，正向一致性口碑组对高端品牌产品销售没有显著影响（$p>0.05$）；负向和中性一致性口碑组对高端品牌产品的销售均有显著负向影响，系数分别为 $\beta=-0.074$（$p<0.01$）和 $\beta=-0.388$（$p<0.01$）；效价积极性变化口碑组和效价消极性变化口碑组对高端品牌产品销售的影响均为负向，系数分别为 $\beta=-0.059$（$p<0.05$）和 $\beta=-0.061$（$p<0.01$），可以发现效价消极性变化口碑组比效价积极性变化口碑组对高端品牌产品销售的负向影响强，且效价积极性变化口碑组对高端品牌产品销售的影响与负面偏差效应一致。

中性一致性口碑组对低端品牌产品和高端品牌产品销售的影响相反，正向一致性口碑组对低端品牌产品有显著的正向影响，而负向一致性口碑组仅对高端品牌产品有显著负向影响，这些结果表明在整体估计结果中，产品品牌很可能是一致性口碑组均不显著的重要原因。

4. 实验验证

关于以上分析中，矛盾性口碑组对低端品牌和高端品牌产品销售影响不同的结果，可以进一步通过实验进行验证。具体地，以购买智能手机为例，从低端品牌手机和高端品牌手机的数据中分别选取初正追负口碑组（消极性变化）、初负追正口碑组（积极性变化）各一组，加入相应的指导语后构成 4 种情境。邀请 135 位参与者随机填写一份问卷，共收回有效问卷 121 份，参与者平均年龄为 28.091 岁（标准差=6.079）。请参与者看完指导语后，首先对手机品牌形象、初次口碑和追加口碑的效价进行判断，操控检验结果显示，对品牌高低和口碑组效价变化方向的操控成功。之后，请参与者填写 7 点 Likert 量表：您在多大程度上愿意购买××手机；当您在考虑是否要购买××手机时，对您影响更大的是初次口碑还是追加口碑（1 表示初次口碑影响最强，7 表示追加口碑影响最强）……结果显示，在初次口碑和追加口碑对参与者的影响强度上，对低端品牌手机而言，初正追负口碑组中的追加口碑对参与者的影响更强［均值=6.20，标准差=1.359，与中间值 4 差异显著（$p<0.001$）］，初负追正口碑组中的追加口碑对参与者的影响更强［均值=4.867，标准差=1.985，与中间值 4 差异显著（$p<0.05$）］；对高端品牌手机而言，初正追负口碑组中的追加口碑对参与者的影响更强［均值=5.866，标准差=1.325，与中间值 4 差异显著（$p<0.001$）］，而初负追正口碑组中的初次口碑对参与者的影响更强［均值=3.001，标准差=1.583，与中间值 4 差异显著（$p<0.01$）］。在品牌和口碑组效价变化方向对参与者的购买意愿影响上，结果表明，手机品牌和口碑组效价变化方向的交互作用显著影响参与者的购买意愿［$F(3, 117)=4.228$，$p<0.05$］。低端品牌手机组中，口碑组的效价变化方向显著影响参与者的购买意愿［$F(1, 58)=19.218$，$p<0.001$］，支持实证分析得到的矛盾性口碑组对低端品牌产品销售的影响表现为近因效应的结论。高端品牌手机组中，口碑组的效价变化

方向没有显著影响参与者的购买意愿［$F(1, 59)=2.607$，$p>0.05$］，支持实证分析得到的矛盾性口碑组对高端品牌产品销售影响表现为负面偏差效应的结论。

3.2.5　研究结果分析

上文基于 102 件产品（51 种）的网络口碑及销售数据，研究了不同追加形式口碑组对产品销售的影响，并讨论了产品品牌在口碑与产品销售关系中的调节作用,且进一步分析了不同口碑组对低端品牌产品和高端品牌产品销售的具体影响。

在一致性口碑组方面，中性一致性口碑组和负向一致性口碑组均受到品牌的负向调节作用。中性一致性口碑组对低端品牌产品销售有显著的正向影响，却对高端品牌产品销售有显著的负向影响，这一方面可能是因为顾客倾向于相信包含积极和消极双面信息的口碑[74, 75]；另一方面可能是由于中性口碑蕴含的态度接近潜在顾客判断的参考点[73]，且潜在顾客对低端品牌产品和高端品牌产品持有的参考点可能存在差异，从而导致潜在顾客在中性一致性口碑组的影响下，对低端品牌产品和高端品牌产品做出不同的判断。同样受品牌的影响，正向一致性口碑组仅对低端品牌产品销售有显著正向影响，负向一致性口碑组仅对高端品牌产品销售有显著负向影响。

在矛盾性口碑组方面，效价积极性变化口碑组受到品牌的负向调节作用，对低端品牌产品销售有显著正向影响而对高端品牌产品销售有显著负向影响，表明在低端品牌产品中近因效应的作用更强，而在高端品牌产品中负面偏差效应得到更强的体现，近因效应和负面偏差效应的表现强度受到产品品牌的影响。效价积极性变化口碑组对高端品牌产品有负向影响的结果，可以从现有研究得到的初负追正口碑组会降低潜在顾客对产品满意度的结论中得到支持[16]。并且，效价消极性变化口碑组对低端品牌产品和高端品牌产品销售均有负向影响，表明消极性追加口碑会直接影响产品销售。

研究结果证实了追加口碑与产品销售关系中的追加效应。先前学者发现了追加口碑会显著影响顾客的感知有用性和购买意愿[11, 15, 16]，即追加口碑可能会对顾客的购买决策产生较大影响。本节在已有研究的基础上，基于真实的网络购物数据探讨了初次口碑与追加口碑效价一致性对产品销售的影响。研究发现，同源初次与追加口碑效价的一致性会对产品销售产生较大影响，进一步验证了追加口碑与产品销售关系中的追加效应。并且，加入了对中性口碑的考察，结果显示中性一致性口碑组对低端品牌和高端品牌产品销售均有显著作用，在研究和管理实践中应对中性追加口碑予以重视。

研究还发现了近因效应和负面偏差效应的边界条件。效价积极性变化口碑组对低端品牌产品销售具有正向影响的研究结果，体现出追加口碑影响更强的近因效应，这与现有研究发现的在追加口碑的情境下负向口碑并不一定比正向口碑具有更高感知有用性的现象相似[11, 15]，揭示追加口碑是负面偏差效应的一种边界条件。而效价积极性变化口碑组对高端品牌产品销售具有负向影响的结果，则与现有研究得到的正向追加口碑不会显著提升参与者看到负向初次口碑后的购买意愿相近[16]，表现为负面偏差效应。

进一步的调查研究也支持了实证研究中的发现，体现在，低端品牌产品的追加口碑对顾客购买意愿的影响更强，而高端品牌产品初次口碑对顾客购买意愿的影响因效价而异，负面偏差效应在高端品牌产品中得到更强的体现。同时考虑到，中性一致性口碑组对低端品牌和高端品牌产品销售具有相反作用所反映出的顾客持有不同决策参考点的现象，表明口碑的追加形式是近因效应和负面偏差效应的一种边界条件，且这两种效应的表现强度受到顾客决策参考点的影响。

3.2.6 小结

综合实证研究的结果可以发现，部分口碑组对产品销售的影响因产品品牌不同而有差异，管理者对低端品牌产品和高端品牌产品的管理可以采取不同策略。

售后服务对低端品牌产品非常重要。潜在顾客对低端品牌的要求相对较低，效价积极性变化的追加口碑可以改变较负面的初次口碑的影响，当顾客改变对产品的初次印象并给出改善性追加口碑，仍可促进产品的销售。并且，正向一致性和中性一致性口碑组均对低端品牌产品销售具有正向影响，只要追加口碑不发生消极性变化，均不会影响产品销售。因此，选择效率较高的物流合作商[76]、及时处理顾客的退换诉求[77]、实现价格匹配[78]等优质的售后服务对低端品牌产品格外重要。

管理者对高端品牌产品的管理则需更加严格。由于潜在顾客对高端品牌产品的要求更高，中性一致性口碑会影响高端品牌产品的销售，其管理者需对中性口碑给予关注。此外，即便顾客在追加口碑中改善了对产品的态度（即积极性追加），仍无法抵消较负面初次口碑的影响，中性和负向初次口碑会对产品销售带来直接影响，这说明高端品牌产品更需关注产品质量和售前服务。同时，消极性追加口碑可以改变较正面初次口碑的影响，且效价消极性变化对产品销售的影响口碑组比效价积极性变化口碑组大，因此售后服务对高端品牌产品也十分重要。

参考文献

[1] Han H，Xu H Y，Chen H. Social commerce：a systematic review and data synthesis. Electronic Commerce Research and Applications，2018，30：38-50.

[2] Liang T P，Turban E. Introduction to the special issue social commerce：a research framework for social commerce. International Journal of Electronic Commerce，2011，16（2）：5-14.
[3] Zhang K Z K，Benyoucef M. Consumer behavior in social commerce：a literature review. Decision Support Systems，2016，86：95-108.
[4] Saarijärvi H，Kannan P K，Kuusela H. Value co-creation：theoretical approaches and practical implications. European Business Review，2013，25（1）：6-19.
[5] Zhang M L，Guo L Y，Hu M，et al. Influence of customer engagement with company social networks on stickiness：mediating effect of customer value creation. International Journal of Information Management，2017，37（3）：229-240.
[6] Dolan R，Conduit J，Fahy J，et al. Social media：communication strategies，engagement and future research directions. International Journal of Wine Business Research，2017，29（1）：2-19.
[7] Hennig-Thurau T，Gwinner K P，Walsh G，et al. Electronic word-of-mouth via consumer-opinion platforms：what motivates consumers to articulate themselves on the Internet?. Journal of Interactive Marketing，2004，18（1）：38-52.
[8] Fang B，Ye Q，Kucukusta D，et al. Analysis of the perceived value of online tourism reviews：influence of readability and reviewer characteristics. Tourism Management，2016，52：498-506.
[9] Rosario A B，Sotgiu F，de Valck K，et al. The effect of electronic word of mouth on sales：a meta-analytic review of platform，product，and metric factors. Journal of Marketing Research，2016，53（3）：297-318.
[10] Yang Y，Park S，Hu X B. Electronic word of mouth and hotel performance：a meta-analysis. Tourism Management，2018，67：248-260.
[11] 王长征，何钐，王魁. 网络口碑中追加评论的有用性感知研究. 管理科学，2015，28（3）：102-114.
[12] 王军，周淑玲. 一致性与矛盾性在线评论对消费者信息采纳的影响研究——基于感知有用性的中介作用和自我效能的调节作用. 图书情报工作，2016，60（22）：94-101.
[13] 张艳辉，李宗伟. 在线评论有用性的影响因素研究：基于产品类型的调节效应. 管理评论，2018，28（10）：123-132.
[14] 李琪，任小静. 矛盾性追加评论对感知有用性的影响效应研究. 管理科学，2017，30（4）：139-150.
[15] 胡常春，宁昌会. 在线追评何时比初评更有用?——基于时间间隔和产品类型的调节效应分析. 预测，2017，36（4）：36-42.
[16] 李信，陈毅文. 口碑追加形式对购买意向的影响：口碑方向的调节作用. 心理学报，2016，（6）：722-732.
[17] 石文华，龚雪，张绮，等. 在线初次评论与在线追加评论的比较研究. 管理科学，2016，29（4）：45-58.
[18] 石文华，王璐，绳娜，等. 在线初次评论与在线追加评论对商品销量影响的比较研究. 管理评论，2018，30（1）：144-153.
[19] Brown J J，Reingen P H. Social ties and word-of-mouth referral behavior. Journal of Consumer Research，1987，14（3）：350-362.
[20] King R A，Racherla P，Bush V D. What we know and don't know about online word-of-mouth：a review and synthesis of the literature. Journal of Interactive Marketing，2014，28（3）：167-183.
[21] Lee J，Lee J N. 2009. Understanding the product information inference process in electronic word-of-mouth：an objectivity-subjectivity dichotomy perspective. Information & Management，2009，46（5）：302-311.

[22] Cheung C M K，Xiao B S，Liu I L B. Do actions speak louder than voices? The signaling role of social information cues in influencing consumer purchase decisions. Decision Support Systems，2014，65：50-58.
[23] Liu Z W，Park S. What makes a useful online review? Implication for travel product websites. Tourism Management，2015，47：140-151.
[24] Manes E，Tchetchik A. The role of electronic word of mouth in reducing information asymmetry：an empirical investigation of online hotel booking. Journal of Business Research，2018，85：185-196.
[25] Liu Y. Word of mouth for movies：its dynamics and impact on box office revenue. Journal of Marketing，2006，70（3）：74-89.
[26] Guo B，Zhou S S. Understanding the impact of prior reviews on subsequent reviews：the role of rating volume，variance and reviewer characteristics. Electronic Commerce Research and Applications，2016，20：147-158.
[27] Koh N S，Hu N，Clemons E K. Do online reviews reflect a product's true perceived quality? An investigation of online movie reviews across cultures. Electronic Commerce Research and Applications，2010，9（5）：374-385.
[28] Robinson R，Goh T T，Zhang R. Textual factors in online product reviews：a foundation for a more influential approach to opinion mining. Electronic Commerce Research，2012，12（3）：301-330.
[29] Chen R Y，Xu W. The determinants of online customer ratings：a combined domain ontology and topic text analytics approach. Electronic Commerce Research，2017，17（1）：31-50.
[30] Chevalier J A，Mayzlin D. The effect of word of mouth on sales：online book reviews. Journal of Marketing Research，2006，43（3）：345-354.
[31] Basuroy S，Chatterjee S，Ravid S A. How critical are critical reviews? The box office effects of film critics，star power，and budgets. Journal of Marketing，2003，67（4）：103-117.
[32] Ho-Dac N N，Carson S J，Moore W L. The effects of positive and negative online customer reviews：do brand strength and category maturity matter?. Journal of Marketing，2013，77（6）：37-53.
[33] Zhu F，Zhang X. The influence of online consumer reviews on the demand for experience goods：the case of video games. ICIS 2006 Proceedings，2006，25：367-381.
[34] Berger J，Sorensen A T，Rasmussen S J. Positive effects of negative publicity：when negative reviews increase sales. Marketing Science，2010，29（5）：815-827.
[35] Sonnier G P，McAlister L，Rutz O J. A dynamic model of the effect of online communications on firm sales. Marketing Science，2011，30（4）：702-716.
[36] Tang T，Fang E，Wang F. Is neutral really neutral? The effects of neutral user-generated content on product sales. Journal of Marketing，2014，78（4）：41-58.
[37] Godes D，Mayzlin D. Using online conversations to study word-of-mouth communication. Marketing Science，2004，23（4）：545-560.
[38] Kahneman D，Tversky A. Prospect theory：an analysis of decision under risk. Econometrica，1979，47（2）：263-292.
[39] MacInnis D J，Moorman C，Jaworski B J. Enhancing and measuring consumers' motivation，opportunity，and ability to process brand information from ads. Journal of Marketing，1991，55（4）：32-53.
[40] Pace S. A grounded theory of the flow experiences of Web users. International Journal of Human-Computer Studies，2004，60（3）：327-363.

[41] Fang Y H, Tang K, Li C Y, et al. On electronic word-of-mouth diffusion in social networks: curiosity and influence. International Journal of Advertising, 2018, 37 (3): 360-384.
[42] Kanfer R, Ackerman P L. Motivation and cognitive abilities: an integrative/aptitude-treatment interaction approach to skill acquisition. Journal of Applied Psychology, 1989, 74(4): 657-690.
[43] Patterson M L, Foster J L, Bellmer C D. Another look at accuracy and confidence in social judgments. Journal of Nonverbal Behavior, 2001, 25 (3): 207-219.
[44] Fennema M G, Kleinmuntz D N. Anticipations of effort and accuracy in multiattribute choice. Organizational Behavior and Human Decision Processes, 1995, 63 (1): 21-32.
[45] Berry L L, Seiders K, Grewal D. Understanding service convenience. Journal of Marketing, 2002, 66 (3): 1-17.
[46] Tellis G J, Yin E, Bell S. Global consumer innovativeness: cross-country differences and demographic commonalities. Journal of International Marketing, 2009, 17 (2): 1-22.
[47] Chandon P, Wansink B, Laurent G. A benefit congruency framework of sales promotion effectiveness. Journal of Marketing, 2000, 64 (4): 65-81.
[48] Gilbert D C, Jackaria N. The efficacy of sales promotions in UK supermarkets: a consumer view. International Journal of Retail & Distribution Management, 2002, 30 (6): 315-322.
[49] Bezawada R, Pauwels K. What is special about marketing organic products? How organic assortment, price, and promotions drive retailer performance. Journal of Marketing, 2013, 77 (1): 31-51.
[50] Wiebe J, Wilson T, Cardie C. Annotating expressions of opinions and emotions in language. Language Resources and Evaluation, 2005, 39 (2/3): 165-210.
[51] Ludwig S, de Ruyter K, Friedman M, et al. More than words: the influence of affective content and linguistic style matches in online reviews on conversion rates. Journal of Marketing, 2013, 77 (1): 87-103.
[52] Tang C Y, Guo L. Digging for gold with a simple tool: validating text mining in studying electronic word-of-mouth (eWOM) communication. Marketing Letters, 2015, 26 (1): 67-80.
[53] Pollach I. Electronic word of mouth: a genre analysis of product reviews on consumer opinion web sites. Proceedings of the 39th Annual Hawaii International Conference on System Sciences (HICSS'06), 2006.
[54] Zhang Z, Ye Q, Law R, et al. The impact of e-word-of-mouth on the online popularity of restaurants: a comparison of consumer reviews and editor reviews. International Journal of Hospitality Management, 2010, 29 (4): 694-700.
[55] Tausczik Y R, Pennebaker J W. The psychological meaning of words: LIWC and computerized text analysis methods. Journal of Language and Social Psychology, 2010, 29 (1): 24-54.
[56] Park D H, Lee J. eWOM overload and its effect on consumer behavioral intention depending on consumer involvement. Electronic Commerce Research and Applications, 2008, 7(4): 386-398.
[57] Kwon B C, Kim S H, Duket T, et al. Do people really experience information overload while reading online reviews? International Journal of Human-Computer Interaction, 2015, 31 (12): 959-973.
[58] Zhou S S, Guo B. The order effect on online review helpfulness: a social influence perspective. Decision Support Systems, 2017, 93: 77-87.
[59] Hogarth R M, Einhorn H J. Order effects in belief updating: the belief-adjustment model. Cognitive Psychology, 1992, 24 (1): 1-55.
[60] Ying H L, Chung C M Y. The effects of single-message single-source mixed word-of-mouth on product attitude and purchase intention. Asia Pacific Journal of Marketing and Logistics, 2007, 19 (1): 75-86.

[61] Tversky A，Kahneman D. Loss aversion in riskless choice：a reference-dependent model. The Quarterly Journal of Economics，1991，106（4）：1039-1061.
[62] Oh H. The effect of brand class，brand awareness，and price on customer value and behavioral intentions. Journal of Hospitality & Tourism Research，2000，24（2）：136-162.
[63] Yoon Y，Polpanumas C，Park Y J. The impact of word of mouth via Twitter on moviegoers' decisions and film revenues：revisiting prospect theory：how WOM about movies drives loss-aversion and reference-dependence behaviors. Journal of Advertising Research，2017，57（2）：144-158.
[64] Dechêne A，Stahl C，Hansen J，et al. The truth about the truth：a meta-analytic review of the truth effect. Personality and Social Psychology Review，2010，14（2）：238-257.
[65] Moons W G，Mackie D M，Garcia-Marques T. The impact of repetition-induced familiarity on agreement with weak and strong arguments. Journal of Personality and Social Psychology，2009，96（1）：32-44.
[66] Srull T K，Wyer Jr R S. Person memory and judgment. Psychological Review，1989，96（1）：58-83.
[67] Zhang K Z K，Cheung C M K，Lee M K O. Examining the moderating effect of inconsistent reviews and its gender differences on consumers' online shopping decision. International Journal of Information Management，2014，34（2）：89-98.
[68] Hardie B G S，Johnson E J，Fader P S. Modeling loss aversion and reference dependence effects on brand choice. Marketing Science，1993，12（4）：378-394.
[69] Hanzaee K H，Yazd R M. The impact of brand class，brand awareness and price on two important consumer behavior factors；customer value and behavioral intentions. African Journal of Business Management，2010，4（17）：3775-3784.
[70] Akdeniz B，Calantone R J，Voorhees C M. Effectiveness of marketing cues on consumer perceptions of quality：the moderating roles of brand reputation and third-party information. Psychology & Marketing，2013，30（1）：76-89.
[71] Brucks M，Zeithaml V A，Naylor G. Price and brand name as indicators of quality dimensions for consumer durables. Journal of the Academy of Marketing Science，2000，28（3）：359-374.
[72] Rao A R. The quality of price as a quality cue. Journal of Marketing Research，2005，42（4）：401-405.
[73] 高充彦，贾建民. 顾客满意度不确定性对服务质量评价的影响. 管理科学学报，2007，10（2）：39-47.
[74] Eisend M. Two-sided advertising：a meta-analysis. International Journal of Research in Marketing，2006，23（2）：187-198.
[75] Hunt J M，Smith M F. The persuasive impact of two-sided selling appeals for an unknown brand name. Journal of the Academy of Marketing Science，1987，15（1）：11-18.
[76] Ramanathan R. The moderating roles of risk and efficiency on the relationship between logistics performance and customer loyalty in e-commerce. Transportation Research Part E：Logistics and Transportation Review，2010，46（6）：950-962.
[77] Pei Z，Paswan A，Yan R. E-tailer's return policy，consumer's perception of return policy fairness and purchase intention. Journal of Retailing and Consumer Services，2014，21（3）：249-257.
[78] Kukar-Kinney M，Xia L，Monroe K B. Consumers' perceptions of the fairness of price-matching refund policies. Journal of Retailing，2007，83（3）：325-337.

第 4 章　顾客在线评论行为的动机与回报

4.1　顾客在线评论：动机、回报与努力

4.1.1　评论发布动机

随着互联网技术的迅速发展，顾客可以通过商品评论、在线社区发帖、在线问答等方式贡献在线评论。目前，在线评论已成为顾客在购买决策过程中获取信息的主要来源。许多学者对在线评论的发布动机进行了深入研究。Hennig- Thurau等[1]将顾客评论动机归结为发泄负面情绪、关注其他顾客、获得社会福利和经济激励、帮助公司提升服务、寻求建议和平台援助、实现自我提升等。Hu 等[2]认为帮助企业和发泄负面情绪是顾客发表在线评论的主要动机。Cheung 和 Lee[3]认为顾客声誉、归属感和帮助他人是在线评论的主要动机。

Lovett 等[4]总结了之前的研究，并提出了一种口碑理论框架，即顾客以三个主要驱动因素（社会、功能和情感）为动机去发布在线评论。Luo 等[5]、Lovett 等[4]认为社会驱动因素与向他人表达自己专业知识和地位的意愿有关。顾客在购买决策过程中通过阅读在线评论来增强对产品或服务的感知，同时提升自身的专业水平。因此顾客在消费后很可能参与到产品或服务的在线评论之中，这使得顾客的专业水平得以展示，顾客在社区的在线声誉和地位得以提高，从而使顾客在社区中脱颖而出。功能驱动因素与获取和提供信息的需求有关[6]。在线评论的基本功能就是减少信息不对称对顾客的影响[7]。由于不能像传统购物方式那样直接接触和直观感知产品的性能，在线购物方式会增加顾客对产品质量感知的不确定性和购买风险。在线评论可以从顾客视角去描述产品质量和性能，更容易与其他顾客产生心理共鸣，进而增强顾客在购买决策过程中对产品质量的感知，减少信息不对称。情感驱动因素与分享积极或消极的情感需求有关[8, 9]。当服务失败或某些在

线情况发生时，情感驱动因素起到很重要的作用，并且会被商家的受欢迎程度所影响。

在线媒体在实践中的重要性也引起了学术界对在线评论的重点关注，如产品评论[10]和旅游评论[11, 12]。在线旅行社和旅游评论网站的出现为顾客提供了一个可以从同伴评论中获取相关信息或将自身对产品或服务的感知在线发布的特殊平台[13]。社会交换理论的前提是人类行为或社会交往可被看作一种活动交换，该理论认为个人或企业团体可通过互动获得奖励[14]。社会交换没有明确的预期回报[15, 16]，其过程基于互惠关系，各方成员相信彼此在交换过程中能够长期公平地履行义务[16]。正如社会交换理论所表述的，当顾客从同伴那里获取到有效信息时，他们也会向其他顾客提供信息或情感支持，以作为回报[17]。因此，在线评论的动机包括信息交流[18]、社会效益[19]、经济奖励[19]和情感说服[20]等方面。

4.1.2 评论在线激励

在线评论作为一种公共产品，顾客可以免费使用其他顾客所做的贡献。对于商务平台而言，在线评论是吸引新顾客和维护现有顾客的宝贵资源[21]。因此，为了使顾客贡献更多更优质的在线评论，商务平台采取在线激励机制[22]。评论社区中顾客身份地位和社区人气的提升可以激励顾客积极贡献在线评论。尽管一些平台采用经济奖励的方式来激励顾客提供评论内容，但社区地位和等级的激励制度仍是最主要的激励形式。在同一社区，顾客追求身份、地位的提升，这是一种目标导向行为[23, 24]。顾客等级升级不仅能够提升顾客在社区中的影响力[25-27]，也会使顾客获得其他顾客的尊重和羡慕[28, 29]，因此等级激励机制会对顾客在线行为产生影响[23, 30]。

为了鼓励顾客贡献更多评论，在线旅行社通常会制定等级激励制度。最近研究表明，等级激励制度对顾客评论努力产生积极影响[22, 25]。顾客可以通过发布更多评论来提升他们的徽章等级，并获得更高的社区地位[11]。顾客更高的社区地位代表了其在同伴之间具有更强的影响力和更高的专业水平[28, 31]，这也激励着顾客不断地贡献在线评论。Goes 等[22]观察到等级激励制度在顾客获得徽章之前往往能更好地激励他们贡献更多评论，但获得徽章之后，顾客的评论努力程度会显著下降。Liu 等[25]表明，徽章等级的累积效应是暂时的，并随着时间的推移而减少。Cavusoglu 等[32]提供了实证证据，证明了徽章对顾客自愿参与评论的积极影响。

为了鼓励顾客贡献更高质量的评论，平台通常会采用两种激励措施，即有用性投票和专家评论。有用性投票是来自同伴的认可[33, 34]，而专家评论是来自官方网站的认可，因此，被同伴或官方网站视为有价值和高质量的信息来源，为顾客提供了努力的内在动力。

4.1.3　顾客评论努力

在平台激励制度的作用下，顾客会根据自身情况设定升级目标，并通过发布更多更高质量的评论去努力实现目标，如顾客努力获得更多点赞票数或专家评论徽章来提升他们在评论社区的地位或其专业知识水平。相比于普通顾客，拥有更多徽章和更高等级的顾客通常具有更大的影响力，他们的评论更容易被其他顾客看到，也更容易引起其他顾客的共鸣。然而这些顾客的成就是通过付出额外的评论努力一点点累积获得的。Li 和 Yeh[35]研究发现，顾客在追求新徽章时更加努力。Anderson 等[36]对比了获取新徽章前后的努力程度，发现顾客在实现目标以前会更加积极，并指出激励顾客提升活跃度会加强激励制度对评论努力的影响。Heath 等[37]、Zhang 和 Huang [38]认为经济学中的边际效益递减理论在等级激励中也同样存在，顾客获得足够多徽章时，再增加徽章所获得的满足感会减少，因此也会降低其努力程度。Weimann 等[39]发现很多平台没有等级惩罚功能，因此许多用户在达到等级目标后便停止升级的努力。

4.1.4　研究设计与研究方法

为了鼓励顾客积极发布在线评论，在线旅行社会根据顾客活跃程度制订有关徽章的奖励计划。例如，当评论字数和照片数符合一定标准时，在线旅行社会奖励给顾客专家评论徽章，该徽章是属于需要付出额外评论努力的高质量评论，且该评论会被显示在评论页的顶部。专家评论作为一种代表专业知识水平的稀缺资源，可以被大量的在线顾客阅读。因此，专家评论的官方认可和广泛受众使其成为激励顾客评论努力的强大动力。

相关研究主要集中在顾客如何努力获得徽章[22]，然而已获得徽章如何影响顾客未来的努力目前还尚未做深入研究。网站运营管理者的目标是制订奖励计划以保持顾客持续参与在线评论，因此研究奖励计划对顾客未来努力的影响具有重要的理论和实践意义。本节旨在探究所获徽章是否会及如何影响顾客在后续发布在线评论时的努力。

1. 研究假设

1）人气效应与顾客努力

专家评论徽章是官方授权的，官方对专家评论的认可标志着顾客具有较高的鉴赏能力，同时也是鼓励高质量评论的强大动力。Goes 等[10]通过从同伴处获得的信任徽章的数量来衡量顾客的人气，发现随着顾客在社区内变得更受欢迎，他们往往会发布更多评论，并将这种现象称为人气效应。研究表明，网站上大部分的在线评论内容是由一小部分活跃顾客提供的[40]，而这些活跃顾客的一个重要动机就是想在社区中更具有人气，使得他们在社区中的地位和自我价值感知得以提升[22, 41]。专家评论徽章可以提升顾客在网站上的人气。因此，获得的专家评论徽章越多，顾客就越受欢迎。这种受欢迎的程度使期望拥有更多在线观众的顾客在后续的在线评论中付出更多的努力。然而，根据边际效应递减定律[25]，顾客一旦获得了足够多的专家评论徽章，额外专家评论徽章对于自我价值感知的边际效应就会降低。相比于已经获得许多专家评论徽章的顾客来说，专家评论徽章的激励效果对于具有较少专家评论徽章的用户更加明显。并且当顾客已经拥有许多专家评论徽章时，也会产生自满效应。因此，专家评论徽章对顾客后续发布评论所付出努力的影响应该是非线性的。综上，可以提出以下假设。

H4-1a：获得更多专家评论徽章的顾客倾向于在发布后续评论时付出更多努力。

H4-1b：顾客获得专家评论徽章的数量对其发布后续评论时付出的努力具有一种递减的边际效应。

2）同伴竞争与顾客努力

在旅游评论网站或在线旅行社中，在线评论已经成为顾客在购买产品或服务前收集相关信息的重要信息来源[42]。专家评论可以被置顶在酒店评论主页，具有更高的曝光机会，从而可以被其他顾客更快发现。但为了保证专家评论的质量和价值，官方网站对平台上专家评论数量有严格的要求。也就是说，当酒店已经收到许多专家评论时，后续顾客的评论想要成为专家评论就会变得越来越困难，使得同伴之间的竞争变得越来越激烈。因此，酒店拥有的专家评论越多，后续顾客就需要付出更多的评论努力去获得专家评论徽章。即使顾客试图努力去获得专家评论徽章，但也会存在一定的失败风险，并且随着同伴竞争激烈程度的加剧，这种失败风险也会随之增加。因此，应该降低酒店额外专家评论对后续顾客评论努力的边际影响。综上，可以提出以下假设。

H4-2a：酒店拥有的专家评论数量越多越能够促进后续顾客付出更多的评论努力。

H4-2b：酒店拥有的专家评论数量对后续顾客的评论努力产生递减的边际效应。

3）同伴竞争的调节效应

顾客在平台上拥有专家评论的数量可以代表他们的专业水平，拥有更多专家评论的顾客通常具有更多的专业知识。在同伴竞争的环境中，具有更多专业知识的顾客往往比那些只有较少专家评论的顾客更有能力和信心脱颖而出，获得后续的专家评论徽章。所以，同伴竞争的强度对这两类顾客的效应是不同的。对于已经拥有许多专家评论的顾客，通常他们的专业水平更高，激烈的同伴竞争会被他们视为一种挑战，可以激发其更高昂的斗志，进而付出更多的评论努力；然而，对于拥有较少专家评论的顾客，在激烈的同伴竞争中脱颖而出几乎是一项不可能完成的任务，即使付出很多的评论努力，也可能存在较高的失败风险，这阻碍了他们的努力意图。因此，激励的同伴竞争可能会促使具有较高专业水平的顾客付出更多的评论努力。综上，可以提出以下假设。

H4-3：酒店专家评论的数量对顾客拥有专家评论数量和顾客评论努力之间的关系具有正向调节作用。

2. 研究背景

本节是以中国最受欢迎的在线旅行社之一的去哪儿网为背景。去哪儿网拥有众多的在线顾客，并在酒店旅游等领域为顾客提供了大量的在线评论内容。去哪儿网为了激励高质量在线评论推出了专家评论徽章的激励制度。去哪儿网的专家评审员从两个方面对专家评论进行人工识别和认定。一是资格检查，一篇酒店在线评论应该至少有 500 字并附加 3 张照片才有可能成为专家评论。二是质量检查，500 字的在线评论应该是原创的，内容须涵盖酒店的设施和服务，3 张照片应该是反映客房条件的真实照片。

3. 数据来源

本节通过 python 爬虫程序收集了 2015 年 1 月之前的去哪儿网 360 多万条酒店在线评论数据，其中专家评论 33 099 条，比例不到总数的 1%。在收集到的评论数据中，有 6936 名顾客的一条或者多条评论被官网认定为专家评论，这些顾客共发布了 68 927 条评论，其中包括 33 099 条专家评论和 35 828 条普通评论。

4. 变量设定

因变量是顾客在发布评论时所付出的努力，这里选取文本长度（TextLength）作为代理变量来反映顾客的评论努力。自变量包括顾客的人气和专业水平，这里选取顾客专家评论数量（UserDR）作为代理变量；自变量还包括后续顾客获得酒店专家评论徽章的竞争强度，这里选取酒店专家评论数量（HotelDR）作为代理变量。

顾客发布高质量评论不仅可以获得徽章，还可以获得相应的积分，评论内容质量越高，所获得的积分也会越多。因此，积分的激励会影响顾客发布评论的努力意愿，本节选取发布评论的积分作为控制变量。此外，其他特性也会影响顾客发布评论的努力意向，本节将评分、发布设备、发布时间及会员时长作为控制变量，主要变量描述如表 4-1 所示。

表 4-1 主要变量描述

变量	描述
因变量	
文本长度（TextLength）	用评论的文本长度表示顾客发布评论所付出的努力
自变量	
顾客专家评论数量（UserDR）	顾客已经获得专家评论的数量
酒店专家评论数量（HotelDR）	酒店已经接收专家评论的数量
控制变量	
评分（Rating）	评论的得分
发布设备（Device）	虚拟变量，是否通过 PC 端或移动端发布评论 移动端=1；PC 端=0
发布时间（Weekend）	虚拟变量，是否在周末发布评论 是=1；否=0
积分（Credits）	发布评论获得的积分
会员时长（Membership）	发布评论时的会员时长

5. 计量模型

为了控制可能影响发布评论效果的顾客特征，本节使用具有顾客固定效应的普通最小二乘（ordinary least square，OLS）法回归来检验研究假设。因此，建立了以下模型：

$$\text{TextLength}_{it} = \beta_0 + \beta_1\text{UserDR}_{i(t-1)} + \beta_2\text{UserDR}^2_{i(t-1)} + \beta_3\text{Controls}_{it} + \xi_{it} \quad (4\text{-}1)$$

其中，TextLength_{it} 为当前时刻 t 用户 i 所发布评论的文本长度变量；$\text{UserDR}_{i(t-1)}$ 为上一时刻用户 i 的专家评论数量；Controls_{it} 为控制变量，包括评分、发布设备、发布时间、积分和会员时长；ξ_{it} 为误差项。模型（4-1）用于检验 H4-1a 和 H4-1b，其中关注的自变量是 UserDR 及其二次项。估计参数 β_1 和 β_2 可以得到顾客已获得专家评论数量对后续顾客评论努力的直接影响和边际效应。

$$\text{TextLength}_{it} = \beta_0 + \beta_1\text{HotelDR}_{i(t-1)} + \beta_2\text{HotelDR}^2_{i(t-1)} + \beta_3\text{Controls}_{it} + \xi_{it} \quad (4\text{-}2)$$

其中，Controls_{it} 为控制变量；ξ_{it} 为误差项。模型（4-2）用于检验 H4-2a 和 H4-2b，其中关注的自变量是 HotelDR 及其二次项。估计参数 β_1 和 β_2 可以得到酒店已接收专家评论数量对后续顾客评论努力的直接影响和边际影响。

$$\begin{aligned}\text{TextLength}_{it} = {} & \beta_0 + \beta_1\text{UserDR}_{i(t-1)} + \beta_2\text{HotelDR}_{i(t-1)} \\ & + \beta_3\text{UserDR}_{i(t-1)} \times \text{HotelDR}_{i(t-1)} + \beta_4\text{Controls}_{it} + \xi_{it}\end{aligned} \quad (4\text{-}3)$$

其中，Controls_{it} 为控制变量；ξ_{it} 为误差项。模型（4-3）用于检验 H4-3，其中关

注的自变量为 HotelDR 与 UserDR 的交互项。通过估计参数 β_3 可以得到酒店已接收专家评论数量对顾客已获得专家评论数量与后续顾客评论努力关系的调节效应。

4.1.5 研究结果分析

1. 描述性统计与相关性分析

表 4-2 给出了模型中主要变量的描述性统计情况。为保证数据质量，删掉缺少数据的观测样本，共有 60 652 条可用的完整观测数据。其中，每条评论的文本长度平均约为 500 字，最小值为 1 字，最大值为 6954 字。顾客专家评论数量平均为 14.5131 条，而酒店接收的专家评论数量平均仅为 1.7032 条，说明专家评论对于酒店来说是一种稀缺资源。平均评分为 4.0537 分。在观测数据中，大约有 11.30%的顾客是通过移动设备发布评论的，大约有 26.15%的顾客是在周末发布评论的。发布评论获得的积分平均为 327.9696 分，其中，顾客发布 1 条普通评论可获得 30 积分，发布 1 条专家评论可获得 600 积分。

表 4-2 描述性统计

变量	均值	标准差	最小值	最大值
文本长度（TextLength）	499.8975	476.0365	1	6954
顾客专家评论数量（UserDR）	14.5131	37.4013	0	394
酒店专家评论数量（HotelDR）	1.7032	4.4468	0	83
评分（Rating）	4.0537	0.8116	1	5
发布设备（Device）	0.1130	0.3165	0	1
发布时间（Weekend）	0.2615	0.4395	0	1
积分（Credits）	327.9696	244.3551	30	600
会员时长（Membership）	7.8559	10.9353	0	59

表 4-3 给出了所有自变量之间的相关系数。所有自变量之间的相关系数介于 –0.2459~0.4766。说明计量模型中不存在多重共线性。

表 4-3 自变量与控制变量相关性分析

变量	顾客专家评论数量（UserDR）	酒店专家评论数量（HotelDR）	评分（Rating）	发布设备（Device）	发布时间（Weekend）	积分（Credits）	会员时长（Membership）
顾客专家评论数量（UserDR）	1						
酒店专家评论数量（HotelDR）	−0.0018	1					
评分（Rating）	−0.0541	0.1549	1				
发布设备（Device）	−0.1108	−0.0141	0.0269	1			
发布时间（Weekend）	0.0076	−0.0049	−0.0109	0.0710	1		
积分（Credits）	0.2747	0.1348	0.0607	−0.2459	0.0073	1	
会员时长（Membership）	0.4766	0.0006	−0.0429	0.0271	0.0210	0.1277	1

2. 模型估计结果

表 4-4 给出了模型估计结果。第 2 列是模型中仅包含控制变量的基线模型的估计结果。第 3 列是模型（4-1）的估计结果，其中自变量 UserDR 的系数为正，并在 1%水平下显著，说明顾客已获得专家评论数量越多，在发布后续评论时所付出的努力就越多。这一结论支持了 H4-1a。自变量 $UserDR^2$ 的系数为负，并在 1%水平上显著，说明尽管顾客已获得专家评论数量对后续顾客评论努力有正向影响，但其边际效应呈递减趋势。这一结论支持了 H4-1b。

表 4-4 模型估计结果

变量	基线模型	模型（4-1）	模型（4-2）	模型（4-3）
顾客专家评论数量（UserDR）		1.877^{***} （0.135）		1.179^{***} （0.067）
顾客专家评论数量二次项（$UserDR^2$）		-0.002^{***} （4.46×10^{-4}）		
酒店专家评论数量（HotelDR）			3.590^{***} （0.541）	1.676^{***} （0.033 ）
酒店专家评论数量二次项（$HotelDR^2$）			$-0.037\,3^{***}$ （0.013 ）	
用户专家评论数量与酒店专家评论数量交互项（UserDR× HotelDR）				$0.048\,6^{***}$ （0.008）
评分（Rating）	21.380^{***} （1.673）	22.870^{***} （1.669）	19.330^{***} （1.692）	20.840^{***} （1.682）

续表

变量	基线模型	模型（4-1）	模型（4-2）	模型（4-3）
发布设备（Device）	−87.630***（4.988）	−83.460***（4.976）	−87.030***（4.986）	−83.640***（4.973）
发布时间（Weekend）	3.383（2.998）	3.747（2.988）	3.466（2.996）	4.076（2.987）
积分（Credits）	1.133***（0.007）	1.123***（0.007）	1.129***（0.007）	1.123***（0.007）
会员时长（Membership）	2.881***（0.215）	0.500**（0.249）	2.772***（0.215）	0.750***（0.241）
常数（Cons.）	28.060***（7.182）	20.230***（7.182）	32.980***（7.204）	28.600***（7.182）
顾客 FE（User FE）	Yes	Yes	Yes	Yes
种类数量（Categories）	6 417	6 417	6 417	6 417
观测样本数（Obs.）	60 652	60 652	60 652	60 652
F 统计量（F）	7 155.350	5 199.030	5 126.180	4 563.770
F 统计量的概率（$p>F$）	0.000	0.000	0.000	0.000
决定系数（R^2）	0.679	0.681	0.679	0.681
校正决定系数（Adj-R^2）	0.641	0.643	0.641	0.643

注：括号内数字为稳健标准误；Yes 表示有对顾客 FE 变量进行控制

和*分别表示在 5%和 1%的水平下显著

第 4 列是模型（4-2）的估计结果，模型（4-2）探究了同伴竞争对顾客评论努力的影响。其中自变量 HotelDR 的系数为正，并在 1%水平上显著，说明酒店接收专家评论数量越多越能吸引顾客在进行后续评论时付出更多的评论努力。这一结论支持了 H4-2a。自变量 HotelDR^2 的系数为负，并在 1%水平下显著，说明酒店接收专家评论数量对后续顾客评论努力的边际效应也呈递减趋势。这一结论支持了 H4-2b。

第 5 列是模型（4-3）的估计结果，模型（4-3）探究了酒店接收专家评论数量对顾客获得专家评论数量和后续顾客评论努力之间的调节效应。其中交互项 UserDR×HotelDR 的系数为正，并在 1%水平下显著，说明对酒店进行额外的专家评论可能会使具有较高专业水平的顾客比普通顾客付出更多的评论努力。也就是说，在同伴竞争的环境中，具有较高专业水平的顾客往往会付出更多的额外评论努力，这一结论支持了 H4-3。此外，在以上几个模型中，发布评论获得的积分与顾客的评论努力均呈显著正相关关系，这说明积分奖励会激励顾客的评论努力。

考虑到异方差性的存在，使用 OLS 稳健标准误法对模型进行修正，结果如

表 4-5 所示。可以发现表 4-5 的估计结果与表 4-4 中的结果基本一致。为了进一步检验结果的稳健性，使用 Tobit 模型，结果如表 4-6 所示。可以发现变量的系数符号和显著性均与表 4-4 和表 4-5 一致。说明结论具有较强的稳健性。

表 4-5　OLS 回归的稳健性检验

变量	基线模型	模型（4-1）	模型（4-2）	模型（4-3）
顾客专家评论数量（UserDR）		1.877***		1.179***
		（0.183）		（0.098）
顾客专家评论数量二次项（$UserDR^2$）		−0.002***		
		（4.46×10^{-4}）		
酒店专家评论数量（HotelDR）			3.590***	1.676***
			（0.702）	（0.466）
酒店专家评论数量二次项（$HotelDR^2$）			−0.037***	
			（0.019）	
顾客专家评论数量与酒店专家评论数量交互项（UserDR× HotelDR）				0.049*
				（0.025 2）
评分（Rating）	21.380***	22.870***	19.330***	20.840***
	（2.030）	（2.030）	（2.066）	（2.056）
发布设备（Device）	−87.630***	−83.460***	−87.030***	−83.640***
	（3.733）	（3.722）	（3.728）	（3.718）
发布时间（Weekend）	3.383	3.747	3.466	4.076
	（3.138）	（3.133）	（3.136）	（3.130）
积分（Credits）	1.133***	1.123***	1.129***	1.123***
	（0.007）	（0.007）	（0.007）	（0.007）
会员时长（Membership）	2.881***	0.500**	2.772***	0.750***
	（0.249）	（0.267）	（0.250）	（0.267）
常数（Cons.）	28.060***	20.230***	32.980***	28.600***
	（8.328）	（8.325）	（8.378）	（8.371）
顾客 FE（User FE）	Yes	Yes	Yes	Yes
种类数量（Categories）	6 417	6 417	6 417	6 417
观测样本数（Obs.）	60 652	60 652	60 652	60 652
F统计量（F）	6 586.870	4 769.160	4 707.530	4 168.710
F统计量的概率（$p>F$）	0.000	0.000	0.000	0.000
决定系数（R^2）	0.679	0.681	0.679	0.681
校正决定系数（Adj-R^2）	0.641	0.643	0.641	0.643

注：括号内数字为稳健标准误；Yes 表示有对顾客 FE 变量进行控制

*、**和***分别表示在 10%、5%和 1%的水平下显著

表 4-6　Tobit 回归的稳健性检验

变量	基线模型	模型（4-1）	模型（4-2）	模型（4-3）
顾客专家评论数量		1.605***		1.236***
（UserDR）		（0.094）		（0.046）
顾客专家评论数量二次项		−0.001***		
（$UserDR^2$）		（3.86×10^{-4}）		
酒店专家评论数量			5.353***	2.370***
（HotelDR）			（0.551）	（0.340）
酒店专家评论数量二次项			−0.071***	
（$HotelDR^2$）			（0.014）	
顾客专家评论数量与酒店专家评论数量交互项（UserDR× HotelDR）				0.079*** （0.009）
评分	10.880***	13.800***	7.666***	10.690***
（Rating）	（1.729）	（1.719）	（1.752）	（1.734）
发布设备	−126.900***	−114.700***	−127.800***	−115.800***
（Device）	（4.580）	（4.566）	（4.576）	（4.553）
发布时间	5.071	4.828	5.214	5.486*
（Weekend）	（3.189）	（3.164）	（3.186）	（3.160）
积分	1.281***	1.236***	1.271***	1.232***
（Credits）	（0.006）	（0.006）	（0.006）	（0.006）
会员时长	1.986***	−0.114	2.001***	−0.057 3
（Membership）	（0.129）	（0.145）	（0.129）	（0.145）
常数	33.160***	29.840***	41.820***	40.730***
（Cons.）	（7.423）	（7.375）	（7.458）	（7.395）
观测样本数（Obs.）	60 652	60 652	60 652	60 652
Chi^2 检验统计量（LR Chi^2）	39 389.800	40 331.640	39 509.880	40 511.820
Chi^2 检验统计量的概率（$p>Chi^2$）	0.000	0.000	0.000	0.000
对数似然（lg likelihood）	−440 269.880	−439 798.970	−440 209.850	−439 708.880
校正决定系数（Adj-R^2）	0.043	0.044	0.043	0.044

注：括号内数字为稳健标准误

***表示在 1%的水平下显著

4.1.6　小结

在线评论免费为顾客提供了一种获取其他顾客产品或服务体验信息的方式，帮助顾客增强对产品或服务的感知。根据社会交换理论，顾客通过阅读他人的评论内容来获取有用信息，并在消费后发布评论来帮助他人。因此，在线旅行社需要很多高质量的在线评论来吸引和维系更多顾客。在线旅行社普遍会采取一定的激励措施来鼓励顾客贡献更多高质量的评论，如奖励顾客徽章或积分。顾客希望通过获得徽章或积分，在同伴中展示自己的社区地位和专业水平，进而更有动力提供更多高质量的评论。

本节以在线旅行社为背景，收集大量数据，通过实证探究平台的激励机制如何影响后续顾客的评论努力，研究结果对口碑理论、边际效应理论和同伴竞争理论均有一定的贡献。首先，本节通过验证人气效应和同伴竞争对鼓励高品质在线评论的激励作用，对口碑理论进行了扩展。对于顾客来说，顾客所获得的专家评论数量可以提升顾客在社区中的人气，激励顾客在后续评论中付出更多努力。对酒店来说，酒店接收专家评论数量的增加会使评论社区内同伴竞争加剧，后续用户需要付出更多的评论努力才能获得社区地位的提升。其次，本节为边际效应如何在在线激励机制中发挥作用提供了新的证据。随着顾客获得的专家评论徽章增多，专家评论徽章的激励效果就会减弱。并且随着同伴竞争激烈程度的加剧，顾客获得该酒店专家评论徽章的难度也会增加，这使得徽章的激励效果减弱。最后，本节为顾客专业水平和同伴竞争强度之间的交互作用提供了新的见解。激烈的同伴竞争会激励具有较高专业水平的顾客付出更多的评论努力。

本节的结论也为在线旅行社改进其在线激励制度方面提供了管理建议。首先，对于没有获得过专家评论徽章的顾客或者是新顾客来说，在同伴竞争环境中获得专家评论徽章的难度很大。因此，建议在线旅行社对已经付出足够努力但未被认定专家评论的顾客给予积分补偿，额外的积分补偿可以加强后续顾客的评论努力。其次，顾客已获得专家评论数量尽管可以提升顾客在社区的人气，激励其更努力地发布评论，但其边际效应是递减的。因此，建议在线旅行社可以制定增量激励制度。例如，顾客第一次获得专家评论奖励 600 积分，第二次奖励 660 积分，第三次奖励 720 积分等。这种增量激励制度可以激励顾客持续发布高质量评论，缓解边际递减效应。最后，酒店获得的专家评论越多，该酒店评论社区的同伴竞争越激烈，这可能会阻碍后续顾客的评论努力。因此，建议官方网站可以显示每家酒店收到的专家评论数量，并制定增量激励制度奖励后续提供专家评论的顾客。例如，酒店的第 1 篇专家评论，顾客可以获得 600 积分；第 2 篇专家评论，顾客可以获得 660 积分等。这种制度可以激励顾客参与并享受竞争，使顾客能够持续地付出评论努力。

4.2 顾客评论内容的感知有用性和感知有趣性①

最新研究显示，在线评论对消费体验存在很大的影响[2, 43]。与食品相关的信息是评论搜索使用最为广泛的情境之一。在美国，Yelp 是最具影响力的网站。因

① 此部分发表在 Li H, Wang C R, Meng F, et al. Making restaurant reviews useful and/or enjoyable? The impacts of temporal，explanatory，and sensory cues. International Journal of Hospitality Management，2009，83：257-265.

此，识别酒店在线评论的属性，了解它们如何影响顾客对在线评论的评价是非常有意义的。

顾客对网络评论的评价主要依赖于他们对评论的感知有用性和有趣性[43, 44]。因此，理解什么使评论有用，以及如何扩展顾客对这些评论进行访问是很重要的。此外，信息搜索是顾客整体体验的一部分，享乐动机在这一过程中不可忽视[21]。喜欢将在线评论作为信息来源和决策工具的顾客往往会为企业创造更多的价值[45]。因此，感知有趣性对于反映顾客对在线评论的评价也是至关重要的。

在大多数研究中，感知有用性与感知帮助性是同一个概念[27]，指的是“决策过程中感知价值的度量”[46]。感知有用性是衡量顾客如何评价在线评论的主要标准[6]，但更重要的是，它帮助潜在顾客处理过载信息，并促使他们做出决策[47]。以往的文献表明，无论是评论者特征还是评论特征都会影响顾客对在线评论的感知有用性[21, 34, 45]。评论的特点，如评论情绪、评级、评论可读性、评论长度和评论发布日期都会影响评论的感知帮助性[21, 45]。之前的文献也研究了利用评论信息性[48]和评论主观情绪[49, 50]来预测在线评论的感知有用性。

从内在动机中提取出来的感知有趣性是在线评论的另一个重要衡量标准，尤其是对于酒店和旅游产品和服务[43]。感知有趣性是指顾客在阅读和理解评论时，除了关于商品的任何性能预期之外，对评论本身的享受程度[21]。顾客的情感反应在评价产品中起着至关重要的作用[51]。现有研究表明，感知的有趣性受到不同因素的影响。感知有趣性与物理环境图像和食品饮料图像均呈正相关，即图像线索越多，顾客感知到的愉悦感越强[52]。

尽管在酒店管理领域对在线评论进行了广泛的调查，但是仍然缺乏同时评估感知有用性和感知有趣性的实证研究，或者比较酒店管理领域不同影响因素的实证研究[34, 47, 53-55]。现有研究关注于感知有用性，以及感知有趣性对有用性的影响，而没有将感知有趣性作为主要的结果变量，或者同时考虑感知有用性和感知有趣性[56]。此外，虽然在线评论的语言和语义特征的重要性已经得到了重视，但以往的研究并没有对在线评论的语言特征对顾客评价的重要性进行充分的实证研究[57]。为了解决这些研究空白，本章旨在通过使用来自 Yelp 的餐厅在线评论数据，研究和比较在线评论的几个重要的语言和语义特征，包括时间线索、解释线索和知觉线索，以及对顾客感知有用性和感知有趣性的影响。

4.2.1　评论中的时间线索与评论的感知有用性和感知有趣性

时间接近和时间接近线索的概念出现在早期的心理学研究中[58, 59]，表示两个事件之间的邻近或接近程度。具体地说，时间上的接近是指产品或服务消费与发布评论在时间上的接近程度[52, 60]，时间接近线索是指能够表明时间接近的信息线索，或者是表示产品消费和评论发布在时间接近程度的单词和短语。Anderson 和

John[61]、Kelley[62]认为时间在解释现象的因果关系和对人类行为做出归因方面起着至关重要的作用。一般情况下，随着时间邻近线索的出现，对两个事件因果关系的感知增加，因果解释的过程得到增强[63, 64]。换句话说，当在线评论中有与时序或时间相关的信息时，评论阅读者会无意中认为是评论者的消费经历形成了这一特定的评论。因此，当出现在在线评论情境时，时间邻近线索是不可忽略的。

根据 Chen 和 Lurie[60]的研究,顾客认为产品正面的在线评价具有很高的价值，如感知到的帮助，其中包含一个时间上的接近线索。因此，良好的购物体验和良好的在线评价之间的因果关系被时间上的邻近性线索增强，这意味着当顾客接触到时间上的邻近线索时，更有可能将积极的评价归因于积极的体验，而不是其他原因[60]。相反，当缺乏时间线索时，顾客会将评论者的正面评论归因于他们获得经济奖励或增强正面自我形象的动机，然而，一条有帮助和可靠的评论应该与评论者的实际消费经历准确相关。因此，那些不把积极的评论归因于评论者实际经验的顾客会认为，这些评论的价值更低。

虽然时间接近线索的影响已经在社会心理学领域被研究[65-67]，但在社交媒体营销领域缺乏时间线索对顾客在线评论的感知有用性和感知有趣性影响的实证研究[60, 68]。Chen 和 Lurie [60]的研究首先强调，具有时间接近线索的评论会积极影响顾客关于一条 Yelp 正面在线评论的感知有用性。基于他们的发现，本节将研究扩展到感知有趣性，这是在线评论研究中另一个重要的评估结构。感知有趣性与评论长度[52]、评论效价[54]正相关，然而，尚未对其与时间线索的关系进行研究，本节需要探索时间线索对在线评论感知有趣性的影响。

4.2.2 评论中的解释线索与评论的感知有用性和感知有趣性

语义或词汇是认知过程的基本要素[69],包含着丰富的信息和巨大的心理价值[70, 71]。一个特定的社会认知过程是一种解释行为，它有助于理解和预测人类行为，以及理解事件的原因和结果[72-75]。此外，解释行为及其内容可以影响他人的评价和接下来的选择[76]。以往的文献认为解释行为比解释内容更重要、更有影响[72, 77]。同样，有研究报告称，不管解释的准确性或内容如何，生成解释的行为都能让人更好地理解[78, 79]。因此，本节关注的是解释行为的指示，而不是解释行为的内容。

根据 Moore[76]的研究，“有趣性产品的解释反应”指的是顾客对产品的感觉，通过解释产品某些特征，使顾客产生一种情感变化。Moore[76]通过实验设计方法进一步指出，在评论中“因为”等解释语言会增加顾客对评论的感知帮助。换句话说，在线评论提供的信息或意见，如果没有说明产生这些信息或意见的原因，那么这些信息对顾客感知有用性的影响就会减弱。此外，包含更多参数的详细的评论可以使其他人更好地评估产品，从而增加对评论的感知有用性[76]。同样，人们发现信息的丰富性和深度会影响感知有用性[6]。此外，Xiang 等[57]也认为，包含评论意义解释的语义特征有助于顾客感知在线评论有用性。

尽管强调了解释性语言的重要性，Moore [76]只关注感知到的其对零售业的帮助，Xiang 等[57]只比较了不同旅游平台之间的语义差异。酒店社交媒体领域还没有明确地考察解释线索对顾客在线评论感知有用性和感知有趣性的影响。根据 Moore [76]的研究，除了评论的感知有用性，未来的研究应该关注解释线索的额外结果。由于酒店用餐是一种享受型的产品或服务，本节将感知有趣性作为解释线索的另一种潜在结果，做探索性检验。

4.2.3　评论中的知觉线索与评论的感知有用性和感知有趣性

知觉反映了人们在特定环境的外部刺激下看到、听到、闻到和尝到东西的感觉[80]，即视觉、听觉、嗅觉和味觉感知[81]。早在 1975 年，Csikszentmihalyi[82]就提出了沉浸理论，“当人们完全投入行动时所感受到的整体体验”，并建议将个人的知觉整合到营销传播策略的评估中。在此基础上，知觉营销被定义为“调动顾客感官，影响其感知、判断和行为的营销” [83]，强调了感觉在顾客行为研究中的重要性[84]。此外，在临床心理学中，愉悦–唤起–支配的情绪状态模型表明，地板颜色和食物气味等刺激可以影响一个人的情绪状态，从而影响其对产品或服务的评价[85]。同样，Holbrook 和 Hirschman [86]也提出了一个接近原则，即“知觉、意象、感觉、快乐和其他象征性或享乐性成分”成为“顾客行为中相互唤起的、同等重要的体验方面”。因此，当涉及顾客行为研究时，有必要将知觉考虑在内。

知觉线索已被用于市场营销。例如，Compeau 等[87]研究了知觉线索如何影响顾客对产品质量的反应和感知，并指出与产品相关的知觉线索越多，情感反应就越强，顾客对产品的主观评价也就越高。Veale 等[88]也指出“顾客在形成关于产品质量的意见时，会同时使用内在和外在线索”。知觉线索主要包含味觉、嗅觉，它们是影响顾客感知食物质量的主要内在线索。一般来说，知觉线索会影响顾客对企业的评价[83, 89]。然而，在网络营销中，顾客的评价在影响其他顾客对企业的评价方面起着主导作用。大多数研究都集中在情感上，用其衡量顾客评论价值（积极的或者消极的）[11, 34, 57]，很少有研究关注知觉线索在顾客对在线评论信息的评价方面的重要影响。也就是说，缺乏实证研究来检验特定的知觉线索（视觉、听觉和感觉）在酒店/餐厅环境下顾客对在线评论的反应中的作用[90]。

酒店和旅游产品是典型的享受型产品[91-93]，强调产品的感官和情感体验，具有人们所追求的内在享受[94]。多重知觉显著影响顾客对酒店和旅游产品的认知反应和感知[90]，知觉体验，如声音体验、味觉体验、触觉体验和嗅觉体验，在影响顾客体验和对企业的判断方面发挥着重要作用[4-5]。酒店及旅游顾客更愿意关注在线评论的中心线索，而视觉和听觉等物理属性有助于将中心线索形式化，并影响未来顾客对信息的评价[95]。例如，顾客在发布关于啤酒的评论时，如果对啤酒的香气和口味描述得很详细，那么评论者往往被认为是专家[96]，评论者的专业知识显著影响评论阅读者对此类在线信息的有用性感知[48]。此外，López-Bonilla 和 López-Bonilla[97]指出，寻求轰动效应与电子商务有关，如酒店和旅游业的社交媒体营销。具有知觉属性的在线信息可以提高顾客自身购买动机，如在购买决策中使用这些信息会让顾客感知到有趣[98, 99]。本节在文献的基础上，为了进一步检验知觉线索在网络评论中的作用，将知觉线索定义为网络评论中包含“看”“感觉”“味道”等单词或短语的信息。

4.2.4 研究设计与研究方法

1. 研究假设

本节试图丰富酒店情境下时间线索、解释线索、知觉线索对顾客在线评价的影响的文献，并提出如下假设。

H4-4a：带有更多时间线索的评论更有可能被认为是有用的。

H4-4b：带有更多时间线索的评论更有可能被认为是有趣的。

H4-5a：带有更多解释线索的评论更有可能被认为是有用的。

H4-5b：带有更多解释线索的评论更有可能被认为是有趣的。

H4-6a：带有更多知觉暗示的评论更有可能被认为是有用的。

H4-6b：带有更多知觉暗示的评论更有可能被认为是有趣的。

2. 研究数据

这项研究使用了来自 Yelp 的数据，Yelp 是比较受欢迎的酒店在线评论平台之一。之所以选择 Yelp，是因为它是美国比较大且比较主要的在线评论平台，允许评论阅读者以多种方式评估在线评论。换句话说，评论阅读者可以根据 Yelp 评论的“有用”、“有趣”或“酷”的类别对其进行评分，而不仅是将其评价为“有用”或“喜欢”的标签。本书开发了基于 Java（计算机编程语言）的 clawers 来检索网站上的所有相关信息，并收集了拉斯维加斯 300 家最受欢迎的酒店的 2015 年 1 月 8 日之前的所有评论，共有 186 714 条在线评论被用于数据分析。

3. 变量设计

因变量：感知有用性是指每次评论的“有用”投票总数，表示每次评论下点击“有用”标签的次数。感知有趣性是指每条线上评论中“有趣”和“酷”的总投票数。

自变量：时间线索是通过（时间相关的单词数量/评论数量中的单词总量）×100（如 end、noon 和 during）来测量的。解释线索是由（解释相关的单词数量/评论中的单词总量）×100（如 because、effect 和 thus）来衡量的。知觉线索的测量方法是（知觉相关的单词数量/评论中的单词总量）×100（如 see、hear 和 feel）。使用文本挖掘软件 LIWC 对这三个关键变量进行分析，计算出在评论文本中与预定义词典匹配的单词百分比。

控制变量：为了区分时间线索、解释线索和知觉线索的影响，之前的文献中被认为是重要的因素要被控制在三个不同的水平，即评论水平、评论者水平和酒店水平。首先，评审等级控制变量包括评分、评论长度、评论可读性和评论发布日期。评分对感知有用性有负向影响；而评论长度、评论可读性和评论发布日期对感知有用性有正向影响。对于感知有趣性，所有这些控制变量都被期望对感知有趣性表现出积极的影响。其次，评论者级别控制变量包括评论者是否为精英和评论者好友数量。评论者精英地位和评论者好友数量对感知有用性和感知有趣性均有正向影响。最后，酒店特征/异质性也可能影响顾客对酒店评论的感知有用性和感知有趣性，表 4-7 是对因变量、自变量、控制变量的描述。

表 4-7　变量描述

变量	变量描述及计算
因变量	
感知有用性	一条评论中“有用”投票的数量
感知有趣性	一条评论中“有趣”和“酷”投票的总数
自变量	
Temporal_{ijk}	（时间相关的单词数量/评论中的单词总量）×100%
Explanatory_{ijk}	（解释相关的单词数量/评论中的单词总量）×100%
Sensory_{ijk}	（知觉相关的单词数量/评论中的单词总量）×100%
控制变量	
评论层面	
$Stars_{ijk}$	一条评论的评分
Length_{ijk}	一条评论的词汇总数
Readability_{ijk}	评论的文本可读性指数，该指数$=0.4\times\left(\frac{\text{单词数量}}{\text{句子数量}}+100\times\frac{\text{复杂单词的数量}}{\text{单词数量}}\right)$
Date_{ijk}	自评论发布以来的天数，以数据收集日期和评论发布日期之间的差异度量
评论者层面	
Elite_{ijk}	在发布评论时，评论者是否被命名为“精英”（是=1，不是=0）
Friends_j	评论者好友数量
酒店层面	
R_j	酒店的固定效应

4. 计量经济模型——负二项回归

本节因变量为计数变量，且均值小于方差，因此本节采用稳健标准差的负二项回归模型进行估计。

$$\begin{aligned}\text{Usefulness}_{ijk} = {} & \beta_{10} + \beta_{11}\text{Temporal}_{ijk} + \beta_{12}\text{Explanatory}_{ijk} + \beta_{13}\text{Sensory}_{ijk} \\ & + \beta_{14}\text{Stars}_{ijk} + \beta_{15}\text{Length}_{ijk} + \beta_{16}\text{Readability}_{ijk} + \beta_{17}\text{Date}_{ijk} \\ & + \beta_{18}\text{Elitc}_{j} + \beta_{19}\text{Friends}_{j} + \sum_{J}\lambda_j \times R_j + \varepsilon_{ijk}\end{aligned} \tag{4-4}$$

$$\begin{aligned}\text{Enjoyment}_{ijk} = {} & \beta_{20} + \beta_{21}\text{Temporal}_{ijk} + \beta_{22}\text{Explanatory}_{ijk} + \beta_{23}\text{Sensory}_{ijk} \\ & + \beta_{24}\text{Stars}_{ijk} + \beta_{25}\text{Length}_{ijk} + \beta_{26}\text{Readability}_{ijk} + \beta_{27}\text{Date}_{ijk} \\ & + \beta_{28}\text{Elite}_{j} + \beta_{29}\text{Friends}_{j} + \sum_{J}\lambda_j \times R_j + \varepsilon_{ijk}\end{aligned} \tag{4-5}$$

其中，i 为第 i 条评论（$i=1,\cdots,I$）；j 为第 j 名评论者（$j=1,\cdots,J$）；k 为第 k 家酒店（$k=1,\cdots,K$）；R_j 为酒店固定效应的向量；ε_{ijk} 为正态分布的标准误。

4.2.5 研究结果分析

表 4-8 和表 4-9 为负二项回归模型的估计结果。模型的 α 参数等于 0。似然比检验表明拒绝原假设，因此负二项回归模型适用于本节的研究内容。

表 4-8 实证结果——感知有用性

变量	系数	
	模型（4-4.1）	模型（4-4.2）
Constant	-1.319^{***} （−18.460）	-1.370^{***} （−19.050）
Stars	-0.072^{***} （−23.000）	-0.071^{***} （−22.560）
Length	0.003^{***} （104.020）	0.003^{***} （103.000）
Readability	0.003^{**} （2.440）	0.003^{**} （2.240）
Date	$0.9\times10^{-4***}$ （16.710）	$1\times10^{-4***}$ （16.830）
Elite	0.683^{***} （81.030）	0.683^{***} （81.060）
Friends	0.003^{***} （96.560）	0.003^{***} （96.610）
Temporal		0.003^{***} （2.690）
Explanatory		0.030^{***} （8.630）

续表

变量	系数	
	模型（4-4.1）	模型（4-4.2）
Sensory		0.003^{*} （1.830）
酒店固定效应	Yes	Yes
α	0.834	0.833
α=0 时似然比检验	5.3×10^{4} （p=0.000）	5.3×10^{4} （p=0.000）
对数似然	−212 951.170	−212 909.470
Chi^2 检验统计量	61 495.790	61 579.190
伪 R	0.126	0.126

注：Yes 表示控制了固定效应；括号中的值表示 Z 统计量

*、**和***分别表示在 5%、1%和 0.1%的水平下显著

表 4-9　实证结果——感知有趣性

变量	系数	
	模型（4-5.1）	模型（4-5.2）
Constant	-2.053^{***} （−22.780）	-2.108^{***} （−23.270）
Stars	0.007^{*} （1.710）	0.009^{**} （2.170）
Length	0.003^{***} （84.130）	0.003^{***} （82.980）
Readability	-0.004^{***} （−2.610）	-0.004^{**} （−2.970）
Date	$2.3\times10^{-4***}$ （31.42）	$2.3\times10^{-4***}$ （31.36）
Elite	0.791^{***} （72.780）	0.791^{***} （72.790）
Friends	0.004^{***} （85.990）	0.004^{***} （86.040）
Temporal		-5.1×10^{-4} （−0.330）
Explanatory		0.048^{***} （11.260）
Sensory		0.007^{***} （3.950）
酒店固定效应	Yes	Yes
α	1.934	1.930
α=0 时似然比检验	1.5×10^{5} （p=0.000）	1.5×10^{5} （p=0.000）
对数似然	−209 231.660	−209 161.940
Chi^2 检验统计量	53 038.510	53 177.960
伪 R	0.113	0.113

注：Yes 表示控制了固定效应；括号中的值表示 Z 统计量

*、**和***分别表示在 5%、1%和 0.1%的水平下显著

感知有用性的评价结果如表 4-8 所示，感知有趣性的评价结果如表 4-9 所示。模型（4-4.1）和模型（4-5.1）只包含控制变量作为自变量，而模型（4-4.2）和模型（4-5.2）包含其他自变量（如时间线索、解释线索和知觉线索）。实证结果表明，时间线索对感知有用性有显著的正向影响（β=0.003，p<0.001），而时间线索对感知有趣性的影响不显著。因此，支持了 H4-4a，而 H4-4b 不成立。

从解释线索的影响来看，解释线索对感知有用性和感知有趣性都有显著的正向影响（β=0.030，p<0.001；β=0.048，p<0.001）。换句话说，具有更多解释线索的评论文本可能会获得更多关于感知有用性和感知有趣性的同行评价投票。因此，支持了 H4-5a 和 H4-5b。

此外，实证结果表明，知觉线索对感知有用性有正向影响，其系数β为 0.003，但仅在 0.05 显著水平下显著。同时，知觉线索对感知有趣性有显著的正向影响（β=0.007，p<0.001）。因此，H4-6b 得到了支持，而 H4-6a 的观点需要在未来得到进一步的研究。感知有趣性投票的知觉线索的系数（0.007）远大于感知有用性投票的知觉线索的系数（0.003），说明知觉线索对感知有趣性的影响大于对感知有用性的影响。表 4-10 总结了假设检验结果。

表 4-10　假设检验结果

假设	支持与否
H4-4a：带有更多时间线索的评论更有可能被认为是有用的	√
H4-4b：带有更多时间线索的评论更有可能被认为是有趣的	×
H4-5a：带有更多解释线索的评论更有可能被认为是有用的	√
H4-5b：带有更多解释线索的评论更可能被认为是有趣的	√
H4-6a：带有更多知觉暗示的评论更有可能被认为是有用的	需要深入研究
H4-6b：有更多知觉暗示的评论更有可能被认为是有趣的	√

4.2.6　小结

本节建立了一个整体的理论模型，探讨了时间线索、解释线索和知觉线索在酒店在线评论情境下对顾客感知有用性和感知有趣性的影响。研究结果有助于更好地利用大数据分析来理解顾客对 Yelp 点评的反应，扩展了现有的关于在线点评语言特征对酒店产品的影响的研究内容。具体而言，本节的结论如下：时间线索对感知有用性有显著影响，而对感知有趣性的影响不显著。所有的知觉线索（视觉、听觉和感觉）都对感知有趣性有强烈的影响，而只有与观看相关的线索对感知有用性有轻微的影响。知觉线索对感知有趣性的影响比对感知有用性的影响更大。解释线索对感知有用性和感知有趣性都有显著的正向影响。

本节的理论意义体现在以下三个方面：第一，本节是少数几个在网络口碑语境中考察时间线索对评论影响的研究之一；第二，本节扩展了 Moore[76]在理论和方法方面的实验研究，增加了关于感知有用性和在线评论管理的知识体系；第三，本节首次利用文本挖掘方法分析知觉线索，并通过大数据将知觉线索应用于 Yelp 在线评论分析的语境中，在理论和方法上为现有研究做出了贡献。

本节在在线评论管理方面具有较强的实践意义。这项研究表明，顾客认为具有时间线索的评论更有用。营销人员应该鼓励顾客发布他们对产品或服务的评论，并通过信息提示来显示他们的用餐时间和评论时间之间的时间差。研究结果表明，带有更多解释线索的评论更有可能被认为是有用和有趣的。因此，从业者应该想出更有效的策略，让顾客提供更有深度和价值的评论，来解释其为什么喜欢或不喜欢这些产品或服务，而不是简单地发表正面或负面的评论。本节发现，知觉线索对顾客在线评论的感知有趣性有较大的影响。因此，酒店和在线评论平台应该鼓励评论作者在评论中提供反映情感、情绪、主观评价和经验的反应词。

4.3　顾客在线评论的社会化嵌入

4.3.1　评论者在线社会网络规模与评论投票

顾客生成内容与在线社交网络关系的强弱有关[100]。目前，社交导向型网站成为各大网站的主流，顾客在网络上可以相互交流，因此同伴之间的相互影响比以往更大[10]。一些在线评论网站采取多种策略促使顾客建立好友关系，以促进顾客之间的交互。社会网络规模从四个方面影响评论投票。

第一，网页信任的功能促使在线评论网站更有趣[10]。以 Yelp 为代表的一些在线社区通过顾客之间加好友、互粉的形式建立在线关联，顾客只需点击“好友”按钮即可对其好友的评论进行阅读。2012 年 AC Nielsen 调查发现，顾客认为好友的评论是最具可信度的，其他在线顾客的评论紧随其后。此外，一些学者发现，一定程度的曝光和增加熟悉感可引起顾客之间的相互喜欢[101，102]。Wang 等[103]研究发现，好友评论中欺诈性的评论较少。因此，顾客更加信任好友的评论而非匿名评论者，一些有更多好友的顾客更有可能得到更多的评论投票。

第二，社交影响和同伴压力对评论投票起到了关键作用。许多社交影响的研究表明，每个顾客的行为都会受到好友的影响[10]。Aral 等[104]、Iyengar 等[105]研究均发现同伴行为会影响产品质量和服务的改进。Wang 等[103]通过设计标准实验，发现在添加好友之后，好友之间的评论相似性将增加 1.9 倍。因此，拥有更多好友的顾客会受好友的影响，使其评论与好友具有相似性，而这种相似性更容易得到好友认可，从而获得更多的评论投票。另外，一些社会心理学的研究也证实了同伴压力对个体行为的作用[106]。例如，为了维持好友的亲密程度，顾客即使不赞同好友观点，但是在进行评论投票时会碍于情面对其进行投票，这是同伴压力的具体表现。因此，社交网络环境会对评论投票产生影响。

第三，顾客在网站阅读评论时，系统会将好友评论首先展示给该顾客。许多网站都采用了类似的设计，无论是订阅了某个顾客或者添加了某个顾客为好友，该好友的评论内容将会优先于其他评论者展现给该顾客，顾客也可通过点击“好友”按钮，对好友评论进行阅读。例如，Yelp、Rottentomatoes、TripAdvisor 等网站鼓励顾客邀请好友加入该评论网站，网站会将这些好友的评论和评级放置于显眼位置[103]。

第四，建立好友关联的顾客通常会通过在线聊天工具进行交流，这使得好友之间沟通一些私人信息更方便。顾客也可以基于对好友的了解而对其评论有更好的理解。因此，相比于陌生人的评论，好友的评论可以从更多方面对顾客评论投票产生影响。

基于以上四点，本节提出如下假设。

H4-7：评论者在线社交网络规模对不同种类的评论投票有正向影响。

4.3.2 评论者在线社交网络质量与评论投票

除了社交网络规模，社交网络中的好友组成或者好友特点也会对评论投票产生影响，因为不同特点的好友组成会对感知有用性产生不同影响。一些学者通过建立精化似然模型[107, 108]发现，信息传递有两种处理方式，分别为中心路径和外围路径，且不同路径可引起不同的顾客行为。此外，详尽可能性模型（elaboration likelihood model，ELM）理论也强调不同信息处理方式取决于不同个体特征和信息特征。顾客的动机、能力和个人特征均会形成不同的信息处理路径[109]。

本书中，Yelp 认定一些能够发表大量评论的评论者为精英评论者，这些评论者通常高度参与到顾客在线内容生成，比其他顾客在社区中投入更多的时间和精力。Ma 等[110]认为，精英评论者更喜欢采用中心路径进行信息处理，他们对某项服务或者产品更了解，同时他们也更善于表达自己的观点。因此，精英评论者不太可能阅读他人的评论，也不太可能对他人评论进行评论投票。过往研究支持了此观点。例如，Klein 和 Ford [111]、Cheema 和 Papatla[112]研究发现，更有经验的顾客不信任网上的信息。Zhu 和 Zhang[113]的研究也表明，新顾客往往更依赖于其他顾客的评论做决定，而老顾客则相反。基于 ELM 理论和过往研究，本节认为精英评论者不太可能认为好友的评论有价值。在此基础上，提出如下假设。

H4-8：好友中精英评论者的比例对不同种类的评论投票有负面影响。

4.3.3　评论者身份与评论投票

评论者身份指相对于“群体属性”的顾客自我定义[114]。社交评论者身份理论认为身份是人们参与社交网络活动的心理基础的关键要素[115]。许多心理学研究从顾客角度出发，发现信息来源特性，如由专家撰写的评论可影响顾客判断、决策和行为[116, 117]。

越来越多的在线评论网站开始展示评论者的身份描述信息。顾客不仅可看到评论者姓名、照片、住址、爱好、职业兴趣等私人信息，也能看到评论者的专业等级，如徽章个数（如“top-100 评论者”）和评论者排名[49]。例如，Yelp 网站实行评论者认定项目，该项目将对 Yelp 有重大贡献的顾客进行认证。一些网站允许顾客过滤评论使顾客只阅读精英评论者或者专家评论者的内容。

对于评论者身份信息披露影响的研究逐渐兴起。Forman 等[114]认为感知评论者特征可影响或者彻底改变顾客对评论的反应，通过实验研究证明了身份信息披露会影响产品销量。Mackiewicz 和 Yeats[118]研究表明，对评论者专业知识的认知对在线评论的感知有用性和信任具有积极影响。Connors 等[119]也发现了类似结论，认为顾客在购买决定前会更看重精英评论的观点，因为这些评论可提供更有价值的产品或者服务信息，从而被顾客认为更有帮助。Luca [120]基于 Yelp 酒店的评论数据，研究发现顾客对于酒店的反应不仅受酒店平均评分的影响，也受到评论者身份的影响，精英评论者的评分对顾客的影响比其他评论者的评分多一倍。Ngo-Ye 和 Sinha[56]建立了同时考虑评论文本特征和评论者参与因素的模型，用以预测在线评论的有用性。实证结果表明，发表评论的频率等评论者参与因素能够帮助顾客预测感知有用性。在此基础上，提出如下假设。

H4-9：评论者在社交网络中的身份对不同类型的评论投票有正面影响。

过往研究表明，顾客在购买前会更加关注负面在线评论而非正面评论，这种现象被称为负向偏差。但是，过往研究未关注能够减弱负面偏差的因素。Chen 和 Lurie[60]研究表明，负向偏差来源于负面评论和正面评论归因不同。顾客认为负面评论多是因为产品或服务体验不佳，而正面评论多是由自身特性或顾客自身特性形成的。因此，评论与评论者因素越相关，其价值越低[121]，从而引起了负向偏差。精英评论者的有用性评论通常会提及大量细节。精英评论者的评论会与产品信息更加相关，而与自身因素关联较少。这种效应在积极评论中更强，这是因为消极评论只会提及自身因素而非产品体验[121]。换句话说，精英评论者身份能够通过改变顾客对积极评论的归因缓和负向偏差的影响。在此基础上，提出了如下假设。

H4-10：评论者社会身份可缓和评论情感对不同类型评论投票的影响。

4.3.4 研究设计与研究方法

1. 数据来源

数据来源于 Yelp，该网站包含了餐馆、酒店、医生和其他产品服务的在线评论。截至 2016 年 9 月 30 日，Yelp 已经拥有 1.15 亿条在线评论，涉及世界上 32 个国家。本书研究选取 Yelp 主要有两个方面，一方面，Yelp 允许评论阅读者对评论的多个方面进行投票，如“有用”“有趣”“很酷”，而非仅仅“喜欢”或者“有帮助”；另一方面，本书研究的焦点在于社交影响效应，而 Yelp 允许顾客建立在线关联，顾客可点击“好友”按钮观看好友的评论，并且好友评论在顾客浏览评论时会优先显示在显眼的位置上。

本书收集了拉斯维加斯评论最多的 100 家酒店。拉斯维加斯世界著名的休闲胜地，其酒店行业蓬勃发展。采用同一个城市的数据，可避免城市差异带来的异质性。选择评论数目最多的酒店的理由是，这些酒店通常会有更高水平的评论阅读者和更多的评论者[60]。这些酒店包括经济型酒店、中型酒店和豪华高档酒店等三种类型。本书仅选择了一种产品（酒店），因为产品类型也会影响评论阅读者对在线评论的看法[6]。本书采集了每家酒店 2015 年 1 月 8 日前所有的评论，全部 100 家酒店共包含 56 139 条记录。

每条评论记录的评论信息有：评论者账号，评论者所获得的“有用”“有趣”“很酷”投票数目、评级、文字评论、评论日期。每条记录的评论者信息有：评论者账号、所有好友账号、是否为精英评论者、好友是否为精英评论者。

2. 变量描述

Yelp 的在线评论投票包括“有用”“有趣”“很酷”，以及三者的不同组合。投票数作为同伴评价的度量。除此之外，本书还包含其他的变量，具体变量描述可参考表 4-11。

（1）评论者社交网络。本书中评论者的社交网络包含两个主要变量：社交网络规模和社交网络质量。前者用评论者好友数量来度量，后者用好友中精英评论者所占的比例来衡量。

（2）评论者身份。评论者身份为虚拟变量，表示是否为精英评论者，若为精英评论者，该虚拟变量为 1，否则为 0。

（3）控制变量。为了避免其他因素影响，本书控制了一些变量：评论情感、评论可读性、评论长度、评论发布日期。此外，为了控制酒店的系统性差异，本书控制了酒店的固定效应，创建了多个酒店虚拟变量。

表 4-11　变量描述

变量	描述	均值	标准差	最小值	最大值
因变量					
$FunnyVote_{ijk}$	"有趣"投票数目	0.663	1.877	0	56
$UsefulVote_{ijk}$	"有用"投票数目	1.225	2.319	0	56
$CoolVote_{ijk}$	"很酷"投票数目	0.647	1.798	0	55
自变量					
$Friends_j$	评论者好友数量（作为评论者社交网络规模的代理变量）	47.512	135.109	0	1261
$EliteFriPro_j$	好友中精英好友的比例（作为评论者社交网络质量的代理变量）	0.075	0.220	0	1
调节变量					
$Elite_{ijk}$	当顾客为精英评论者，该值为 1，否则为 0（用于表征评论者身份的代理变量）	0.270	0.444	0	1
控制变量					
$Sentiment_{ijk}$	评论文本的情感倾向	0.738	0.414	0	1
$Length_{ijk}$	评论字数	172.894	151.701	1	1034
$Readability_{ijk}$	评论文本 Gunning-Fog 冈宁灰雾可读性指数	8.838	3.735	1	12
$Date_{ijk}$	评论在 Yelp 中出现的日期	1034.725	740.182	0	3734

3. 计量模型

参考 Chen 和 Lurie[60]的研究，本书只有一小部分在线评论得到很多"有用""有趣""很酷"投票，大部分只得到极少数的投票，投票数的方差高于均值，因此采用稳健标准差的负二项回归模型进行研究[122]。

令 y_{ijk} 表示酒店 k（$k=1,\cdots,K$）由评论者 j（$j=1,\cdots,J$）发表的评论 i（$i=1,\cdots,I$）所得到的投票总数。令 λ_{ijk} 表示酒店 k 由评论者 j 发表的评论 i 所获得的平均投票数。在参数为 λ_{ijk} 负二项分布下，λ_{ijk} 取值为 n 的概率为[122]

$$P\left(y_{ijk}=n \mid \lambda_{ijk},\alpha\right)=\frac{\Gamma\left(\alpha^{-1}+n\right)}{\Gamma\left(\alpha^{-1}\right)\Gamma\left(n+1\right)}\left(\frac{\alpha^{-1}}{\alpha^{-1}+\lambda_{ijk}}\right)^{\propto^{-1}}\left(\frac{\lambda_{ijk}}{\lambda_{ijk}+\propto^{-1}}\right)^{n} \tag{4-6}$$

其中，

$$E[y_{ijk} \mid \lambda_{ijk},\alpha]=\lambda_{ijk} \tag{4-7}$$

$$V[y_{ijk} \mid \lambda_{ijk},\quad \alpha]=\lambda_{ijk}\left(1+\alpha\lambda_{ijk}\right) \tag{4-8}$$

使用对数连接函数来计算协变量对平均投票数 λ_{ijk} 的影响：

$$\lambda_{ijk}=\exp\left(u_{ijk}\right) \tag{4-9}$$

将 u_{ijk} 作为影响评论投票的可观测因素和不可观察因素的函数：

$$\begin{aligned} u_{ijk} = \beta_{10} + \beta_{11}\text{Length}_{ijk} + \beta_{12}\text{Readability}_{ijk} + \beta_{13}\text{Date}_{ijk} \\ +\beta_{14}\text{Sentiment}_{ijk} + \beta_{15}\text{Friends}_{j} + \beta_{16}\text{EliteFriPro}_{j} \\ +\beta_{17}\text{Elite}_{ijk} + \beta_{18}\text{Elite}_{ijk} \times \text{Sentiment}_{ijk} + \alpha_k + \varepsilon_{ijk} \end{aligned} \quad (4\text{-}10)$$

4.3.5 研究结果分析

负二项回归模型结果如表 4-12 所示。关于评论者的社交网络的影响，结果表明，朋友的数量，即社交网络的规模，对评论的投票具有积极影响。换句话说，由拥有更多好友的评论者撰写的评论可能获得更多的投票。因此，H4-7 成立，表明评论者的社交网络规模对不同类型的投票有积极影响。此外，结果表明，精英评论者的比例对评论的投票产生了负面影响，这表明由具有较大比例的精英朋友的评论者撰写的评论倾向于获得较少的投票。换句话说，评论者的社交网络的构成很重要，而精英朋友有更严格的标准，并且不太可能将评论投票为“有趣”、“有用”或“很酷”。因此，H4-8 成立，表明评论者的精英朋友的比例对不同类型的评论投票有负面影响。

表 4-12 实证结果——评论者社交网络

变量	“有趣”投票 模型 1	“有用”投票 模型 2	“很酷”投票 模型 3
Constant	-1.238^{***} (−17.760)	-0.444^{***} (−9.150)	-1.706^{***} (−26.970)
Length	0.002^{***} (37.600)	0.003^{***} (58.260)	0.002^{***} (37.570)
Readability	-0.004^{*} (−1.760)	0.005^{***} (2.690)	0.005^{**} (2.060)
Date	$2.1\times10^{-4***}$ (16.000)	$-0.2\times10^{-4*}$ (−1.800)	$2.4\times10^{-4***}$ (20.560)
Sentiment	-0.364^{***} (−14.800)	-0.241^{***} (−14.230)	0.277^{***} (11.370)
Friends	0.004^{***} (49.750)	0.003^{***} (62.790)	0.004^{***} (60.300)
EliteFriPro	-0.219^{***} (−4.300)	-0.104^{***} (−3.140)	-0.229^{***} (−4.680)
酒店固定效应	Yes	Yes	Yes
α	1.942	0.853	1.356
α=0 时似然比检验	2.4×10^4 (p=0.000)	1.9×10^4 (p=0.000)	1.7×10^4 (p=0.000)
对数似然	−44 851.772	−62 365.453	−45 012.247
Chi^2 检验统计量	7 066.270	10 489.580	9 246.380
伪 R	0.073	0.078	0.093

注：Yes 表示控制了固定效应；括号中的值表示 Z 统计量

*、**和***分别表示在 10%、5%和 1%的水平上显著

关于评论者身份对评论投票影响的实证结果见表 4-13，结果表明评论者的身份，即精英评论者或非精英评论者，对评论投票产生积极影响。换句话说，由精英评论者撰写的评论比非精英评论者撰写的评论更有可能获得更多的评论投票。因此，H4-9 成立。

评论者身份如何调节评论情感对不同类型评论投票的影响的结果见表 4-13。虽然随着评论变得更加积极，评论情感对“有趣”和“有用”的投票的影响变弱。但这种负面关系可被评论者的精英身份所缓解（β=0.188，p<0.01；β=0.209，p<0.01）。然而，评论者的身份对评论情感与“很酷”投票影响的调节作用并不显著。因此，H4-10 部分成立。

表 4-13　实证结果——评论者身份

变量	“有趣”投票	“有用”投票	“很酷”投票
	模型 1	模型 2	模型 3
Constant	−1.256***	−0.439***	−1.793***
	（−18.030）	（−9.110）	（−28.460）
Length	0.002***	0.002***	0.002***
	（36.660）	（57.360）	（36.110）
Readability	−0.006**	0.004*	0.002
	（−2.480）	（1.920）	（0.960）
Date	1.8×10^{-4}***	-0.4×10^{-4}***	2.1×10^{-4}***
	（14.230）	（−4.100）	（18.480）
Sentiment	−0.513***	−0.340***	0.202***
	（−17.450）	（−19.010）	（6.660）
Friends	0.003***	0.002***	0.003***
	（40.590）	（52.770）	（50.830）
EliteFriPro	−0.759***	−0.494***	−0.994***
	（−12.530）	（−13.140）	（−15.500）
Elite	0.511***	0.356***	0.831***
	（11.420）	（11.440）	（19.290）
Elite × Sentiment	0.188***	0.209***	−0.043
	（3.780）	（6.040）	（−0.920）
酒店固定效应	Yes	Yes	Yes
α	1.773	0.773 189 3	1.135 286
α=0 时似然比检验	2.1×10^{4}	1.6×10^{4}	1.3×10^{4}
	（p=0.000）	（p=0.000）	（p=0.000）
对数似然	−44 382.957	−61 722.719	−44 173.488
Chi^2 检验统计量	8 003.900	11 775.050	10 923.900
伪 R	0.083	0.087	0.110

注：Yes 表示控制了固定效应；括号中的值表示比率

*、**和***分别表示在 10%、5%和 1%的水平下显著

4.3.6 小结

本节探讨了评论者社交网络、评论者身份如何有助于酒店在线评论的评论者投票，并研究了社会身份对评论情感的调节作用。调查结果表明，顾客的评论评估受到在线评论者的社交网络和社会身份的影响。具体而言，评论的同辈评估投票受评论者的社交网络的规模和评论者的社交网络质量（即好友中精英评论者比例）的影响。同时，评论者在社交网络中的身份对不同类型的评论投票有正面影响。

参考文献

[1] Hennig-Thurau T, Gwinner K P, Walsh G, et al. Electronic word-of-mouth via consumer- opinion platforms: what motivates consumers to articulate themselves on the Internet?. Journal of Interactive Marketing，2004，18（1）：38-52.

[2] Hu N，Liu L，Zhang J J. Do online reviews affect product sales? The role of reviewer characteristics and temporal effects. Information Technology and Management，2008，9（3）：201-214.

[3] Cheung C M K，Lee M K O. What drives consumers to spread electronic word of mouth in online consumer-opinion platforms. Decision Support Systems，2012，53（1）：218-225.

[4] Lovett M J，Peres R，Shachar R. On brands and word of mouth. Journal of Marketing Research，2013，50（4）：427-444.

[5] Luo X，Gu B，Zhang J，et al. Expert blogs and consumer perceptions of competing brands. MIS Quarterly，2017，41（2）：371-395.

[6] Mudambi S M，Schuff D. What makes a helpful online review?. A study of customer reviews on Amazon.com. MIS Quarterly，2010，34（1）：185-200.

[7] Ba S，Pavlou P A. Evidence of the effect of trust building technology in electronic markets：price premiums and buyer behavior. MIS Quarterly，2002，26（3）：243-268.

[8] Berger J，Milkman K L. What makes online content viral?. Journal of Marketing Research，2012，49（2）：192-205.

[9] Peters K，Kashima Y. From social talk to social action：shaping the social triad with emotion sharing. Journal of Personality and Social Psychology，2007，93（5）：780-797.

[10] Goes P B，Lin M F，Au Yeung C M. “Popularity Effect” in user-generated content：evidence from online product reviews. Information Systems Research，2014，25（2）：222-238.

[11] Schuckert M，Liu X W，Law R. Hospitality and tourism online reviews：recent trends and future directions. Journal of Travel & Tourism Marketing，2015，32（5）：608-621.

[12] Yen C L A，Tang C H H. Hotel attribute performance，eWOM motivations，and media choice. International Journal of Hospitality Management，2015，46：79-88.

[13] Elliot S，Li G X，Choi C. Understanding service quality in a virtual travel community environment. Journal of Business Research，2013，66（8）：1153-1160.

[14] Homans G C. Social Behavior：its Elementary Forms. New York：Harcourt Brace & World，1961.

[15] Blau P M. Exchange and Power in Social Life. New York：Wiley，1964.

[16] Konovsky M A，Pugh S D. Citizenship behavior and social exchange. Academy of Management Journal，1994，37（3）：656-669.

[17] Zhang H，Lu Y B，Gupta S，et al. What motivates customers to participate in social commerce? The impact of technological environments and virtual customer experiences. Information & Management，2014，51（8）：1017-1030.

[18] Schmallegger D，Carson D. Blogs in tourism：changing approaches to information exchange. Journal of Vacation Marketing，2008，14（2）：99-110.

[19] Yoo C W，Sanders G L，Moon J. Exploring the effect of e-WOM participation on e-Loyalty in e-commerce. Decision Support Systems，2013，55（3）：669-678.

[20] Chen Y J，Kirmani A. Posting strategically：the consumer as an online media planner. Journal of Consumer Psychology，2015，25（4）：609-621.

[21] Liu Z W，Park S. What makes a useful online review? Implication for travel product websites. Tourism Management，2015，47：140-151.

[22] Goes P B，Guo C B，Lin M F. Do incentive hierarchies induce user effort? Evidence from an online knowledge exchange. Information Systems Research，2016，27（3）：497-516.

[23] Sheldon K M. Integrating behavioral-motive and experiential-requirement perspectives on psychological needs：a two process model. Psychological Review，2011，118（4）：552-569.

[24] Baumeister R F，Leary M R. The need to belong：desire for interpersonal attachments as a fundamental human motivation. Psychological Bulletin，1995，117（3）：497-529.

[25] Liu W L，Guo F，Ye G Q，et al. How homepage aesthetic design influences users' satisfaction：evidence from China. Displays，2016，42：25-35.

[26] Jin J H，Li Y J，Zhong X J，et al. Why users contribute knowledge to online communities：an empirical study of an online social Q&A community. Information & Management，2015，52（7）：840-849.

[27] Zhu L，Yin G P，He W. Is this opinion leader's review useful? Peripheral cues for online review helpfulness. Journal of Electronic Commerce Research，2014，15（4）：267-280.

[28] Anderson C，Hildreth J A D，Howland L. Is the desire for status a fundamental human motive? A review of the empirical literature. Psychological Bulletin，2015，141（3）：574-601.

[29] Lampel J，Bhalla A. The role of status seeking in online communities：giving the gift of experience. Journal of Computer-Mediated Communication，2007，12（2）：434-455.

[30] Anderson C，Brown C E. The functions and dysfunctions of hierarchy. Research in Organizational Behavior，2010，30：55-89.

[31] Sailer M，Hense J U，Mayr S K，et al. How gamification motivates：an experimental study of the effects of specific game design elements on psychological need satisfaction. Computers in Human Behavior，2017，69：371-380.

[32] Cavusoglu H，Li Z，Huang K W. Can gamification motivate voluntary contributions? The case of stackoverflow Q&A community. ACM Conference Companion on Computer Supported Cooperative Work & Social Computing，2015.

[33] Baek H，Ahn J，Choi Y. Helpfulness of online consumer reviews：readers' objectives and review cues. International Journal of Electronic Commerce，2012，17（2）：99-126.

[34] Fang B，Ye Q，Kucukusta D，et al. Analysis of the perceived value of online tourism reviews：influence of readability and reviewer characteristics. Tourism Management，2016，52：498-506.

[35] Li Y M，Yeh Y S. Increasing trust in mobile commerce through design aesthetics. Computers in Human Behavior，2010，26（4）：673-684.

[36] Anderson A，Huttenlocher D，Kleinberg J，et al. Steering user behavior with badges. Proceedings of the 22nd International Conference on World Wide Web，2013.

[37] Heath C，Larrick R P，Wu G. Goals as reference points. Cognitive Psychology，1999，38（1）：79-109.
[38] Zhang Y，Huang S C. How endowed versus earned progress affects consumer goal commitment and motivation. Journal of Consumer Research，2010，37（4）：641-654.
[39] Weimann G，Tustin D H，van Vuuren D，et al. Looking for opinion leaders：traditional vs. modern measures in traditional societies. International Journal of Public Opinion Research，2007，19（2）：173-190.
[40] Kuk G. Strategic interaction and knowledge sharing in the KDE developer mailing list. Management Science，2006，52（7）：1031-1042.
[41] Roberts J A，Hann I H，Slaughter S A. Understanding the motivations，participation，and performance of open source software developers：a longitudinal study of the Apache projects. Management Science，2006，52（7）：984-999.
[42] Liu X W，Schuckert M，Law R. Utilitarianism and knowledge growth during status seeking：evidence from text mining of online reviews. Tourism Management，2018，66：38-46.
[43] Yoo K H，Gretzel U. What motivates consumers to write online travel reviews?. Information Technology & Tourism，2008，10（4）：283-295.
[44] Sussman S W，Siegal W S. Informational influence in organizations：an integrated approach to knowledge adoption. Information Systems Research，2003，14（1）：47-65.
[45] Li H Y，Zhang Z Q，Meng F，et al. Is peer evaluation of consumer online reviews socially embedded? An examination combining reviewer's social network and social identity. International Journal of Hospitality Management，2017，67：143-153.
[46] Siering M，Muntermann J，Rajagopalan B. Explaining and predicting online review helpfulness：the role of content and reviewer-related signals. Decision Support Systems，2018，108：1-12.
[47] Cao Q，Duan W J，Gan Q W，et al. Exploring determinants of voting for the "helpfulness" of online user reviews：a text mining approach. Decision Support Systems，2011，50（2）：511-521.
[48] Liu J，Cao Y，Lin C Y，et al. Low-quality product review detection in opinion summarization. Proceedings of the 2007 Joint Conference on Empirical Methods in Natural Language Processing and Computational Natural Language Learning，2007.
[49] Ghose A，Ipeirotis P G. Estimating the helpfulness and economic impact of product reviews：mining text and reviewer characteristics. IEEE Transactions on Knowledge and Data Engineering，2011，23（10）：1498-1512.
[50] Yin D Z，Bond S D，Zhang H，et al. Anxious or angry? Effects of discrete emotions on the perceived helpfulness of online reviews. MIS Quarterly，2014，38（2）：539-560.
[51] Mattila A，Wirtz J. The role of preconsumption affect in postpurchase evaluation of services. Psychology & Marketing，2000，17（7）：587-605.
[52] Yang S B，Hlee S，Lee J，et al. An empirical examination of online restaurant reviews on Yelp. com：a dual coding theory perspective. International Journal of Contemporary Hospitality Management，2017，29（2）：817-839.
[53] O'Mahony M P，Smyth B. Learning to recommend helpful hotel reviews. Proceedings of the 3rd ACM Conference on Recommender Systems，2009.
[54] Park S，Nicolau J L. Asymmetric effects of online consumer reviews. Annals of Tourism Research，2015，50：67-83.
[55] Racherla P，Friske W. Perceived "usefulness" of online consumer reviews：an exploratory investigation across three services categories. Electronic Commerce Research and Applications，2012，11（6）：548-559.

[56] Ngo-Ye T L，Sinha A P. The influence of reviewer engagement characteristics on online review helpfulness：a text regression model. Decision Support Systems，2014，61：47-58.
[57] Xiang Z，Du Q Z，Ma Y F，et al. A comparative analysis of major online review platforms：implications for social media analytics in hospitality and tourism. Tourism Management，2017，58：51-65.
[58] Michotte A. The Perception of Causality. New York：Methllen，1963.
[59] Heider F，Simmel M. An experimental study of apparent behavior. The American Journal of Psychology，1944，57（2）：243-259.
[60] Chen Z，Lurie N H. Temporal contiguity and negativity bias in the impact of online word of mouth. Journal of Marketing Research，2013，50（4）：463-476.
[61] Anderson J R. The Architecture of Cognition. Cambridge：Harvard University Press，1983.
[62] Kelley H H. The processes of causal attribution. American Psychologist，1973，28（2）：107-128.
[63] Buehner M J，May J. Rethinking temporal contiguity and the judgement of causality：effects of prior knowledge，experience，and reinforcement procedure. The Quarterly Journal of Experimental Psychology Section A，2003，56（5）：865-890.
[64] Vrij A. Detecting Lies and Deceit：The Psychology of Lying and the Implications for Professional Practice. Chichester：Wiley，2000.
[65] Wennekers A M，Holland R W，Wigboldus D H J，et al. First see，then nod：the role of temporal contiguity in embodied evaluative conditioning of social attitudes. Social Psychological and Personality Science，2012，3（4）：455-461.
[66] Wasserman E A，Neunaber D J. College students' responding to and rating of contingency relations：the role of temporal contiguity. Journal of the Experimental Analysis of Behavior，1986，46（1）：15-35.
[67] Kalat J W，Rozin P. "Salience"：a factor which can override temporal contiguity in taste-aversion learning. Journal of Comparative and Physiological Psychology，1970，71（2）：192-197.
[68] Wu L，Shen H，Li M，et al. Sharing information now vs later：the effect of temporal contiguity cue and power on consumer response toward online reviews. International Journal of Contemporary Hospitality Management，2017，29（2）：648-668.
[69] Wilson T D，Gilbert D T. Explaining away：a model of affective adaptation. Perspectives on Psychological Science，2008，3（5）：370-386.
[70] Pennebaker J W，Boyd R L，Jordan K，et al. The development and psychometric properties of LIWC2015. Austin：The University of Texas at Austin.
[71] Weintraub W. Verbal Behavior in Everyday Life. New York：Springer，1989.
[72] Pennebaker J W. Writing about emotional experiences as a therapeutic process. Psychological Science，1997，8（3）：162-166.
[73] Wilson T D，Gilbert D T，Centerbar D B. Making sense：the causes of emotional evanescence. The Psychology of Economic Decisions，2003，1：209-233.
[74] Jind L. Parents' adjustment to late abortion，stillbirth or infant death：the role of causal attributions. Scandinavian Journal of Psychology，2003，44（4）：383-394.
[75] Malle B F. How the Mind Explains Behavior：Folk Explanations，Meaning，and Social Interaction. Cambridge：MIT Press，2006.
[76] Moore S G. Attitude predictability and helpfulness in online reviews：the role of explained actions and reactions. Journal of Consumer Research，2015，42（1）：30-44.

[77] Janoff-Bulman R，Frantz C M. The impact of trauma on meaning：from meaningless world to meaningful life//Power M J，Brewin C R. The Transformation of Meaning in Psychological Therapies：Integrating Theory and Practice，Hoboken：John Wiley & Sons Inc. 1997：91-106.
[78] Baum A，Friedman A L，Zakowski S G. Stress and genetic testing for disease risk. Health Psychology，1997，16（1）：8-19.
[79] Davis C G，Nolen-Hoeksema S，Larson J. Making sense of loss and benefiting from the experience：two construals of meaning. Journal of Personality and Social Psychology，1998，75（2）：561-574.
[80] Zuckerman M. Sensation Seeking(Psychology Revivals)：Beyond the Optimal Level of Arousal. Hillsolale：Lawrence Erlbaum，1979.
[81] Wolfe J M，Kluender K R，Levi D M，et al. Sensation and Perception. Sunderland MA：Sinauer，2006.
[82] Csikszentmihalyi M. Play and intrinsic rewards. Journal of Humanistic Psychology，1975，15（3）：41-63.
[83] Krishna A. An integrative review of sensory marketing：engaging the senses to affect perception，judgment and behavior. Journal of Consumer Psychology，2012，22（3）：332-351.
[84] Kelley H H. Attribution theory in social psychology. Nebraska Symposium on Motivation，1967，15：192-238.
[85] Russell J A，Mehrabian A. Distinguishing anger and anxiety in terms of emotional response factors. Journal of Consulting and Clinical Psychology，1974，42（1）：79-83.
[86] Holbrook M B，Hirschman E C. The experiential aspects of consumption：consumer fantasies，feelings，and fun. Journal of Consumer Research，1982，9（2）：132-140.
[87] Compeau LD，Grewal D，Monroe K B. Role of prior affect and sensory cues on consumers' affective and cognitive responses and overall perceptions of quality. Journal of Business Research，1998，42（3）：295-308.
[88] Veale R，Quester P，Karunaratna A. The role of intrinsic （sensory） cues and the extrinsic cues of country of origin and price on food product evaluation. Montpellier：3rd International Wine Business and Marketing Research Conference，2006.
[89] Deliza R，MacFie H J H. The generation of sensory expectation by external cues and its effect on sensory perception and hedonic ratings：a review. Journal of Sensory Studies，1996，11（2）：103-128.
[90] Agapito D，Mendes J，Valle P. Exploring the conceptualization of the sensory dimension of tourist experiences. Journal of Destination Marketing & Management，2013，2（2）：62-73.
[91] Rezaei S，Ali F，Amin M，et al. Online impulse buying of tourism products：the role of web site personality，utilitarian and hedonic web browsing. Journal of Hospitality and Tourism Technology，2016，7（1）：60-83.
[92] Bruwer J，Alant K. The hedonic nature of wine tourism consumption：an experiential view. International Journal of Wine Business Research，2009，21（3）：235-257.
[93] Gnoth J. Tourism motivation and expectation formation. Annals of Tourism Research，1997，24（2）：283-304.
[94] Dhar R，Wertenbroch K. Consumer choice between hedonic and utilitarian goods. Journal of Marketing Research，2000，37（1）：60-71.
[95] Filieri R，Mcleay F. E-WOM and accommodation：an analysis of the factors that influence travelers' adoption of information from online reviews. Journal of Travel Research，2014，53（1）：44-57.

[96] McAuley J, Leskovec J. From amateurs to connoisseurs: modeling the evolution of user expertise through online reviews. Proceedings of the 22nd International Conference on World Wide Web, 2013, 897-908.
[97] López-Bonilla J M, López-Bonilla L M. Sensation seeking and e-shoppers. Electronic Commerce Research, 2008, 8 (3): 143-154.
[98] Ariyasriwatana W, Quiroga L M. A thousand ways to say "Delicious!" —Categorizing expressions of deliciousness from restaurant reviews on the social network site Yelp. Appetite, 2016, 104: 18-32.
[99] Sotiriadis M D, van Zyl C. Electronic word-of-mouth and online reviews in tourism services: the use of twitter by tourists. Electronic Commerce Research, 2013, 13 (1): 103-124.
[100] Pfeil U, Arjan R, Zaphiris P. Age differences in online social networking—a study of user profiles and the social capital divide among teenagers and older users in MySpace. Computers in Human Behavior, 2009, 25 (3): 643-654.
[101] Park C W, Lessig V P. Familiarity and its impact on consumer decision biases and heuristics. Journal of Consumer Research, 1981, 8 (2): 223-230.
[102] Moreland R L, Zajonc R B. Exposure effects in person perception: familiarity, similarity, and attraction. Journal of Experimental Social Psychology, 1982, 18 (5): 395-415.
[103] Wang C, Zhang Q, Hann I. Socially nudged: a quasi-experimental study of friends' social influence in online product ratings. Information Systems Research, 2015, 29 (3): 641-655.
[104] Aral S, Muchnik L, Sundararajan A. Distinguishing influence-based contagion from homophily-driven diffusion in dynamic networks. Proceedings of the National Academy of Sciences of the United States of America, 2009, 106 (51): 21544-21549.
[105] Iyengar R, van den Bulte C, Valente T W. Opinion leadership and social contagion in new product diffusion. Marketing Science, 2011, 30 (2): 195-212.
[106] Cialdini R B, Goldstein N J. Social influence: compliance and conformity. Annual Review of Psychology, 2004, 55: 591-621.
[107] Petty R E, Cacioppo J T, Schumann D. Central and peripheral routes to advertising effectiveness: the moderating role of involvement. Journal of Consumer Research, 1983, 10 (2): 135-146.
[108] Bhattacherjee A, Sanford C. Influence processes for information technology acceptance: an elaboration likelihood model. MIS Quarterly, 2006, 30 (4): 805-825.
[109] Tam K Y, Ho S Y. Web personalization as a persuasion strategy: an elaboration likelihood model perspective. Information Systems Research, 2005, 16 (3): 271-291.
[110] Ma X, Khansa L, Deng Y, et al. Impact of prior reviews on the subsequent review process in reputation systems. Journal of Management Information Systems, 2013, 30 (3): 279-310.
[111] Klein L R, Ford G T. Consumer search for information in the digital age: an empirical study of prepurchase search for automobiles. Journal of Interactive Marketing, 2003, 17 (3): 29-49.
[112] Cheema A, Papatla P. Relative importance of online versus offline information for Internet purchases: product category and Internet experience effects. Journal of Business Research, 2010, 63 (9/10): 979-985.
[113] Zhu F, Zhang X Q. Impact of online consumer reviews on sales: the moderating role of product and consumer characteristics. Journal of Marketing, 2010, 74 (2): 133-148.
[114] Forman C, Ghose A, Wiesenfeld B. Examining the relationship between reviews and sales: the role of reviewer identity disclosure in electronic markets. Information Systems Research, 2008, 19 (3): 291-313.

[115] Blader S L，Tyler T R. Testing and extending the group engagement model：linkages between social identity，procedural justice，economic outcomes，and extrarole behavior. Journal of Applied Psychology，2009，94（2）：445-464.

[116] Petty R E，Ostrom T M，Brock T C. Cognitive Responses in Persuasion. Hillsdale：Erlbaum，1981.

[117] Brown J J，Reingen P H. Social ties and word-of-mouth referral behavior. Journal of Consumer Research，1987，14（3）：350-362.

[118] Mackiewicz J，Yeats D. Product review users' perceptions of review quality：the role of credibility，informativeness，and readability. IEEE Transactions on Professional Communication，2014，57（4）：309-324.

[119] Connors L，Mudambi S M，Schuff D. Is it the review or the reviewer? A multi-method approach to determine the antecedents of online review helpfulness. Hawaii：44th Hawaii International Conference，2011.

[120] Luca M. Reviews，reputation，and revenue：the case of Yelp. com. Harvard Business School NOM Unit Working Paper，2016.

[121] Mizerski R W. An attribution explanation of the disproportionate influence of unfavorable information. Journal of Consumer Research，1982，9（3）：301-310.

[122] Cameron A C，Trivedi P K. Microeconometrics：Methods and Applications. Cambridge：Cambridge University Press，2005.

第 5 章　在线评论管理反馈的外部性

5.1　顾客在线评论的管理反馈策略①

5.1.1　相关研究背景

作为世界上人口最多的国家，经过多年的发展，中国经历了旅游业的飞速发展。1978~2016 年，外国来华旅游规模扩大了 75 倍[1]。在供给侧，1994 年中国有 2990 家星级酒店；到 2013 年，这个数字增加到 13 295 家[1]。

酒店业的飞速发展，除了带来了繁荣和机遇，也带来了一些社会、文化和经济问题[2]。例如，本土酒店遭遇来自国内新兴酒店和国际品牌酒店的激烈竞争。国际品牌酒店关注中国市场，一方面因为中国日益增长的需求、经济的稳定发展和富裕人口的增加，另一方面因为本土酒店尚有改进空间的服务标准引发的市场漏洞[3, 4]。对本土酒店服务不满意的游客选择国际品牌酒店，为后者的增长助燃[5]。

发现并消除与国际品牌酒店之间在硬件和服务质量上的差距，对本土酒店至关重要。国际品牌酒店有良好的声誉[6]，并更可能采取富有侵略性的市场营销手段[7, 8]。随着电子商务、社交媒体和用户生成内容的发展，顾客更容易在文本评论、照片和视频上发现本土酒店和国际品牌酒店在服务上的差距[9, 10]。一些本土酒店用降低价格来应对，但那些想争取高端客户的本土酒店就失去了竞争优势[11]。

对酒店而言，管理在线声誉是提高顾客满意度、重住率和业绩的有效手段[12-15]。尤其重要的是，比起改善硬件设施，管理在线声誉成本更低，所以更应被本土酒店采用。然而，因为缺乏经费、训练和技术，也受一些文化因素影响，本土酒店在管理在线声誉上，做得远不如国际品牌酒店积极[16, 17]。

---

① 此节部分内容发表在 Schuckert M，Liang S，Law R. How do domestic and international high-end hotel brands receive and manage customer feedback?. International Journal of Hospitality Management. 2019，77：528-537.

本节收集了 TripAdvisor 网站上国内三个一线城市的本土和国际豪华酒店的顾客评论数据，并在此基础上探索两类酒店在顾客在线评论管理反馈策略上的差异，也试图揭示两者在利用这些策略影响顾客满意度上的不同。

5.1.2 研究假设与研究方法

基于对相关领域文献的梳理[18]，发现在豪华酒店细分市场，本土酒店受到国际品牌酒店更大的竞争挑战。除了从国际竞争对手处争取到更大市场外，本土酒店管理人员尤其要清晰定义本土酒店与国际品牌酒店标准的差异。因此，提出如下假设。

H5-1：在豪华酒店细分市场，顾客对国际品牌酒店的感知质量高于本土酒店。

关于对在线评论的管理反馈，本书预期国际品牌酒店在使用管理反馈上比本土酒店更频繁，理由有二：①在了解顾客需求、战略规划、财务支持和预订系统方面，国际品牌酒店比本土酒店有竞争优势[16, 19]。为了维护良好形象，国际品牌酒店会更多地应用和改进管理反馈策略，其也有能力支撑管理部门实施这些策略[20]。与此形成反差，由于经费有限，一些本土酒店会更多地考虑改善硬件设施，而不是改善服务细节。②本土酒店与国际品牌酒店之间存在文化差异。本土酒店更多地和本土顾客打交道。由于集体主义文化，它们会遇到很少的顾客抱怨[21]。研究发现，亚洲人更能控制情绪，为他人留脸面[22, 23]。传统文化也使本土顾客更注重硬件设施，对管理人员如何处理顾客抱怨及反馈并不是很在意[17]。因此，主要和本土顾客打交道的本土酒店管理人员缺乏利用管理反馈策略的意识。

另外，本书预期在管理反馈策略影响客户满意度方面，本土酒店与国际品牌酒店会有差异，对本土酒店而言，管理反馈策略对顾客满意度的影响更大。理由有三个：①在豪华酒店细分市场，顾客更看重豪华设施、优雅环境和个性化的服务。因此，顾客的体验主要是根据这些标准评估的。因为有更充裕的经费和更丰富的国际经验，国际品牌酒店在这些方面比本土酒店有优势，也因此会收到更少的抱怨。作为服务恢复（service recovery）方法之一，管理反馈策略对本来抱怨就少的酒店效果很小[13]。②根据现有文献，游客，尤其是中国游客，到发达国家（如英国）旅游时，会对服务有更高的顾客期望（customer expection）[24]。由于有源自发达地区的品牌、高价格和高声誉，国际品牌酒店的顾客期望会很高。因此，他们如果因服务失败（service failure）怒而差评，管理反馈很难消去他们的怒火。③国际品牌酒店比本土酒店更高频地进行管理反馈(managerial response)。由此，国际品牌酒店的顾客更习惯于收到对自己意见的反馈，他们对是否接到反馈不会很在意，更看重的是反馈的质量。基于以上论证，提出如下假设。

H5-2：相比国际品牌酒店，管理反馈策略对本土酒店的顾客满意度有更大影响。

本书进一步探索针对不同类型酒店（本土酒店和国际品牌酒店）采用不同管理反馈策略的有效性。作为服务恢复方法之一，现有研究主要建议只回复负面评论是改善顾客满意度和酒店业绩的有效策略[14，25]。然而，如前所述，相比国际品牌酒店，管理反馈策略对本土酒店更有效。在提高顾客满意度方面，反馈质量会增强反馈频率对扭转负面评论的有效性。例如，有研究发现对负面评论给出详细的解释会有效地改进后续的评论数量和酒店的效价[26]。基于以上分析，提出另外两个假设。

H5-3：相比国际品牌酒店，负面评论的管理反馈频率对本土酒店的顾客满意度有更大影响。

H5-4：管理反馈质量（如反馈长度）对反馈频率、负面评论和顾客满意度之间的关系有正向调节作用。

本书研究所用数据来自世界最大旅游网站之一 TripAdvisor，截至 2014 年 11 月，该网站有覆盖近 400 万次酒店、餐厅和景点交易的近 2 亿条评论。选择北京、上海和广州的豪华酒店为数据采集对象，总共选取了 442 家酒店。其中，212 家（47.96%）为本土酒店，230 家（52.04%）为国际品牌酒店。酒店及其顾客评论的样本分布见表 5-1。

表 5-1　酒店数据及其顾客评论样本分布

星级	本土酒店		国际品牌酒店		合计	
	酒店/家	评论/条	酒店/家	评论/条	酒店/家	评论/条
4	149	13 618	74	15 647	223	29 265
4.5	39	5 809	75	16 435	114	22 244
5	24	3 333	81	30 155	105	33 488
合计	212	22 760	230	62 237	442	84 997

本书试图利用以上数据回答下列四个问题。①给定酒店星级和规模，顾客在本土酒店和国际品牌酒店之间如何选择？②在本土酒店和国际品牌酒店之间，特定属性带来的顾客满意度的差异是什么？③本土酒店和国际品牌酒店之间管理反馈策略的差异有哪些？④本土酒店和国际品牌酒店管理反馈频率（得到反馈的评论数占总评论数的比例）和策略对顾客满意度的差异化影响有哪些？最后一个问题的解答可帮助两类酒店的管理人员找到更有效地利用管理反馈策略的方法。

为回答上述问题，本书使用三种定量方法。①描述性统计方法，用于发现给定酒店星级时，顾客对本土酒店或国际品牌酒店的偏好。②对本土和国际品牌两种酒店类型，比较它们与不同属性相关的打分差异，以及它们在管理反馈采纳和频率上的差异。以往研究普遍使用 t 检验来展示比较结果，然而，S-K（Skewness-Kurtosis）检验结果显示，在不同酒店类型中有几个变量（如睡眠质量和酒店地点）在 95%置信水平为非正态分布。因此，计算目标变量和组变量之间的斯皮尔曼等级相关系数（不要求正态分布）。③构建多层回归模型来探索顾客特征和酒店特征如何影响顾客满意度。

5.1.3 旅游业豪华品牌在线评论管理反馈策略的地域差异

结果显示，顾客更容易对国际品牌酒店满意，并给出高分。到北京、上海、广州旅行时，大多数顾客更倾向选择国际品牌酒店，这个结果与研究国际形象和来源国效应的文献结果相吻合[27, 28]。发展中国家的顾客更倾向于选择非本土品牌，尤其是西方国家品牌。西方国家品牌在发展中国家顾客中有着更高感知质量和社会地位。

对国际品牌酒店而言，顾客最满意的两个属性是睡眠质量和清洁度。对本土酒店，顾客最关心的是地点。丰富的国际经验有助于国际品牌酒店在扩张的时候与现有酒店建立管理合约。因此，国际品牌酒店不涉及房地产开发和产权。与此相对的是，本土酒店在扩张时可以在位置好的地块开发房产，因此本土酒店在地点选择上有优势[29]。尽管如此，由于与国际品牌酒店的差距，本土酒店仍需要改进除地理位置外其他一些属性。这些结果对本土酒店管理人员有实际指导意义，鼓励他们找到本土酒店与国际品牌酒店之间的差距。在利用地理优势的同时，本土酒店应该努力改进服务质量、清洁度和睡眠环境。

比起本土酒店，国际品牌酒店更看重对顾客评论的管理反馈。本土酒店的管理人员应重视与国际品牌酒店的这个差距，并更多地采取管理反馈策略，提高反馈频率。早期研究和本书研究发现，管理反馈策略不仅可以让给出差评的顾客提高满意度，也可令管理人员从顾客的抱怨和建议中学到改进服务的方法。

5.1.4 在线评论管理反馈策略对顾客满意度的影响

两种类型酒店的研究结果显示，大多数因素，包括顾客的旅行类型和几个与酒店功能相关的因素，以类似的方式影响顾客的在线评级。但是，管理反馈频率和策略对客户满意度的影响是因酒店类型而异的。尽管我们预期管理反馈策略对提高国内顾客满意度有更大影响，然而对国际品牌酒店而言，反馈频率对评级效果的影响有限，甚至与其负相关。可能的原因是，一方面，国际品牌酒店的管理人员在使用管理反馈来处理服务失败时会遇到困难；另一方面，对国际品牌酒店而言，管理反馈策略影响有限的主要原因之一是顾客一旦习惯了接收反馈，他们会期望更详细的回复。为此，本书进一步构建一个关于管理反馈策略影响客户满意度的与反馈细节相关的新模型。结果表明，相比国际品牌酒店，仅对负面评论做出反馈，作用于本土酒店更有效。而平均反馈长度对此效应有正向调节作用，验证了前文提出的 H5-4 假设。为提高管理反馈策略的有效性，国际品牌酒店的管理人员应该给顾客反馈更加详细的内容。

本项研究结果也揭示了顾客特征对不同酒店类型的满意度影响的有效性。比较有意思的是，顾客的在线评分体验对顾客满意度的影响因酒店类型而异。顾客体验和满意度之间的正向关系已被早期研究验证，对国际品牌酒店而言，这种关系却变成了负向。一种可能的解释是，由于国际品牌酒店拥有更好的设施和服务，只有老顾客才能与过去的经验比较，发现瑕疵。使用在线评论网站较少的顾客可能缺乏在国际品牌酒店入住的体验，也缺乏机会在线了解这些酒店的更多信息。囿于有限的先前知识，这些顾客很难识别国际品牌酒店的瑕疵。

其他控制变量的结果为酒店管理人员提供了一些有用的线索。例如，评分很高和 TripAdvisor 上高排名的酒店更有可能获得顾客的高评分。此外，如果酒店在其网站上显示更多照片，会得到更高的在线评分。客房数量与酒店的在线评分负相关。

5.1.5　小结

本节研究了顾客生成社交媒体内容与本土酒店和国际品牌酒店的相关评论管理反馈策略，使用了描述性统计方法和多层回归分析。结果表明：①高端客户更倾向于选择国际品牌酒店；②国际品牌酒店比本土酒店更注意改进管理反馈策略；③管理反馈策略对国内酒店管理者而言是提高客户满意度的一种有效手段，但对国际品牌酒店的作用有限。

5.2　管理反馈对企业绩效的影响研究：来自 TripAdvisor 的证据

管理反馈在 CRM、企业声誉和品牌管理方面越来越受到管理者的重视[30]。为提高顾客满意度，降低负向评论的影响，研究者逐渐重视管理反馈的作用[31]。酒店管理者表示，通过与顾客的沟通来了解酒店需要改进之处，以提高顾客满意度[32]。管理反馈能够在一定程度上体现商家的服务质量，展现企业的态度如何、是否倾听顾客的意见、是否关心并致力于持续改进与提升商品或服务，尤其在解决顾客的负面评论中扮演着重要的角色[33]。

商家回复顾客评论时，期待可以帮助顾客重新建立品牌信任并使顾客与品牌价值产生共鸣[34, 35]。研究表明，有效的管理反馈能够使顾客的忠诚度增加 20%以上（如再次订购意愿和推荐概率）[36]。相反，商家若没有为顾客评论提供管理反馈，则可能导致未来业务的损失[37]，而商家若没有及时提供管理反馈，则相当于将利润拱手相让[34]。毋庸置疑，在线管理反馈应具有真实性与即时性，且不论顾客的评论是抱怨的还是赞赏性的，均应该提供管理反馈[32]。例如，Wei 等[38]指出酒店管理者应该积极回应顾客的评论。Schmallegger 和 Carson[39]也表明快速与及时地回复负面评论，可以在问题萌发阶段将其解决。Chen 和 Xie[40]、Zheng 等[32]在研究中建议将管理反馈列为商业营销战略的重要基本要素。

然而，并不是所有管理反馈都能起到积极的效果，负面评论可能存在服务挽回悖论现象，即不恰当的管理反馈可能引发负面效果[41-43]。例如，酒店管理反馈的比例达到一定程度时，酒店的销售绩效开始呈下降趋势[41]。同时，对不满意评论的反馈可能强化顾客对服务的消极反应。酒店若采用万能的反馈内容来回复顾客的负向评论，这样的反馈策略将是无效的[43]。Einwiller 和 Steilen[44]对 Facebook 和 Twitter 平台上顾客抱怨的管理反馈进行分析发现，商家管理反馈并不能安抚不满意的顾客，甚至管理反馈还会激发后续顾客的负面抱怨。失败的管理反馈不仅无法起到积极的效果，还将引发顾客的不满意[45]，进而负向影响购买意愿[46]。

5.2.1 管理反馈率与在线评分

研究发现，管理反馈率能够通过以下几种方式影响顾客的在线评分。首先，管理反馈能够促进声誉管理[31]。这是因为管理反馈属于重要的顾客关系管理渠道，商家联结顾客，解决他们所关注的问题并恢复顾客满意度。当收到令人满意的管理反馈信息时，顾客可能会删除消极评论甚至随后发表积极评论以感谢商家的努力。在此过程中，通过表示关心和付出努力，管理反馈能够有效地将顾客的在线评分由消极转向积极[47, 35]。其次，管理反馈是网上公开发布的，可以被后续顾客获取，因此对后续顾客而言，管理反馈可以反映出酒店的共情态度及对顾客的真诚关怀，并且树立清晰的有责任感的品牌形象。从长远角度而言，这种积极印象也可能会影响未来顾客做出正向评论。同时，管理反馈能够促使后续顾客对酒店的服务质量产生切实期望。大部分后续顾客通过浏览顾客评论和管理反馈去了解该酒店，包括其不足之处。如果一些不足已经在管理反馈中被商家关注且已经得到解决，后续还选择预订该酒店的顾客则会了解这些不足之处，并且降低期望值，即管理反馈有助于缓解顾客对酒店的负面感知，提高后续顾客的在线评分。因此，提出如下假设。

H5-5：管理反馈率与顾客在线评分呈正向相关。

5.2.2 管理反馈率与在线评论量

根据 Haywood[48]的研究，组织或企业提供的信息会影响个体顾客，使其基于自己对商品的经验采取行动（购买产品）并影响其他人。最新的服务营销研究也支持了这一结论，研究表明企业与顾客之间的有效互动可以刺激顾客口碑的形成。

例如，Gremler 等[49]发现顾客与商家沟通所产生的人际关系，随着双方互动的增加，参与其中的顾客所产生的口碑也越来越多。同样，Hennig-Thurau 等[50]指出顾客出于对社交互动和自尊提升的渴望，会更愿意参与在线讨论商品或服务。当酒店管理者对顾客评论做出回复时，发布该信息的顾客会收到酒店管理者的互动信号（即满足社交互动的渴望），并且感受到自己被视为重要顾客且意见受到重视（即增强了自尊感）。因此，顾客倾向于发表更多的评论，在社交媒体上为酒店创造更多的电子口碑。由此，提出如下假设。

H5-6：管理反馈率与在线评论量呈正向相关。

5.2.3　管理反馈率与酒店销售

管理反馈还可以通过影响顾客态度进一步影响企业的绩效[33，42，51]。因为顾客在购买之前会在网上搜索酒店，他们喜欢去浏览那些给顾客写评论反馈的酒店。在一项针对全球 12 225 名顾客的调查研究中，PhoCusWright[52]发现相较于没有管理反馈的酒店，超过半数的受访者更愿意预订展示了管理反馈的酒店。因为愿意提供管理反馈的企业代表着一种倾听的态度，并愿意改进他们的产品和服务[33，53]。此外，Kim 等[54]的研究表明对负面评论进行管理反馈是最有效的提高酒店绩效的方法之一。Ady 指出，顾客对自己预订的酒店越有信心，确信酒店会关心自己的需求时，往往也会产生越高的满意度①。已有的行业实践结果表明，商家是否进行管理反馈将会影响顾客的品牌感知和购买意愿。于是，提出如下假设。

H5-7：管理反馈率与酒店销售呈正向相关。

5.2.4　研究设计与研究方法

1. 研究数据

本节收集了共 1045 家酒店评论信息，56 284 条顾客评论，以及与其对应的 10 793 条管理反馈。评论数据覆盖了美国得克萨斯州的五大主要城市的酒店市场，包括奥斯汀、达拉斯、沃斯堡、休斯敦和圣安东尼奥。同时，本节也抓取了酒店销售的季度数据（共 30 232 条），包括从 2005 年第一季度到 2011 年第二季度共 26 个季度。研究所需的顾客评论与管理反馈数据是从 TripAdvisor 网站获取的酒店数据。TripAdvisor 是重要的酒店预订网站，是为顾客提供旅行体验分享和酒店管理者反馈的平台。顾客对酒店的评论和管理反馈信息是以天的形式永久呈现在 TripAdvisor 网站上的。网络爬虫能够获取到 TripAdvisor 自网站创建以来的所有信息，通过网络爬虫，我们可以下载所需的顾客评论、管理反馈和酒店信息（如

---

① https://www.phocuswire.com/To-increase-scores-and-bookings-hotels-must-respond-to-guest-reviews[2019-12-25].

酒店的星级、规模、资历、设施）等 TripAdvisor 数据，再将解析后的网页数据存储到数据库中。

同时，通过两家著名的酒店业数据服务研究公司，本节获取了这些酒店的季度销售信息——从 2005 年第一季度至 2011 年第二季度的酒店总收入。为了控制酒店规模，按比例对收入数据进行处理，按照可用房间数量计算出每间可售房的总收入（TRevPAR）与每间可售房的收入（RevPAR）。TRevPAR 和 RevPAR 均为重要的酒店绩效指标，并在酒店行业被广泛使用。基于个体酒店层面，先将日度的顾客评论与管理反馈整合处理为季度数据，然后将其与季度酒店销售额度进行匹配，即整理两组数据形成酒店×季度的面板数据。

表 5-2 提供了样本的描述性统计分析结果。研究的样本酒店分布于得克萨斯州的五个城市：奥斯汀（15.22%）、达拉斯（15.31%）、沃斯堡（8.13%）、休斯敦（32.44%）和圣安东尼奥（28.90%）。样本中的大部分酒店都是中档经济型酒店（44.11%），其次是全面服务型酒店（27.75%）、平价旅行者酒店（19.71%）、高于平均水平的酒店（7.66%）、豪华型酒店（0.48%）和无星级酒店（0.29%）。

表 5-2　样本描述性统计

样本	数值	百分比
城市数量	5 个	—
季度数量	26 个	—
季度性绩效记录数量	30 232 条	—
酒店数量	1 045 家	100%
以营销地分类		
奥斯汀酒店数量	159 家	15.22%
达拉斯酒店数量	160 家	15.31%
沃斯堡酒店数量	85 家	8.13%
休斯敦酒店数量	339 家	32.44%
圣安东尼奥酒店数量	302 家	28.90%
以酒店等级分类		
无星级酒店数量	3 家	0.29%
平价旅行者酒店数量	206 家	19.71%
中档经济型酒店数量	461 家	44.11%
全面服务型酒店数量	290 家	27.75%
高于平均水平的酒店数量	80 家	7.66%
豪华型酒店数量	5 家	0.48%

注：TripAdvisor 提供每家酒店的等级分类信息，在服务细分主题模块，通过皇冠（crowns）标识来标注酒店等级，其中 5 枚皇冠为豪华型酒店，4 枚为高于平均水平的酒店，3 枚为全面服务型酒店，2 枚为中档经济型酒店，1 枚为平价旅行者酒店

表 5-3 和图 5-1 显示了管理反馈的样本分布。其中，一个有趣的现象是，具有极高（最积极的五颗星）评分和极低（最消极的一颗星）评分的顾客评论容易

引起酒店管理者的注意。具体而言，评分最高（五颗星）的顾客评论获得管理反馈的概率最高（43.51%），评分最低（一颗星）的顾客评论有 28.19%的可能性获得管理反馈。该结果证明酒店管理者不仅要有策略地回复消极评论以补救服务失败[55, 56]，也需要对积极评论进行管理反馈来加强表扬与赞美[57]。

表 5-3 顾客评论与有管理反馈的样本分布

样本	评论/条	百分比
顾客评论数量	56 284	100.00%
一颗星顾客评论数量	6 023	10.70%
二颗星顾客评论数量	7 617	13.53%
三颗星顾客评论数量	15 024	26.69%
四颗星顾客评论数量	19 627	34.87%
五颗星顾客评论数量	7 993	14.20%
有管理反馈的评论数量	10 793	100.00%
有管理反馈的一颗星顾客评论数量	3 043	28.19%
有管理反馈的二颗星顾客评论数量	576	5.34%
有管理反馈的三颗星顾客评论数量	804	7.45%
有管理反馈的四颗星顾客评论数量	1 674	15.51%
有管理反馈的五颗星顾客评论数量	4 696	43.51%

注：本表的数据未经修约，可能存在比例合计不等于 100%的情况。TripAdvisor 网站开发了一套评分系统，将顾客评分分为五级。其中，一颗星为极差，二颗星为差，三颗星为一般，四颗星为满意，五颗星为非常满意

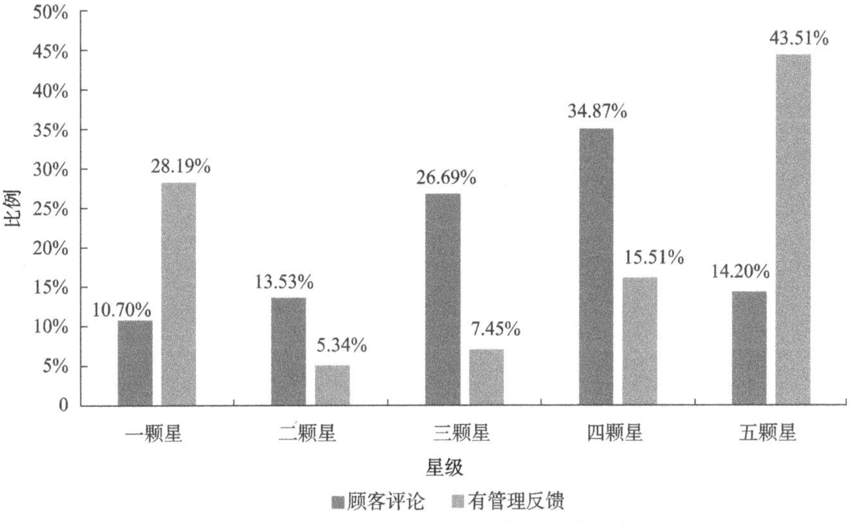

图 5-1 顾客评论与有管理反馈的评分分布

本图的数据未经修约，可能存在比例合计不等于 100%的情况。TripAdvisor 网站开发了一套评分系统，将顾客评分分为五级。其中，一颗星为极差，二颗星为差，三颗星为一般，四颗星为满意，五颗星为非常满意

2. 测量与模型

本节对变量进行正态分布检验，并对高度倾斜的变量进行 lg 变换以提高数据

的正态分布性和分析严谨性。表 5-4 提供了变量定义与摘要统计。酒店销售绩效变量包括给定季度中可用房间的总收入的平均值的对数转换（logTotalRevPAR）和给定季度中可用房间的平均收入的对数转换（logRevPAR）。顾客评论与管理反馈的相关变量包括给定季度中酒店评分的平均值（Rating）、给定季度中顾客评论数量的对数转换（logReviews）和给定季度中管理反馈数量与顾客评论数量的比值，即管理反馈率（ResponseRatio）。与以往研究使用管理反馈的绝对数值不同，本节采用管理反馈率，以减少潜在的测量偏差，如由不同酒店特质（如规模和资历）形成的顾客评论数量的差异。最终，我们还将星级、规模、设施和资历等酒店特质纳入模型估计的控制变量中。

表 5-4　变量描述性统计

变量		定义	均值	标准差	最小值	最大值
酒店绩效	logTotalRevPAR	给定季度中可用房间的总收入的平均值的对数转换	8.56	0.60	5.95	10.30
	logRevPAR	给定季度中可用房间的平均收入的对数转换	4.05	0.60	1.43	5.78
顾客评论与管理反馈的相关变量	Rating	给定季度中酒店评分的平均值	3.48	1.19	1.00	5.00
	logReviews	给定季度中顾客评论数量的对数转换	0.81	0.87	0	5.24
	ResponseRatio	给定季度中管理反馈数量与顾客评论数量的比值	0.09	0.26	0	1.00
酒店特质	Class	反映酒店质量的酒店等级	2.72	1.05	0	5.00
	Amenity	给定季度中室内设施的数量（如室内泳池、免费高速网络、健身房的数量）	7.90	2.54	0	13.00
	Size	给定季度中客房数量	189.41	184.91	5.00	1840.00
	Age	给定季度中酒店的运营年限（自酒店第一次出现在得克萨斯州审计办公室数据库以来的年数）	17.43	12.65	0	63.00

运用混合计量经济学模型来估计管理反馈率对顾客评分与酒店销售的影响。计量分析中的挑战在于控制潜在的内生性偏差与不可观察的且与时间无关的酒店异质性对估计的干扰。为了解决异质性问题，本节使用固定效应估计，通过差分从数据中分离出稳定的异质性。因此，先开始构建具有固定效应的面板模型，对酒店 i 在季度 t 的平均打分为

$$\text{Rating}_{it}=\beta_0+\beta_1\text{ResponseRatio}_{it-1}+\eta_{1:n_1}X_{it}+\varphi_{1:n_2}\Pi_i+\mu_i+\lambda_t+\varepsilon_{it} \tag{5-1}$$

其中，$\text{ResponseRatio}_{it-1}$ 为前一季度的管理反馈数量与顾客评论数量的比值，使用 $t-1$ 期的管理反馈率是因为后续顾客通常在浏览酒店评论网页时参考的是前一期

的管理反馈；X_{it} 为 $n_1 \times 1$ 的向量，是潜在地随时间变化的酒店特质（如规模和资历）；而 Π_i 为 $n_2 \times 1$ 的向量，是不随时间变化的酒店特质（如星级和设施），且影响平均评分；μ_i 和 λ_t 分别为每一时期的哑变量和酒店观察值，以消除固定效应；模型中的稳健标准误主要聚集在酒店上，ε_{it} 为误差项。

同时，本节提出以下具有固定效应估计的面板模型，估计酒店 i 在季度 t 的管理反馈对评论数量的影响：

$$\text{logReviews}_{it}=\gamma_0+\gamma_1\text{ResponseRatio}_{it-1}+\theta_{1:n_1}X_{it}+\pi_{1:n_2}\Pi_i+\mu_i+\lambda_t+\varepsilon_{it} \quad (5\text{-}2)$$

5.2.5 研究结果分析

表 5-5 为管理反馈率对在线评分与在线评论量的估计结果。第 3 列的结果表明，控制酒店层面的随时间变化与不随时间变化的特质的情况下，管理反馈率对在线评分具有显著的正向作用（$\beta_1=0.235$，p=0.000），且管理反馈率每增加 1 个单位，后续顾客的评分平均值随之增加 0.235 个单位，即 H5-5 成立。第 6 列中，管理反馈率对在线评论量具有显著的正向作用（$\gamma_1=0.173$，p=0.000），研究结果显示管理反馈率每增加 1 个单位，对数转换后的在线评论量随之增加 17.3%，即 H5-6 得到验证。管理反馈率显著且积极的影响说明，通过管理反馈增加商家与顾客之间的沟通与互动能够有效地吸引顾客。

表 5-5　管理反馈率对顾客评分与评论数量的影响

变量	Rating			logReviews		
	固定效应（1）			固定效应（2）		
	系数	估计值	p	系数	估计值	p
$\text{ResponseRatio}_{it-1}$	β_1	0.235***	（0.000）	γ_1	0.173***	（0.000）
Size_{it}	η_1	−0.000***	（0.000）	θ_1	0.003***	（0.002）
Age_{it}	η_2	−0.015***	（0.000）	θ_2	0.213***	（0.000）
Class_i	φ_1	—	—	π_1	—	—
Amenity_i	φ_2	—	—	π_2	—	—
Constant	β_0	3.002***	（0.000）	γ_0	−3.888***	（0.000）
诊断检验						
Hausman 检验	172.090***		（0.000）	114.840***		（0.000）
Breusch-Pagan 异方差检验	Chi^2=48.91		p> Chi^2=0.000	Chi^2=34.50		p> Chi^2=0.000
F 检验	15.600***		（0.000）	13.660***		（0.000）
VIF	3.470			2.960		
调整后的 R^2	0.330			0.609		
样本个数	21 170			21 170		

注：样本个数为按季度集合水平上的数据

***表示在 1%的水平下显著

同时，本节对模型进行了诊断测试与检验，以确定建模的适用性。第一，运用 Hausman 检验对面板数据中的固定效应与随机效应模型的选择进行检验[58]，结果表明本节应采用固定效应模型。第二，为检验固定效应模型的适用性，本节通过布伦斯–帕甘（Breusch-Pagan）检验，拒绝原假设，两个模型均存在异方差（$Chi^2=48.91$，$p>Chi^2=0.000$；$Chi^2=34.50$，$p>Chi^2=0.000$）。诊断性检验结果表明固定效应模型的估计结果是稳健的。第三，F 检验的结果表明两个模型的显著性均较好（$F=15.600$，$p=0.000$；$F=13.660$，$p=0.000$）。第四，多重共线性检验结果显示，两个模型的 VIF 值分别为 3.470 与 2.960 且均远远小于 10，模型通过检验。第五，两模型的拟合程度较好，调整后的 R^2 分别为 0.330 与 0.609。

5.2.6 小结

尽管管理反馈在酒店行业中被广泛使用，但管理反馈是否真正有效很少被关注。而本节衡量了管理反馈率对顾客评论行为和酒店销售的影响，基于在线数据捕捉社交媒体平台上顾客与酒店管理者之间的沟通效率。通过一系列面板模型去控制酒店的个体异质性，研究结果与假设基本一致。本节与现有文献不同之处在于提供了一种新视角，即社交媒体情景中管理反馈影响下的顾客评论。本章也具有实践意义，深入探究了社会媒体情景下如何对后续顾客进行干预并增加酒店销售。

在理论贡献方面，本节完善了管理反馈的知识结构。①本节拓展了对顾客评论的研究，提供了管理反馈影响的新视角[59, 60]。管理反馈的主要功能在于促进后续顾客的积极评分和更多评价，持续提高酒店的销售绩效。通过顾客评分与酒店销售两方面来解释管理反馈，本节提供了一种较为综合的商业视角，丰富了管理反馈相关领域的研究。②本节提供了一种整合性视角，包括管理反馈对积极评论与消极评论的影响。虽然部分研究重点关注了管理反馈的主题，但也只关心如何解决消极评论[55, 56]。与之不同，本节对不同评分的评论所对应的管理反馈均进行了研究（如一颗星~五颗星分别代表极差、差、一般、满意、非常满意）。③随着社交媒体的迅速发展，数据分析也成为给商业决策提供依据和支撑的重要工具。相较于现有的社交媒体研究中使用的调查数据或实验数据[35, 55, 31, 39]，本节利用在线顾客生成内容和酒店管理者生成内容去探究管理反馈对酒店销售的影响，检验管理反馈是如何推动和协同顾客评论并促进酒店销售的，以及该效应是否因酒店星级而有差异。

在实践贡献方面，本节为酒店管理者提供了指导与借鉴之处。①量化管理反馈的影响，研究结果表明服务型企业应该认识到在线评论管理的战略意义。先前研究曾建议酒店管理者定期监管顾客的在线评论并解决所有相关问题[61]。但除了简单阅读顾客发布的评论信息以外，本节也建议管理者积极回复顾客的评论，并且在社交媒体上不断地吸引顾客，以此开启与潜在顾客的沟通新渠道，展现出商家愿意满足顾客需求的一面。②随着社交媒体营销的发展，酒店管理者可以通过社交媒体平台来实现附加管理价值。通过研究结果分析，可以发现在 TripAdvisor 网站上，只有一小部分顾客评论收到了管理反馈，还有大部分顾客评论未收到反馈信息，说明许多酒店还因没有回复顾客而错失良机。管理反馈的价值不仅仅是改善顾客对酒店的看法，更是增加酒店与其他竞争者比赛的筹码。因此，商家可能需要付出一定的时间给在线沟通，以维护顾客关系，进行声誉管理。例如，管理者应该根据顾客评论的不同类别采用不同的沟通方式[56, 39]。就反馈速度而言，Schiavone[62]曾指出快速做出管理反馈是十分重要的，因为涉及服务失败的快速修复，可降低在线声誉的进一步受损。此外，其展现了酒店对顾客的关注度、酒店的服务精神和品牌形象。对酒店管理者而言，在发布管理反馈的同时公开自己身份会更加有效，因为可以缩短其与顾客之间的距离，帮助顾客建立与酒店的紧密连接与忠诚度[63]。③对其他服务部门的执行经理来说，他们需要对顾客评分进行监控与在线声誉管理。本章为其证明了管理反馈的应用是必要的，因为服务提供者通常很少有机会能够重新提供服务以弥补服务失败的损失[48]。

参 考 文 献

[1] National Bureau of Statistics of China. China Statistical Yearbook. Beijing：China Statistics Press，2016.

[2] Tsang N K F，Hsu C H C. Thirty years of research on tourism and hospitality management in China：a review and analysis of journal publications. International Journal of Hospitality Management，2011，30（4）：886-896.

[3] Hardingham S. Why China? A study of why foreign hotel companies are rushing to develop new luxury hotels in China. UNLV Theses，Dissertations，Professional Papers，and Capstones. Paper 1364，2012.

[4] Yu L，Gu H M. Hotel reform in China：a SWOT analysis. Cornell Hotel and Restaurant Administration Quarterly，2005，46（2）：153-169.

[5] Chan B，Yeung S. Hotel development in China：the hoteliers' perspective. Journal of China Tourism Research，2009，5（2）：210-223.

[6] Zhang Q H，Pine R，Lam T. Tourism and Hotel Development in China：From Political to Economic Success. New York：Haworth Hospitality Press/International Business Press，2005.

[7] Goh K Y，Heng C S，Lin Z J. Social media brand community and consumer behavior：quantifying the relative impact of user-and marketer-generated content. Information Systems Research，2013，24（1）：88-107.

[8] Ye Q，Law R，Gu B. The impact of online user reviews on hotel room sales. International Journal of Hospitality Management，2009，28（1）：180-182.

[9] Schuckert M, Liu X W, Law R. Hospitality and tourism online reviews: recent trends and future directions. Journal of Travel & Tourism Marketing, 2015, 32: 608-621.
[10] Zhu F, Zhang X. Impact of online consumer reviews on sales: the moderating role of product and consumer characteristics. Journal of Marketing, 2010, 74 (2): 133-148.
[11] Yu Y. Factors and customer satisfaction of budget hotel customers in China. Bangkok: University of the Thai Chamber of Commerce, 2012.
[12] de Pelsmacker P, van Tilburg S, Holthof C. Digital marketing strategies, online reviews and hotel performance. International Journal of Hospitality Management, 2018, 72: 47-55.
[13] Gu B, Ye Q. First step in social media: measuring the influence of online management responses on customer satisfaction. Production and Operations Management, 2014, 23 (4): 570-582.
[14] Kim W G, Lim H, Brymer R A. The effectiveness of managing social media on hotel performance. International Journal of Hospitality Management, 2015, 44: 165-171.
[15] Xie K L, Zhang Z L, Zhang Z Q. The business value of online consumer reviews and management response to hotel performance. International Journal of Hospitality Management, 2014, 43: 1-12.
[16] Johnson C, Vanetti M. Locational strategies of international hotel chains. Annals of Tourism Research, 2005, 32 (4): 1077-1099.
[17] Kanousi A. An empirical investigation of the role of culture on service recovery expectations. Managing Service Quality, 2005, 15 (1): 57-69.
[18] Tsang N K F, Qu H L. Service quality in China's hotel industry: a perspective from tourists and hotel managers. International Journal of Contemporary Hospitality Management, 2000, 12(5): 316-326.
[19] Magnini V P, Ford J B. Service failure recovery in China. International Journal of Contemporary Hospitality Management, 2004, 16 (5): 279-286.
[20] O'Connor P. Managing a hotel's image on TripAdvisor. Journal of Hospitality Marketing & Management, 2010, 19 (7): 754-772.
[21] Bay R L, Hunt H K. New Findings on Consumer Satisfaction and Complaining Behaviour. Bloomington: Indiana University Press, 1982.
[22] Becker C. Service recovery strategies: the impact of cultural differences. Journal of Hospitality & Tourism Research, 2000, 24 (4): 526-538.
[23] Yau O H M. Chinese cultural values: their dimensions and marketing implications. European Journal of Marketing, 1988, 22 (5): 44-57.
[24] Schuckert M, Liu X W, Law R. A segmentation of online reviews by language groups: how English and non-English speakers rate hotels differently. International Journal of Hospitality Management, 2015, 48: 143-149.
[25] Park S Y, Allen J P. Responding to online reviews: problem solving and engagement in hotels. Cornell Hospitality Quarterly, 2013, 54 (1): 64-73.
[26] Chen W, Gu B, Ye Q, et al. Measuring and managing the externality of managerial responses to online customer reviews. Information Systems Research, 2019, 30 (1): 81-96.
[27] Batra R, Ramaswamy V, Alden D L, et al. Effects of brand local and nonlocal origin on consumer attitudes in developing countries. Journal of Consumer Psychology, 2000, 9 (2): 83-95.
[28] Steenkamp J B E M, de Jong M G. A global investigation into the constellation of consumer attitudes toward global and local products. Journal of Marketing, 2010, 74 (6): 18-40.
[29] Gu H, Ryan C, Yu L. The changing structure of the Chinese hotel industry: 1980-2012. Tourism Management Perspectives, 2012, 4: 56-63.

[30] van Noort G, Willemsen L M. Online damage control: the effects of proactive versus reactive webcare interventions in consumer-generated and brand-generated platforms. Journal of Interactive Marketing, 2012, 26 (3): 131-140.
[31] Willemsen L, Neijens P C, Bronner F A. Webcare as customer relationship and reputation management? Motives for negative electronic word of mouth and their effect on webcare receptiveness. Advance in Advertising Research, 2013, 4: 55-69.
[32] Zheng T, Youn H, Kincaid C S. An analysis of customers' e-complaints for luxury resort properties. Journal of Hospitality Marketing & Management, 2009, 18 (7): 718-729.
[33] Gu B, Ye Q. First step in social media: measuring the influence of online management responses on customer satisfaction. Production and Operations Management, 2014, 23 (4): 570-582.
[34] Cheng V T P, Loi M K. Handling negative online customer reviews: the effects of elaboration likelihood model and distributive justice. Journal of Travel & Tourism Marketing, 2014, 31(1): 1-15.
[35] Lee Y L, Song S. An empirical investigation of electronic word-of-mouth: informational motive and corporate response strategy. Computers in Human Behavior, 2010, 26 (5): 1073-1080.
[36] Barsky J, Frame C. Handling online reviews: best practices. http://cdn.tripadvisor.com/pdfs/ExpertTips_HandlingOnlineReviews.pdf[2015-06-14].
[37] Chan N L, Guillet B D. Investigation of social media marketing: how does the hotel industry in Hong Kong perform in marketing on social media websites?. Journal of Travel & Tourism Marketing, 2011, 28 (4): 345-368.
[38] Wei W, Miao L, Huang Z J. Customer engagement behaviors and hotel responses. International Journal of Hospitality Management, 2013, 33 (1): 316-330.
[39] Schmallegger D, Carson D. Blogs in tourism: changing approaches to information exchange. Journal of Vacation Marketing, 2008, 14 (2): 99-110.
[40] Chen Y B, Xie J H. Online consumer review: word-of-mouth as a new element of marketing communication mix. Management Science, 2008, 54 (3): 477-491.
[41] Anderson C K, Han S. Hotel performance impact of socially engaging with consumers. Cornell Hospitality Report, 2016, 16 (10): 3-9.
[42] Chen W, Gu B, Ye Q, et al. Measuring and managing the externality of managerial responses to online customer reviews. Information Systems Research, 2019, 30 (1): 81-96.
[43] Li C Y, Cui G, Peng L. Tailoring management response to negative reviews: the effectiveness of accommodative versus defensive responses. Computers in Human Behavior, 2018, 84: 272-284.
[44] Einwiller S A, Steilen S. Handling complaints on social network sites—an analysis of complaints and complaint responses on Facebook and Twitter pages of large US companies. Public Relations Review, 2015, 41 (2): 195-204.
[45] Vermeulen I E, Seegers D. Tried and tested: the impact of online hotel reviews on consumer consideration. Tourism Management, 2009, 30 (1): 123-127.
[46] Mauri A G, Minazzi R. Web reviews influence on expectations and purchasing intentions of hotel potential customers. International Journal of Hospitality Management, 2013, 34: 99-107.
[47] Hong J Y, Lee W N. Consumer complaint behavior in the online environment//Gao Y. Web Systems Design and Online Consumer Behavior. Hershey: Idea Group Publishing, 2005: 90-105.
[48] Haywood K M. Managing word of mouth communications. Journal of Services Marketing, 1989, 3 (2): 55-67.
[49] Gremler D D, Gwinner K P, Brown S W. Generating positive word-of-mouth communication through customer-employee relationships. International Journal of Service Industry Management, 2001, 12 (1): 44-59.

[50] Hennig-Thurau T, Gwinner K P, Walsh G, et al. Electronic word-of-mouth via consumer-opinion platforms: what motivates consumers to articulate themselves on the Internet?. Journal of Interactive Marketing, 2004, 18 (1): 38-52.

[51] Proserpio D, Zervas G. Online reputation management: estimating the impact of management responses on consumer reviews. Marketing Science, 2017, 36 (5): 645-665.

[52] PhoCusWright. How to add management responses to TripAdvisor traveler reviews. www.tripadvisor.com/TripAdvisorInsights/n717/how-respond-travelerreviews-tripadvisor[2019-10-11].

[53] Sparks B A, So K K F, Bradley G L. Responding to negative online reviews: the effects of hotel responses on customer inferences of trust and concern. Tourism Management, 2016, 53: 74-85.

[54] Kim W G, Lim H, Brymer R A. The effectiveness of managing social media on hotel performance, International Journal of Hospitality Management, 2015, 44: 165-171.

[55] Lee C H, Cranage D A. Toward understanding consumer processing of negative online word-of-mouth communication: the roles of opinion consensus and organizational response strategies. Journal of Hospitality and Tourism Research, 2012, 38 (3): 330-360.

[56] Sparks B A, Bradley G L. A "Triple A" typology of responding to negative consumer-generated online reviews. Journal of Hospitality and Tourism Research, 2017, 41 (6): 719-745.

[57] Hennig-Thurau T, Malthouse E C, Friege C, et al. The impact of new media on customer relationships. Journal of Service Research, 2010, 13 (3): 311-330.

[58] Greene W H. Econometric Analysis. Upper Saddle River: Prentice Hall, 2008.

[59] Öğüt H, Onur Taş B K. The influence of Internet customer reviews on the online sales and prices in hotel industry. The Service Industries Journal, 2012, 32 (2): 197-214.

[60] Zhang Z, Ye Q, Law R. Determinants of hotel room price: an exploration of travelers' hierarchy of accommodation needs. International Journal of Contemporary Hospitality Management, 2011, 23 (7): 972-981.

[61] Lee C C, Hu C. Analyzing hotel customers' e-complaints from an Internet complaint forum. Journal of Travel and Tourism Marketing, 2004, 17 (2/3): 167-181.

[62] Schiavone V. 2010. Nothing to lose: how to handle negative comments in social media. http://connection.ebscohost.com/c/articles/83305020/how-handle-negative-comments-social-media [2020-02-03].

[63] Hvass K A, Munar A M. The takeoff of social media in tourism. Journal of Vacation Marketing, 2012, 18 (2): 93-103.

第 6 章　专家评论对顾客在线评分的影响

6.1　专家评论对顾客在线评分行为的影响研究

6.1.1　专家评论与评分行为

在如今网络飞速发展的时代，顾客通常会通过各种网络平台搜集信息，试图形成对产品的心理预期[1]。以往的文献中一致认为，在服务业中口碑是顾客期望的一个重要的先行因素[1，2]。因此，产品口碑是塑造潜在顾客心理预期的重要因素[2]。根据期望失验理论[3]，顾客感知服务质量来源于对产品预期质量与实际体验质量的比较[4，5]，感知服务质量也会影响顾客的后续评分[1]。另外，有研究表明，随着时间的推移，在线评分会呈现下降的趋势[6，7]。Li 和 Hitt[8]认为这种下降趋势是由产品生命周期产生的。在一个产品生命周期中，早期购买者与晚期购买者存在明显不同的购买偏好，最初的产品评分是由早期购买者提供的，而随着时间的推移，晚期购买者的评分逐渐产生，由于晚期购买者的购买偏好不同于早期购买者，不满评论越来越多，最终使评分呈现下降趋势。而 Godes 和 Silva[6]则认为，随着评论数量的增加，后期购买者评估自身与过去的评论者的相似性的能力有所下降，这会导致更多的购买失误，从而降低未来的评分，最终形成评分下降趋势。另外，Godes 和 Silva[6]研究还证实了人类的认知处理能力是一种稀缺资源，大脑具有的认知处理能力是有限的。因此，当潜在顾客接触到的是数量适中且高质量的“专家”评论时，这种产品评分的下降趋势可能会发生变化。

为了缓解在网络信息搜索中信息不对称的问题，顾客更倾向于依靠专家评论。专家根据自已的知识和经验提供专业的、有指导意义的评价[8]。目前，专家评论在市场营销中的影响已经在很多不同行业中得到研究[9-11]。特别是在体验性产品的语境下（主要包括住宿、餐饮、娱乐、书籍等），产品质量信息的不完善性，顾客无法在购买前有效地判断产品的总价值和成本。因此对这些产品，顾客只能很大程度上依赖外部评价来进行决策，其中，来自专家的评论是顾客主要的可靠信息来源[12]。

随着在线顾客生成内容的爆炸式增长，旅游网站中逐渐出现了新型的专家评论。例如，中国的旅游网站去哪儿网就推出了专家评论的标签。一篇由顾客生成的不少于 500 字，并带有三张评论照片的评论就有资格被标记为专家评论。一旦评论被标记为专家评论，它就会被优先放置在评论页面顶部，其他网站中也有类似的设计。例如，TripAdvisor 顾客可以对评论的帮助程度进行投票；Yelp 中顾客可以对评论的有用性、有趣性等方面进行投票。这些设计可以让顾客在大量的评论信息中很容易地识别出高质量评论，也能够有效地减少顾客在信息搜寻中处理信息和决策的负担[13]。因此，酒店拥有越多的专家评论，越能够帮助潜在顾客对酒店的产品及服务形成整体印象，产生较为准确的心理预期，也能够帮助潜在顾客进行更合适、更理性的购买决策，进而使酒店获得更高的评分。但是，随着酒店的专家评论数量的增加，后续的专家评论的效应会减少，也就表明酒店专家评论的数量对评分的边际效应递减。

6.1.2 评论专家性与评分行为

互联网可以为顾客提供各种各样的信息，而这些信息的主要来源是顾客生成的内容[8]。尤其是在旅游行业中，一些旅行者会在旅游网站上发布自己的评论和照片等内容，这些内容能够反映出旅行者在某地或是某个产品中的消费体验[14]。同时，鉴于酒店和旅游行业产品的无形性，潜在的顾客会更加依赖其他顾客的建议，尤其是要去一些比较危险或是之前没有去过的地方的时候，顾客会对前人的经验更加依赖[15, 16]。在众多顾客生成内容中，在线评论是最普遍的，也是影响最广泛的。目前学者已经广泛研究了在线评论对顾客购买决策的影响[17-20]，此外，在线评论也会影响旅游业产品的供应商[21]。例如，Zhang 等[22]发现在 TripAdvisor 中，纽约酒店每增加一个星级，价格会提升 21%。同时，许多学者也证实了酒店管理者需要积极地在网上与顾客进行沟通[23, 24]，并寻找提高酒店口碑的管理策略[21]。

大量关于顾客行为的研究表明，对顾客来说，产品的负面信息比积极信息更有价值，因此顾客在进行判断和决策时会更加注重负面信息[25-31]。Amabile[27]认为，即便是顾客独立判断给出积极评价，且评论内容质量很高，也具有说服力时，顾客也会认为给出负面评论的顾客要比给出积极评论的顾客更聪明、更有能力、更专业。特别是当受众的意见差异比较大时，给出相对负面的评论会与其中一些评论意见不一致，但是这种差异很有可能是因为评论者本身具有更专业的知识和更高的标准。因此，表达出负面评论会更容易引起人们的注意[25]，同时也会增加一个人受到钦佩和尊重的可能性[32]。网上的普通用户一开始不会对在线评论存在这种“负向偏见”，然而随着其发表的评论越来越多，越来越有经验，他们会逐渐意识到自己的专家身份，以及其在某领域的较多的经验、知识和能力，因此他们会进行选择性表达，更加关注自己擅长和熟悉的领域并表达批判性意见[33, 34]。另外，专家评论的标签也能够增加评论者在网站上的人气[28]，而 Goes 等[28]发现，随着顾客在网站中变得越来越受欢迎，他所发表的评论的负面性会增强。因此，后续增加的专家评论大多是负面的，评论者的专家性水平越高，他们所给出的负面评价就越多。随着评论者专家性的增强，他们试图表现得“更聪明”的行为会减少，也会降低发布负向评论的动机[28]。因此，专家评论的影响具有非线性。也就是说，评论专家性的提升会降低其给出的评分，而评论专家性提升的边际效应则会递减。

6.1.3　专家评论与评论专家性

当专家评论出现时，顾客的评论专家性也会影响顾客的行为。顾客的评论专家性程度不仅能影响顾客对信息的感知风险，还能影响顾客对口碑信息搜寻的积极性[35]。大量研究表明，顾客的专家性程度越高，他们搜寻外部信息的可能性也就越小[36]。根据 Bloch 等[36]的研究得出，那些被认为具有很高评论专家性的顾客在购买之前很少进行相关信息搜索。相反，还有一些研究表明顾客评论的专家性与顾客对产品或服务信息的需求程度呈正相关性[36]，因此评论专家性高的顾客会因需要掌握更多的新信息而进行更多的信息搜索。

尽管一些研究侧重于顾客的专家性等特征[35]，但是对顾客专业知识与现有专家评论之间的相互作用关系仍然缺乏关注。Brucks[37]认为，专家性会帮助个体更好地衡量评论，从而减少对信息的认知成本，提升信息获取的益处。另外，具有专家性的顾客可能会读更多的在线评论，并为其他顾客充当中介[38]。这也意味着，与其他专家性较低的顾客相比，专家性高的顾客能够更积极有效地处理专家评论。同样，Cheung 和 Thadani[39]的研究也表明，之前的专家性在在线口碑的质量对信息有用性的关系中具有调节作用。因此，专家性更高的顾客信息处理能力较强，能够更容易且有效地从之前的专家评论中建立对产品的准确感知，顾客自身的专家性能正向调节专家评论对顾客评分的影响。

6.1.4　研究设计与研究方法

本节研究主要是以中国知名的旅游网站去哪儿网为背景展开的。选择去哪儿网有以下几个原因。首先，去哪儿网成立于 2005 年，是中国最受欢迎的旅游平台之一[40]。截至 2014 年 9 月底，去哪儿网已覆盖 4190 多家在线旅行社、77 万家酒店、18 万条航线、50 万条度假线路、1 万个旅游景点，单月访问量 4474 多万人次，其手机端激活顾客总数达到 4.6 亿人[41]。其次，它还设计了独特的专家评论标签。1 篇不少于 500 字并具有 3 张真实图片的评论就有资格被标注为专家评论，且专家评论通常位于总评论页面的顶部。最后，去哪儿网是一个第三方平台，与 TripAdvisor 类似，它要求顾客通过一个有效的电子邮件地址进行注册，并在登录后发表评论，以确保评论的真实性。2013 年 1 月 1 日至 2013 年 12 月 20 日，近 130 万人的酒店顾客在去哪儿网发布了超过 220 万条酒店评论[42]。

本节主要研究的是网站认可的专家评论对顾客评分行为的影响。因此，本节试图在去哪儿网上寻找到尽可能多的酒店专家评论。首先，以一个在去哪儿网中注册了至少 300 家酒店的城市为目标，并创建一个自动代理来收集目标城市每家酒店的所有顾客评论。其次，从第一步收集的顾客评论中提取了所有的专家评论。再次，通过识别专家评论的顾客代码下载每个顾客发布的所有评论，进而获得顾客组的评论数据。最后，下载所有具有专家评论的酒店的全部评论，获得酒店组的评论数据。最终得到的数据集包含了来自中国 197 个城市的 31 154 家酒店（涵盖所有酒店类别）的 360 多万条评论，并且包括酒店评论序列和顾客评论序列。另外，数据集中有 6936 名顾客拥有网站指定的一个或多个专家评论。因此，这 6936 名顾客发布的 68 927 条评论可作为原始样本，其中包括 33 099 条专家评论和 35 828 条一般评论。数据收集时间为 2014 年 8 月至 10 月，2015 年 2 月底去哪儿网公布网站上大约共有 4 万条专家评论[43]，而本数据集覆盖了其中的一大部分，因此具有可信性。

本节研究的因变量是评论的评分，在删掉 7800 条没有评分的评论后，本节获得一个具有 61 127 条评论的样本，其中包括 26 439 条专家评论和 34 688 条一般评论。基于网站给出的 5 分制评分标准，评分为整数，1 分代表特别不满意，5 分代表特别满意。自变量包括专家评论和评论专家性两部分。对于样本中 61 127 条评论来说，专家评论代表在当条评论之前，相应酒店序列中专家评论的数量，专家性代表在当条评论之前，相应顾客评论序列中专家评论的数量。除了评分之外，去哪儿网网站还有其他的一些评论特征，包括评论字数、图片、预订信息、评论时间和上传评论的设备等，这些特征都有可能影响评论者撰写评论所付出的时间和精力，这些额外的变量可以作为控制变量。具体来说，控制变量包括评论字数，评论图片数量，是否通过去哪儿网进行预订，是在休息日还是工作日进行评论，通过个人电脑还是移动设备进行评论。除了以上这些变量，控制变量还包括在当前评论之前的酒店评论序列中的所有评论数量，以及顾客评论序列中的所有评论数量和酒店过往评分的均值。因为酒店的过往评论代表酒店累积信息的数量，顾客评论数量代表着一定程度上顾客的住宿体验。同时，在样本中有 10 715 条的酒店评论不可用，因为这些评论是目标酒店的第一条评论，在此之前，酒店并无评论，无法计算酒店过往评分的均值。各变量统计性描述详见表 6-1。

表 6-1　变量统计性描述

变量	样本个数	平均值	标准差	最小值	最大值
评分	61 127	4.053	0.812	1	5
专家评论	61 127	1.697	4.432	0	83
评论专家性	61 127	14.399	37.251	0	394
评论字数	61 127	494.705	476.732	0	6 954
图片数量	61 127	7.649	10.709	0	90
评论序列	61 127	0.332	0.471	0	1
休息日	61 127	0.262	0.440	0	1
工作日	61 127	0.497	0.500	0	1
评论设备	61 127	0.885	0.320	0	1
酒店评论数量	61 127	110.330	263.961	0	6 541
评论者评论数量	61 127	28.822	61.808	0	724
酒店评分	50 412	4.248	0.496	1	5

对有序因变量，研究通常使用有序 Logit 模型或者 Probit 模型，因为这两种模型考虑到了天花板效应和地板效应，且避免了研究者对类别的主观选择。对有序因变量来说，有序 Logit 模型和 Probit 模型分别以逻辑分布和标准正态分布假设为前提。评论者给出的评分通常为 1~5 分，1 分代表特别不满意，5 分代表特别满意。与之前关于顾客在线评论的相关研究一样，本节采用有序 Logit 模型验证假设。

定义 y^*为一个$-\infty$到$+\infty$的潜变量，与解释变量线性相关：

$$y_i^* = \alpha + \beta X_i + \varepsilon_i \tag{6-1}$$

其中，i 为每一个样本；ε_i 为随机误差项。可观测的 y 是由 y^*根据以下条件得到的：

$$y_i = m \text{ 如果 } \tau_{m-1} \leqslant y^* \leqslant \tau_m,\ m = 1, \cdots, J \tag{6-2}$$

其中，m 为评分值，在本节中顾客给出的满意度值的范围是 1~5 分，因此 J=5；假设 $\tau_0=-\infty$，$\tau_J=+\infty$，并且分割点 τ_1 与 τ_{J-1} 是可估计的；连续的潜变量 y^*为具有对酒店体验更满意的倾向性。在给定的 X 值下观察到的结果 Y 对应于 y^*在 τ_{m-1} 到 τ_m 的区间。

$$\Pr(y = m|X) = \Pr(\tau_{m-1} \leqslant y^* \leqslant \tau_m|X) \tag{6-3}$$

用 $\beta X+c$ 代替 y^*，通过推导得出预测概率的标准公式：

$$\Pr(y = m|X) = F(\tau_m - \beta X) - F(\tau_{m-1} - \beta X) \tag{6-4}$$

其中，F 为 ε 的累积密度函数。在有序 Logit 模型中，ε 是符合逻辑分布假设的。本节利用对数的极大似然法估计有序 Logit 模型，并通过鲁棒协方差矩阵估计方差。在估计后，利用 t 检验来检验各个变量系数的显著性，利用对数似然函数值来比较模型的拟合优度。

6.1.5 研究结果分析

61 127 条研究样本以 4 分和 5 分评论为主，分别占 48.23%和 30.58%，而 3 分评论只占 18.07%。1 分和 2 分评论一共占 3.12%。评论的平均评分为 4.053，这与之前 Chevalier 和 Mayzlin[44]研究中的 4.09 分、Godes 和 Silva[6]研究中的 4.14 分相近。这也证实了之前的研究结果[45]，即在线评论普遍是积极的。之前研究认为对书籍、DVD 和电影，有超过 70% 的评论是积极的[6, 44, 46]。原因可能是相对于负面评论，评论者更倾向于发布积极评论。

表 6-2 为有序 Logit 的回归结果。具体来说，模型 1 检验了酒店之前专家评论和评论者的评论专家性对评分的影响，结果显示酒店专家评论的系数是显著为正的，而评论者的评论专家性的系数是显著为负的，这说明酒店专家评论与评论者的评论专家性程度对评分的影响具有相反效果。在模型 2 中，在对专家评论与评论专家性两个变量的平方项进行估计时，其结果显著性与影响是不变的。在模型 2 中，专家评论的平方项对评分具有显著负向影响，意味着酒店专家评论的边际效应是递减的；而评论者的评论专家性的平方项对评分具有显著正向影响，说明评论专家性对评分的边际效应也是递减的。

表 6-2 有序 Logit 回归结果

变量	模型 1	模型 2	模型 3	模型 4	模型 5
专家评论	0.088***	0.134***	0.131***	0.115***	0.090***
	(0.003)	(0.004)	(0.004)	(0.004)	(0.004)
专家评论的平方项		−0.002***	−0.002***	−0.002***	−0.001***
		(0.000 119)	(0.000 125)	(0.000 109)	(0.000 099 1)
评论专家性	−0.003***	−0.006***	−0.006***	−0.010***	−0.013***
	(1.9×10^{-4})	(4.6×10^{-4})	(4.8×10^{-4})	(5.1×10^{-4})	(7.9×10^{-4})
评论专家性的平方项		0.13×10^{-4}***	0.14×10^{-4}***	0.26×10^{-4}***	0.31×10^{-4}***
		(1.99×10^{-6})	(2.00×10^{-6})	(2.08×10^{-6})	(2.29×10^{-6})
专家评论×评论专家性			1.99×10^{-4}***	1.9×10^{-4}***	2.55×10^{-4}**
			(0.61×10^{-4})	(0.57×10^{-4})	(0.90×10^{-4})
评论字数				-0.85×10^{-4}***	-1.07×10^{-4}***
				(0.25×10^{-4})	(0.28×10^{-4})
图片数量				0.029***	0.023***
				(0.001)	(0.001)

续表

变量	模型 1	模型 2	模型 3	模型 4	模型 5
评论序列				0.247***	0.152***
				(0.020)	(0.020)
休息日				−0.043*	−0.051**
				(0.018)	(0.020)
工作日				0.069***	0.064***
				(0.015)	(0.017)
评论设备				−0.308***	−0.217***
				(0.031)	(0.030)
酒店评论数量					-2.51×10^{-4}***
					(0.50×10^{-4})
评论者评论数量					6.37×10^{-4}*
					(2.92×10^{-4})
酒店评分					1.012***
					(0.019 5)
τ_1	−4.527***	−4.517***	−4.523***	−4.614***	−0.377***
	(0.041)	(0.041)	(0.041)	(0.054)	(0.095)
τ_2	−3.387***	−3.377***	−3.383***	−3.474***	0.708***
	(0.024)	(0.024)	(0.024)	(0.042)	(0.089)
τ_3	−1.249***	−1.237***	−1.242***	−1.331***	2.866***
	(0.011)	(0.011)	(0.012)	(0.034)	(0.088)
τ_4	0.936***	0.960***	0.956***	0.910***	5.064***
	(0.010)	(0.011)	(0.011)	(0.034)	(0.090)
样本个数	61 127	61 127	61 127	61 127	50 412
wald Chi^2	1 115.580	2 037.860	2 090.070	3 720.970	5 607.360
$p>Chi^2$	0.000	0.000	0.000	0.000	0.000
对数似然	−69 284.540	−69 072.974	−69 065.928	−68 339.835	−55 617.855
伪 R	0.015	0.018	0.018	0.029	0.054

注：因变量是评论的评分；τ_i（i=1，2，3，4）是对应自变量的序列类别的分割点；括号中的数字表示稳健的标准误

*、**、***分别表示在 5%、1%和 0.1%的水平下显著

模型 3 考虑了不同顾客的专家性不同时，专家评论对酒店评分的影响。结果显示，酒店的专家评论与顾客的评论专家性的交互项对酒店评分具有显著正向影响，这意味着随着酒店专家评论的增加，专家性高的顾客可能会给出更高的评分。在模型 4 和模型 5 中分别加入一组控制变量来检验上述结果是否是稳健的。最终结果显示，表 6-2 中模型 1~模型 5 的结果高度一致。另外，图 6-1 也证明了专家评论对预测未来评分的影响，与之前的分析结果一致，随着酒店专家评论的增加，4 分或 5 分评论出现的可能性增加，而 3 分或者更低的评论出现的可能性会降低。然而，酒店专家评论与评分的关系不是线性的，而是呈边际效应递减。相反地，从图 6-2 可以看出，随着评论专家性的提升，出现 4 分或 5 分评论的可能性会降

低，而出现 3 分或是更低评分的可能性会增加，同时这种关系也是非线性的。

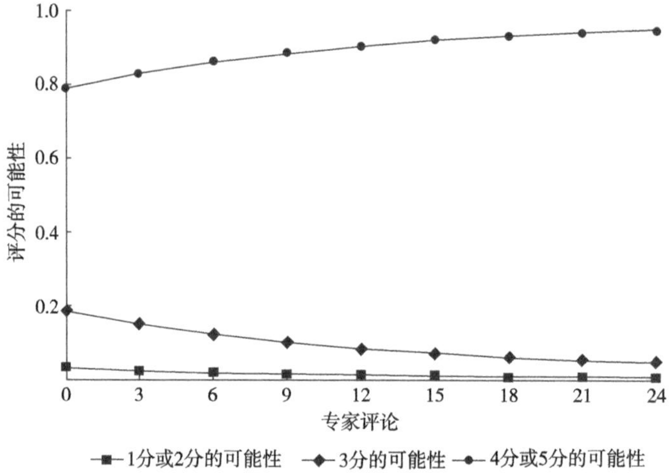

图 6-1 专家评论对预测未来评分的影响

图 6-1 表明在模型 5 中，其他变量为均值的情况下，专家评论对未来评分预测的影响；横轴表示专家评论数量第 1 到第 99 分位数的取值为[0，23]，以避免横轴极值过大

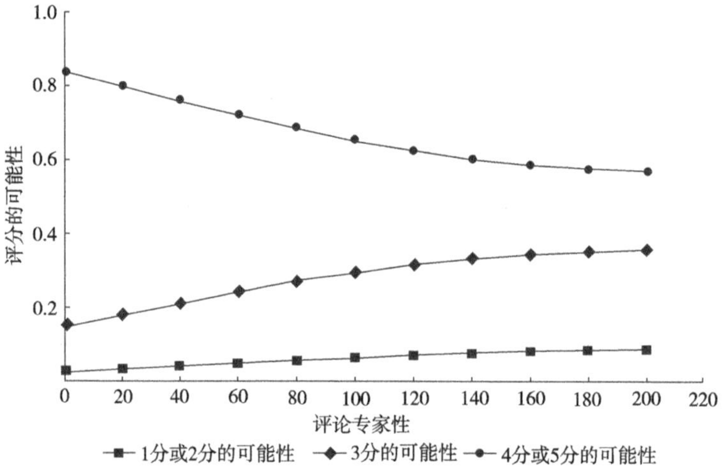

图 6-2 评论专家性对预测未来评分的影响

图 6-2 表明在模型 5 中，其他变量为均值的情况下，评论专家性对未来评分预测的影响；横轴表示评论专家性第 1 到第 99 分位数的取值为[0，203]，以避免横轴极值过大

根据 George 等[47]的建议，本节使用贝叶斯有序 Logit 模型来检验结果的稳健性，如表 6-3 所示。在贝叶斯模型中，将式（6-1）中的系数 α 和 β 指定为 N（0，0.1）的正态分布，将式（6-2）中断点 τ_s 指定为 N（0，5）的正态分布[48]。表 6-3 中模型 6~模型 10 的贝叶斯检验结果与之前模型 1~模型 5 中有序 Logit 回归结果基本一致，这也再次确定了解释变量与控制变量的影响作用。

表 6-3　贝叶斯有序 Logit 模型稳健性检验

变量	模型 6	模型 7	模型 8	模型 9	模型 10
专家评论	0.088 4***	0.134***	0.131***	0.114***	0.090 0***
	(0.002)	(0.003)	(0.003)	(0.001)	(0.000)
专家评论的平方项		−0.002***	−0.002***	−0.002***	−0.001***
		(0.86×10^{4})	(0.79×10^{4})	(0.56×10^{4})	(0.42×10^{4})
评论专家性	−0.003***	−0.006***	−0.006***	−0.010***	−0.013***
	(2.03×10^{4})	(4.50×10^{4})	(4.73×10^{4})	(4.74×10^{4})	(0.58×10^{4})
评论专家性的平方项		0.13×10^{4}***	0.14×10^{4}***	0.26×10^{4}***	0.31×10^{4}***
		(2.04×10^{6})	(2.00×10^{6})	(1.98×10^{6})	(1.05×10^{6})
专家评论×评论专家性			2.02×10^{4}***	1.91×10^{4}***	2.23×10^{4}***
			(0.61×10^{4})	(0.54×10^{4})	(0.47×10^{4})
评论字数				-0.80×10^{4}***	-1.09×10^{4}***
				(0.19×10^{4})	(0.13×10^{4})
图片数量				0.029***	0.022***
				(0.001)	(0.000)
评论序列				0.249***	0.152***
				(0.001)	(0.000)
休息日				−0.042***	−0.051***
				(0.001)	(0.002)
工作日				0.069***	0.064***
				(0.001)	(0.000)
评论设备				−0.309***	−0.217***
				(0.001)	(0.000)
酒店评论数量					-2.31×10^{4}***
					(0.27×10^{4})
评论者评论数量					5.58***
					(0.92×10^{4})
酒店评分					1.012***
					(1.14×10^{4})
τ_1	−4.529***	−4.516***	−4.522***	−4.614***	−0.377***
	(0.041)	(0.006)	(0.003)	(0.000)	(0.000)
τ_2	−3.387***	−3.375***	−3.382***	−3.474***	0.708***
	(0.025)	(0.003)	(0.003)	(0.001)	(0.000)
τ_3	−1.249***	−1.236***	−1.243***	−1.330***	2.866***
	(0.011)	(0.007)	(0.006)	(0.001)	(0.000)
τ_4	0.936***	0.964***	0.958***	0.911***	5.063***
	(0.009)	(0.005)	(0.009)	(0.001)	(0.000)
样本个数	61 127	61 127	61 127	61 127	50 412
对数边缘似然	−69 320.328	−69 136.561	−69 141.356	−68 484.453	−55 803.085
合格率	0.260	0.129	0.393	0.230	0.284
平均率	0.037	0.021	0.025	0.018	0.002

注：因变量是评论的评分；估计系数为后验均值；括号中的数字表示后验标准误；结果基于 12 500 个马尔科夫链蒙特卡罗法进行迭代，前 2500 个作为老化迭代删除

***表示在 1%的水平下显著

6.1.6 小结

本节以实证的方法讨论了在旅游网站中将顾客生成的评论识别为专家评论是否会影响顾客的评分。通过对去哪儿网的数据研究表明，酒店的专家评论对酒店评分有积极影响，而评论者的评论专家性对酒店评分则有消极影响。但是，这两种影响的边际效应都呈递减趋势。此外，评论者的评论专家性可以提高酒店专家评论的影响效果。本节研究也表明，网站的独特设计（如专家评论）对酒店和评论者未来的评分具有显著影响。

6.2 顾客在线评论感知价值的影响因素研究

6.2.1 研究背景

在线评论作为顾客生成内容的一种形式，是顾客对产品体验的重要信息来源。在线评论不仅出现在亚马逊等产品销售网站上，也出现在亿客行（Expedia）和TripAdvisor 等旅游网站上。现有研究证明在产品销售网站上搜索产品和体验产品的评论对顾客决策过程有重大影响[44, 49-51]。作为一种典型的体验产品，旅游相关产品的业绩也会受到在线评论的影响。有学者[52]指出，65%的以休闲为目的顾客在决定旅游目的地之前会上网搜索，且69%的旅游计划是由在线旅游评论决定的。之前的研究还表明，顾客在决定旅行时会考虑过去顾客的评价[12, 8, 20, 53]。大多数评论集中关注于酒店或餐馆，很少关注景点。虽然它们都是与旅游相关的体验产品，但并不完全相同。酒店的整体质量可以从官方机构根据统一标准评估的星级中推断出来，而景点没有类似的评估系统。与令人失望的景点相比，如果顾客选择一家糟糕的餐厅，他们的损失较小。选择一家餐馆仅仅意味着一顿饭，而选择一个景点需要一个完整的旅行计划，包括交通、时间等，因此，顾客对景点选择的决策过程与对餐馆的选择过程不同，而探索网上评论对游客决策的影响是非常重要的。

虽然在线评论为顾客提供了方便，使他们能够全面了解景点并做出决定，但数百条评论会造成信息过载的问题。例如，加利福尼亚州的拉霍拉湾是一个著名的景点，但潜在顾客不知道它是否值得一游。因此，潜在顾客会查看旅游网站上的评论，如 TripAdvisor。然而，TripAdvisor 有 1300 多条关于拉霍拉湾的评论，阅读所有评论是不可能的。因此，TripAdvisor 设计了一个名为“这条评论有用吗？”的功能，帮助顾客快速识别出所有评论中最有用的评论。顾客可以点击“是”按钮对评论进行评分。通过这个功能，顾客很容易发现被其他顾客投票认为最有用的评论。这个功能对景点管理者也很有意义，因为评论不仅是顾客决策的工具，也是管理者提高服务质量的工具。这些最有用的评论具有重大影响，被认为是最有价值的评论。因此，景点管理者应找到可能被认为最有帮助的评论，通过评论发现问题并在其可能影响潜在顾客的决策之前解决这些问题。

评论内容是影响评论价值的最重要因素，尤其是对吸引顾客来说，因为信息质量对于减少不确定性至关重要[54]。虽然酒店和餐厅都是旅游相关的体验产品，但它们的评论内容对旅游景点的决策重要性并不相同。评论内容对于酒店评论来说不那么重要，因为酒店质量主要通过星级和评论得分来评估，如清洁、环境等不同方面。对餐厅评论也不重要，因为描述食物的确切味道太难了。然而，评论内容在景点评论中起着重要作用，原因有两个。第一，人们无法使用类似于对酒店所用的标准来对景点进行评分，因此评论者更依赖于评论内容来讲述自己的经验。第二，潜在顾客也会仔细阅读评论内容，以便了解景点并做出决定。因此，评论的书面风格（可读性）可能会影响它的价值，因为可读性会影响评论被读者所理解的难易度。为探讨评论语言特征对评论价值的影响而进行的相关研究已有很多[8, 55-60]，但阅读能力是否会影响景区相关评论感知价值仍然是一个悬而未决的问题。

此外，如何根据评论者历史评分分布影响推断出基于其评价感知价值的评论者特征还没有得到解决。在 TripAdvisor 上，顾客可以查看评论者的历史评分分布。历史评分分布可以反映评论者的个人偏好，如评分标准。根据历史评分分布推断出的个人偏好，顾客可以更准确地理解评论的含义。因此，探讨历史评分分布对评估感知价值的影响将很有意义。

本节研究探讨影响评论感知价值的因素。使用从 TripAdvisor 收集到的数据集，确定了两组影响评论值的因素，即评论和评论相关因素。评论相关因素主要是评论文本的可读性和评价，而本节研究中的评论相关因素包括评论者是否为积极的，以及其模式评价是否低于平均评价。

6.2.2　假设提出

1. 评论

评论中最重要的是评论内容。为了有效地提供信息，评论应该是准确或易于理解的。作为文本的可量化指标之一，可读性是指顾客理解文本的难易程度[61]。文本的可读性反映了评论者的社会地位、教育水平和社会阶级[62]。因此，高可读性的文字评论被认为比低可读性的文字评论更可靠，也就是说，评论来源更可信。若评论内容准确或易于理解，它的传播范围将更广。在其他情况相同的条件下，此类评论将获得更多对顾客有帮助的评价。因此提出以下假设。

H6-1a：一个更易读的评论会得到更多对顾客有帮助的投票。

评价的另一个特征是它的评分，它是对顾客体验的一个简要的总体评估。顾客可以根据评分快速了解评论者的态度和情感。Li 和 Hitt[7]证明，每种产品的效用取决于其预期值和感知值。因此，假设每个评论的评分由基础评分，景点的预期值和感知值组成是合理的。换言之，评论者 i 给出的对景点 j 的评价可以看作是

$$\text{rating}_{ij} = b_i + p_{ij} - e_{ij}$$

其中，b_i 为评论者 i 对所有评论的基础评价；e_{ij} 为评论者 i 对景点 j 的期望值；p_{ij} 为评论者 i 对景点 j 的感知值。因此，若评分的历史记录是可见的，直接使用原始评分来表示评论者情绪并不恰当，实际表达评论者情绪的部分为 $p_{ij} - e_{ij}$。如果感知值高于预期值（即作者态度满意），则评分将高于评论者的平均值，反之亦然。因此，读者可以更准确地感受到评论者的情感。显然，评分越偏离平均评分（即预期值和感知值之间的距离越大），评论者表达的情绪就越极端。这种极端的情绪可能出人意料地令人满意，也可能令人失望，带有极端情绪的评价将更有说服力[63]，更有说服力的评论意味着它有更大的机会得到顾客的认同。换言之，评论者会认为评论有用并投票支持它。因此，假设如下。

H6-1b：表达情绪越极端的评论将获得更多对顾客有帮助的投票。

2. 评论者

图 6-3 表明，顾客可以直观地从评论者的历史评分分布中识别出两个属性，均值和偏态。评分的均值代表了评论者对所评论景点的基本态度。例如，如果一个评论者给出的平均评分更高，说明他习惯给予好评。因此，顾客可以依此确定评论者是否积极。因为积极的态度增加了网络环境中的可信度[64]，所以平均评分较高的评论者更有可能被视为值得信赖的可靠信息的提供者。正如之前所说，信任评论者会带来对评论的信任。对评论的信任有助于识别评论的感知有用性。因此，假设如下。

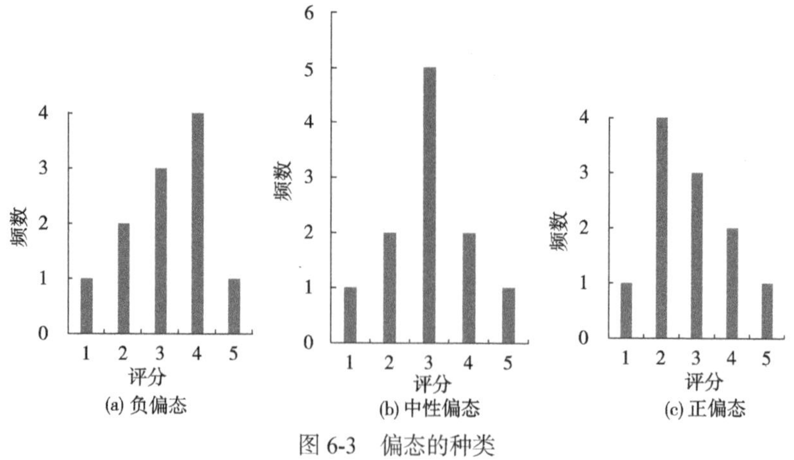

图 6-3　偏态的种类

H6-2a：更多强调旅游景点积极方面的，比更多强调其消极方面的评论更有可能获得对顾客有用的投票。

偏态是分布不对称的度量，因此，可根据评价分布的偏态性来确定评论者在评价景点中的评价习惯。图 6-3 是三种偏态的示例。图 6-3（a）是负偏态，评论者更可能给出更高的评分（模式为 4）。图 6-3（b）是中性偏态，近似正态分布。图6-3（c）代表正偏态，评论者可能给出较低的评分（模式为 2）。这三种分布的平均值相似［图 6-3（a）为 3.18，图 6-3（b）为 3，图 6-3（c）为 2.82］。从分布图中，顾客可以推断出评论者的模式评分是高于平均评分［图 6-3（a）]，还是低于平均评分［图 6-3（c）]。比起正面信息，通常顾客更重视负面信息[58, 65]，尤其在网络环境中[66]。根据前景理论，失败带来的痛苦比成功带来的快乐更强烈[67, 68]。因此，顾客在网上搜索信息时更愿意听到负面声音，以避免损失。平均评分高于模式评分的评论者更有可能给出负面评价。因此，他们会成为可靠的信息来源。同时，如果一个经常发表负面评论（即模式评分低于平均评分）的评论者写了一篇正面评论，读者就会形成各种各样的意见，如“这样的评论者也强烈推荐这个景点，这个景点一定很有趣!”或“这个景点一定有什么与众不同的特点，才能让这样的评论者给出正面评论”，因此，假设如下。

H6-2b：平均评分高于模式评分的评论者比其他评论者更有可能获得对顾客有用性投票。

6.2.3　研究设计

1. 评论模型

研究模型（6-5）是一个评论级模型，其中每个评论获得的对顾客有用投票数是因变量。大多数评论没有得到任何对顾客有用性的投票。因此，总结对顾客有用投票的分布，见表 6-4。显然，即使排除了零，分布也不是正态的。因此，线性回归模型在本项研究中并不适用。由于有用性投票是一个计数变量，本项研究明确采用了一个计数数据模型。典型的计数数据模型是泊松回归模型，它假定因变量为泊松分布。然而，泊松模型要求平均值等于方差。在本项研究中，有益投票的平均值小于方差（平均值为 0.400，标准差为 1.182）。这个过度分散的问题要求研究应用泊松回归的扩展模型。因此，引入负二项回归模型作为模型（6-5），放宽了均值应等于方差的泊松假设[69]。

$$P(Y=y_i|x_i)=\frac{\Gamma(\theta+y_i)}{\Gamma(1+y_i)\Gamma(\theta)}r_i^{y_i}(1+r_i)^{\theta},\quad \lambda_i=\exp(x_i'\beta),r_i=\frac{\lambda_i}{(\theta+\lambda_i)}\quad(6\text{-}5)$$

其中，x_i 为独立变量的向量；β 为待估计参数的向量。

表 6-4 评论对顾客有用性投票分布

投票分值	频数	比例
0	31 045	75.607%
1	7 131	17.367%
2	1 762	4.291%
3	514	1.252%
4	220	0.536%
5	111	0.270%
6~10	201	0.490%
11~15	40	0.097%
16~20	19	0.046%
21~25	9	0.022%
26~30	6	0.015%
>30	3	0.007%
总数	41 061	100%

2. 评论者模型

研究模型（6-6）是评论者级别的模型。不同的评论者在数据集中编写了不同数量的评论，因此将此数据集中每个评论者的有用性投票的平均数作为因变量。这个因变量是一个非负变量，但它不是一个计数变量，就像在评论级别模型中的对顾客有用性投票。该因变量显然是一个连续变量，因此将 Tobit 模型作为模型（6-6）应用于评论者评分研究模型更为合适。

$$y_i=\begin{cases}y_i^*, & y_i^*>0\\0, & y_i^*\leqslant 0\end{cases},\quad 当\ y_i^*=x_i'\beta+u_i \tag{6-6}$$

其中，x_i 为自变量向量；β 为待估计参数的向量。

3. 数据

本节从 TripAdvisor 获得数据，TripAdvisor 为顾客提供了一个发布他们对景点看法的平台。在选择目标景点时，本项研究选择了不太有名或较冷门的景点。顾客对著名的景点太熟悉了，不需要评论来帮助他们做决定。冷门的景点通常顾客稀少，有关这些景点的评论，人们可能不会进行对读者有用的投票。因此，本章选择新奥尔良作为目标城市，新奥尔良是一个拥有大量自然和人造景观的城市，但没有像洛杉矶、纽约这样的热门旅游城市那么出名。因此，新奥尔良是进行研究的理想城市。

检索 2014 年 10 月 30 日之前的新奥尔良景点的评论及评论者简介数据，数据包含了 106 个景点的 41 061 条评论。TripAdvisor 仅为已发布至少 3 条评论的评论者提供评分分布，因此在数据集中获得了 19 674 名具有历史评分分布的评论者。评论数据包括评论等级、评论日期和收到的对顾客有用性投票。评论者数据包括历史评分分布、发布的总评论数和得到的总的对顾客有用性投票数。此外，本书还收集了每个景点的总评论数和照片数。

4. 变量

研究模型（6-5）中，评价得到的对顾客有用性总投票数是相关变量。相关变量是评价感知有用性的唯一指标。每个评论者关于新奥尔良景点的评论得到的平均对顾客有益投票数是研究模型（6-6）的相关变量。

自变量由评论相关变量组成。

第一个是评论长度，先前的研究表明[56，57，59-70]，评论长度对评论者感知评论有用性有正向影响。

第二个是评论文本可读性，本节使用了 Gunning[71]的 FOG（迷雾指数）指数来度量该评论的语法风格复杂性。FOG 指数是最流行的可读性测量方法之一[55]。根据 Stajner 等[72]的研究，FOG 指数由式（6-7）计算可得

$$\mathrm{FOG} = 0.4 \times (\text{average sentence length} + \text{hard words}) \tag{6-7}$$

hard words 是指文档中每 100 个单词包含 2 个以上音节的单词数。FOG 指数给出了初次阅读就可以理解文本意思所需受教育的年限，即 FOG 指数越高，理解评论中的文本意思就越困难。研究模型（6-6）对每个评论者的这两个变量（average sentence length 和 hard words）进行了取平均值计算。

第三个是从评价到评论者平均评价的绝对距离，它代表了评论者在评论中想要表达的情感，旨在验证极端情绪对评估的感知有用性的影响。鉴于之前对极端情绪的研究使用二次评级来探索评级的“U”形曲线效应[8，54]，本书引入了一个类似的变量来获得稳健的结果，从评价中选取评论者的平均评价，并将此项及其二次项纳入研究模型Ⅰ，以构成稳定性检验。

因变量包含两个与评论者评分分布相关的变量，一个是评论者的平均评分和评论评分之间的距离，该变量称为评分距离；另一个是历史评分分布的偏态，该变量称为评分差值，计算如下：

$$\frac{\frac{1}{n}\sum_{i=1}^{n}(x_i-\overline{x})^3}{\left[\frac{1}{n}\sum_{i=1}^{n}(x_i-\overline{x})^2\right]^{3/2}}$$

表 6-5 和表 6-6 描述了模型（6-5）（评论模型）和模型（6-6）（评论者模型）中的变量。表 6-7 显示了相应的描述性统计数据。

表 6-5　模型（6-5）变量

变量	描述
有用性	一条评论得到的有用性投票数
FOG	通过 FOG 方法得出的评论文本可读性指数
评论长度	一条评论的总字数
评分距离	评论者的平均评分和评论评分之间的距离
评分差值	评论评分与评论者的平均评分之间的差值
评论日期	自评论发布日至今的天数
景点评分	景点的评分
景点评论数	关于景点的评论总数
景点照片数	关于景点的照片总数

表 6-6　模型（6-6）变量

变量	描述
评论平均有用性	评论者关于新奥尔良评论的平均有用性得票数
平均 FOG	评论文本的 FOG 文本可读性指数平均值
平均评论长度	评论者所有评论的平均字数
平均评论日期	评论者所有评论从发布至今的平均时间
偏态系数	评论者历史评分分布的偏度
评论者平均值	评论者历史评分平均值
评论数量	评论者发布评论总数
所有评论平均有用性	评论者所有评论有用性平均值
平均评分差值	评论者平均评分减去平均评分

表 6-7　统计数据描述

变量	观测数	平均数	标准差	最小值	最大值
有用性	41 061	0.400	1.182	0	62
FOG	41 061	10.223	3.686	0.34	73.35
评论长度	41 061	62.155	58.307	5	3 204
评分距离	39 950	0.587	0.465	0	3.75
评分差值	39 950	0.196	0.723	−3.75	2.667
评论日期	41 061	577.541	422.285	18	4 870
景点评分	41 061	18.164	17.166	1	106
景点评论数	41 061	2 907.352	2 154.697	2	6 134
景点照片数	41 061	480.448	459.652	0	1 475
评论平均有用性	19 674	0.387	1.025	0	38
平均 FOG	19 674	10.242	3.279	0.34	73.35
平均评论长度	19 674	64.185	53.384	6	969.5
平均评论日期	19 674	592.993	407.727	42	4 422
偏态系数	19 674	−1.028	0.814	−7.417	3.175
评论者平均值	19 674	4.280	0.408	1	5
评论数量	19 674	41.094	61.200	3	2 450
所有评论平均有用性	19 674	0.598	0.641	0	26.667

6.2.4　研究结果分析

1. 评论模型

本书以评论有用性为自变量进行负二项回归模型计算。表 6-8 的第二列报告了这些结果。当分散参数 α 等于 0 时，由于似然比检验为 5502.480，$p<0.1$，本书拒绝了该假设 $\alpha=0$。结果表明，因变量分布更可能是负二项分布，而不是泊松分布。结果支持了本节中的模型选择。

表 6-8　模型（6-5）结果

有用性	（1）系数（标准误）	（2）系数（标准误）
FOG	-0.009^*（0.003）	-0.009^*（0.003）
评论长度	0.007^*（2×10^{-4}）	0.007^*（2×10^{-4}）
评分距离	0.236^*（0.020）	
评分差值		0.256^*（0.019）
评分差值的平方项		0.117^*（0.009）
评论日期	0.001^*（0.000）	0.007^*（0.000）
ln（景点评论数+1）	-0.047^*（0.015）	-0.048^*（0.015）
ln（景点照片数+1）	-0.240^*（0.014）	-0.239^*（0.014）
景点评分	0.002^*（7×10^{-4}）	0.002^*（8×10^{-4}）
常数	-0.459^*（0.092）	-0.384^*（0.093）
α	1.108（0.033）	1.100（0.033）
对数似然	−29 017.383	−28 994.364
Chi^2 检验统计量	5 315.630	5 361.670
伪 R	0.083（p=0.000）	0.085（p=0.000）
α=0 时似然比检验	5 502.480（p=0.000）	5 502.840（p=0.000）
样本个数	39 950	39 950

注：括号中为标准误

*表示在 10%水平下显著

H6-1a 研究了更易读的评论是否会获得更多对顾客有用的投票，FOG 的系数显著为负（−0.009，$p<0.1$），支持 H6-1a。FOG 的负系数表明，当理解评论文本所需的受教育年限较少时，评论将获得更多对顾客有用的投票。评论很容易被受教育年限较短的顾客理解，意味着文本的可读性更高，因为它的词汇难度更小。因此，H6-1a 得到了支持。

H6-1b 得到了支持，评分距离显著为正（0.236，$p<0.1$），它表明表达更极端情绪的评论将获得更多对顾客有益的投票。因此，当评价与评论者的平均评价相差甚远时，无论是高得多还是低得多，评价都被认为是有用的。为了进一步说明这一效果，我们将评分距离替换为评分差值及其平方项，并再次运行该模型。结

果如表 6-8 中的第三列所示，评分差值的平方项的系数显著为正证实了无论评论比评论者平均评价高得多或低得多，评论都被认为是有用的。

2. 评论者模型

在对评论者层面的研究中，本书使用了 Tobit 模型(6-6)，结果见表 6-9。H6-2a 研究了评论者的平均评分对顾客是否有帮助感知的影响。评论者评分平均值显著（$p<0.1$）且为正（$\beta=0.096$），假设 H6-2a 得到了支持。如前所述，较高的平均评分意味着评论者是积极的，而较低的平均评分意味着评论者是消极的。因此，结果表明，积极评论者的评论比消极评论者的评论更有可能获得对顾客有益的投票。

表 6-9　模型（6-6）结果

平均有用性	系数（标准误）
评论者评分平均值	0.096*（0.018）
偏态系数	0.027*（0.008）
评论数量	0.000 1*（0.000）
评论平均有用性	0.550*（0.010）
平均 FOG	−0.006*（0.002）
平均评论长度	0.004*（0.000）
平均评分差值	−0.055*（0.010）
平均评分差值的平方项	0.065*（0.008）
平均评论日期	0.001*（0.000）
常数	−0.874*（0.082）
对数似然	−25 018.186
Chi^2 检验统计量	6 776.75（p=0.000）
伪 R	0.119
样本个数	19 674

注：括号中为标准误差

*表示在 10%的水平下显著

关于历史评分分布偏态效应的 H6-2b 也得到了支持（0.027，$p<0.1$）。正系数表明，当作者的历史评价分布偏态越大时，评价会得到更多对读者有益的选票。需要注意的是，分布越偏向右侧，偏态系数越小。因此，这一结果表明，模式评分低于平均评分的评论者更有可能获得对顾客有用的投票。

6.2.5　小结

本项研究的主要发现共两部分。第一部分与评论相关。首先，评论文本的可读性与评论的感知有用性相关，准确或容易理解的评论将获得更多对顾客有益的投票。其次，表达极端情绪的评论被认为更有价值。这一发现主要从历史评分分布推断出评论者的特征，历史评分分布是一个评论者给出的所有评论评分的集合，这对于顾客关于该评论者发出评论的感知有用性有显著影响。具体来说，评论者历史评分的平均值可以用来推断其对旅行评论的基线态度（正面或负面），积极的评论者（平均值较高的评价者）将获得更多对顾客有用的投票。此外，历史评分分布的偏态，代表了评论者的模式评分是否高于平均评分，是影响评价的感知有用性的另一个因素。由具有正偏态的历史分布的评论者撰写的评论更可能获得对顾客有用的投票。

6.3　顾客生成内容受欢迎程度的影响因素研究①

6.3.1　研究背景

互联网的指数级发展对个人的日常生活产生了巨大而渐进的影响。顾客越来越多地在网上提供和寻找与产品相关的信息，并选择在线社区进行共同创造[73]。基于 Web 2.0 的技术基础，公司的在线共同创建社区（co-creation community，COCC）作为一种虚拟的顾客环境，允许生成和交换顾客生成的内容[74]。顾客在 COCC 中的创造性参与可以增强当前的产品和服务，使公司受益[74]。星巴克（Starbucks）、耐克（Nike）、三星（Samsung）、宝马（BMW）、微软（Microsoft）、IBM 和乐高（LEGO）等公司都成功地利用了顾客的新颖创意[75，76]。以星巴克的 COCC 为例，截止到 2013 年，“星巴克创意”已经从顾客那里收到了超过 150 000 个创意，为星巴克带来了 277 项创新②。虽然这些流行观点的经济利润可能不会立即显现出来，但有证据表明，公司最终可能会提高效益[76]。COCC 为提高业务流程效率和改善顾客关系带来了新的机遇[77]。

COCC 的做法引起了学术界的关注，已在很多领域有了相关研究。首先，一些研究探索了企业从顾客共同创造中获得利润的条件[76，78-80]。例如，Nambisan S 和 Nambisan P[76]提出了一些策略：公司经理可以使公司更好地受益于顾客共同创造；共同创造包括设计平台以提升顾客创新，促进外部顾客和内部产品开发团队之间的直接连接；将共同创建过程集成到顾客关系管理框架中。其次，一些研究考察了 COCC 对塑造顾客心理和行为的影响，如社区承诺和品牌忠诚度[81]，对公

---

① 此部分发表在 Yang X，Li G. Factors influencing the popularity of customer-generated content in a company-hosted online co-creation community：a social capital perspective. Computers in Human Behavior，2016，64：760-768.

② Businesswire. Starbucks celebrates five-year anniversary of my starbucks idea.https://www.businesswire.com/news/home/20130328006372/en/Starbucks-Celebrates-Five-Year-Anniversary-Starbucks-Idea[2013-03-29].

司的满意度、忠诚度和支出[92]，以及品牌意识[83]。最后，有学者对 COCC 参与的驱动因素进行了研究。各种驱动因素似乎都在吸引顾客参与共同创造活动，如感知到的顾客利益（包括学习利益、社会综合利益、个人综合利益和享乐利益[84, 85]）、个人顾客情绪[75]及网络社区意识[73]。

COCC 中由顾客生成的内容可能会鼓励其他顾客参与。生成自己原创帖子的顾客通常与具有相同意图和持久性的参与者同伴联系，以便对这些原创帖子进行评论、收藏和共享。Agrawal 和 Rahman[86]强调，与顾客共同创造活动的公司应该确保以适当的方式组织与管理这些参与 COCC 的顾客。然而，对于如何鼓励同行参与原创，以及顾客的互动如何促进共同创造过程，我们还缺乏足够的理解。因此，为了解决这一问题，本书研究旨在建立一个研究模型，研究社会资本维度之间的相互关系对 COCC 中顾客生成内容受欢迎程度的影响。

特别地，本书将研究社会资本的关系维度（如互惠规范）、认知维度（如共享语言）和结构维度（如社交网络关系）是否直接影响 COCC 中顾客生成内容的受欢迎程度。随后，本书研究社会资本各维度之间的相互关系对生成内容受欢迎程度的影响。具体来说，本书检验社会资本的关系维度和认知维度是否可能调节结构维度对顾客生成内容的受欢迎程度的影响。

这项研究的贡献体现在以下几方面：第一，之前的研究主要将顾客对共同创造的贡献作为一种付出行为[73, 85]，而忽视了共同创造的知识交流与合作。本书研究旨在成为第一个从社会资本角度来探讨网络协同创造的研究，强调的是顾客同伴之间的人际关系。第二，社会资本理论已被广泛应用于阐明一系列的个人行为[87, 88]。本书研究将社会资本理论扩展到顾客在线共同创造情境，揭示了社会资本三个维度之间的相互关系对顾客生成内容受欢迎程度的影响。

6.3.2 研究假设的提出

1. 关系维度：互惠规范

关系维度是一种人际关系的培养，通过人际接触如信任、义务，互惠等规范的识别而实现[89]，它可以减少沟通障碍，增强知识分享的意愿，影响顾客的个体行为[90]。顾客可以通过对其他顾客发布的消费生成内容进行评论，有效地形成社会资本，这可能会促使互惠规范的发展，从而促进其他顾客对自己的帖子进行评论。

由于个体通常受到精神、时间和资源的限制，他们不愿意分享稀有的信息和知识，除非这种分享对他们有益[91]。互惠规范是一种有条件的获得，意味着个体期望从当前活动中获得未来的利润[89]。首先，互惠规范有助于知识共享[87]。这种成员间知识交换的互惠性，极大地鼓励了成员之间的知识共享。例如，Pai 和 Tsai[92]认为互惠对知识共享意愿的正向影响受自我效能感和社区接受度的调节。其次，互惠规范可以促进个体之间的相互作用和进一步的交流[93]。Hung 等[94]指出，收到自己想法的反馈的顾客，愿意与他人进行更多的互动，分享更多自己的创新想法。再次，互惠规范有助于塑造个体的亲社会行为[95]。知识贡献是典型的亲社会行为，是跨越计算机介导的活动[87, 96]。在在线共同创造的情境中，顾客一旦给其他顾客提供了有价值的意见，接受信息的顾客就有义务给信息的提供者提供有价值的意见。最后，顾客也会对其他顾客之前友好的评论做出回应，他们认为这是一种信息反馈，是未来的互惠互利。因此，他们更愿意评论其他顾客的帖子。因此，提出以下假设。

H6-3：顾客之间的互惠规范对 COCC 中顾客生成内容的受欢迎程度有正向影响。

2. 认知维度：共享语言

认知维度表明，共享的语言、叙述、愿景和目标可以增强组织中个体之间的理解[87]。社会资本的这个维度可以提高顾客之间潜在的共同理解，因为顾客可以建立自己的语法和词汇，从而提高沟通效率[97]。共享语言证明了“缩略词、细微处和隐含假设是日常交流的主要内容”[98]。共享语言提高了不同成员整合他们从知识交换中获得的信息和资源的可能性，因为它提供了不同背景的成员相互理解的途径，并在各自的领域内发展共同的语法和词汇[87]。

在线共同创造是典型的顾客间的知识交换过程，因此顾客间的语言共享在这一过程中起着至关重要的作用。顾客参与共同创造活动，寻求并给出与产品相关的想法和看法。顾客可以用文字、图片、链接、视频等形式发布自己的帖子，其他顾客可以评论、收藏和分享这些顾客生成的内容。为了促进共同创造的过程，顾客必须以集体的方式清晰地向其他顾客描述他们的观点和想法。在这一知识交换过程中，共同的语言和叙事可以减少沟通障碍，增加共同的理解[89]。因此，共享语言可以鼓励顾客在共同创造的过程中积极参与知识交流活动，如发表评论。因此，提出以下假设。

H6-4：共享语言（在顾客之间）对 COCC 中顾客生成内容的受欢迎程度有积极的影响。

3. 结构维度：社交网络关系

结构维度是指个体之间联系的网络结构和模式，如社交网络关系[99]、中心性[100]、互动频率[101]和社交互动[102]。这个维度被认为是社会资本的一个基本方面，因为社交网络关系提供了获取资源的途径，如信息和知识[89]。在目前的研究中，我们关注的是一个客户拥有的社交网络关系的数量，即一个顾客在 COCC 中拥有的朋友的数量。一方面，社交网络关系被发现与知识共享和资源交换呈正相关[88]。因此，顾客之间的友谊关系可以增加知识的交流，且可能有助于预测其内容的受欢迎程度。另一方面，社交网络关系有助于建立一种共享的语言、相互的感知和共同的理解[103]，以及建立信任、互惠规范和两个成员之间的相互尊重[96]。互动和与其他顾客加好友是会员建立互惠关系、发展共同语言和共同理解的有效途径。如前所述，互惠规范和共享语言可能影响顾客生成内容的受欢迎程度。因此，我们认为社交网络关系通过互惠规范和共享语言的影响，部分地影响了顾客生成内容的受欢迎程度。

仅通过社交网络关系获取资源和信息不足以使得COCC达到非常受欢迎的程度。顾客生成内容的受欢迎程度取决于对所交换的知识的集成和共同理解。只有当他们的想法和想法被其他顾客评论、认可和理解时，顾客才愿意交流知识。因此，顾客必须具有强烈的个人动机及承认和理解共享知识的能力，而共享知识最初源于互惠规范和共享语言[89]。因此，假设互惠规范和共享语言在一定程度上调节了社交网络关系和顾客生成内容的受欢迎程度之间的关系，并提出以下假设。

H6-5a：社交网络关系对顾客生成内容的受欢迎程度的影响，部分是由互惠规范调节的。

H6-5b：社交网络关系对顾客生成内容的受欢迎程度的影响，部分是由共享语言调节的。

此外，已有研究证实了社会资本的认知维度与关系维度之间的关系[89, 104, 105]。因此，尽管没有提出关于这种关系的假设，但为了完整，我们也将其包含在理论模型中（图 6-4）。

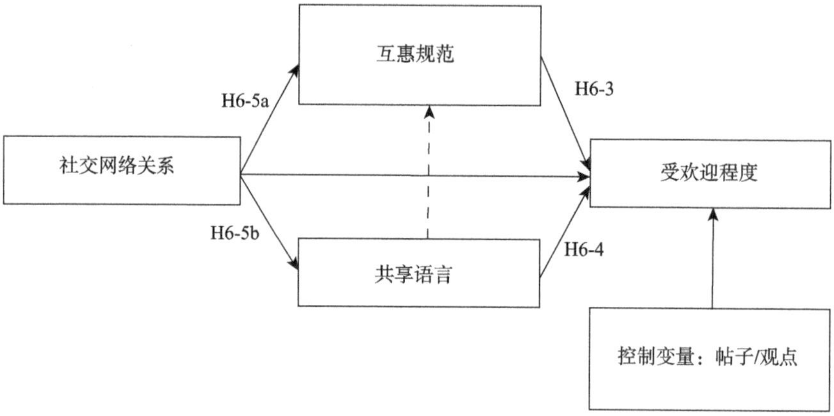

图 6-4　理论模型

6.3.3　研究方法

1. 数据收集

MIUI 是由小米公司在中国运营的一个流行的手机在线社区，专注于小米手机上的定制生成内容。MIUI 注册顾客主要是手机爱好者，他们致力于为其他顾客提供新颖的想法，加速新产品开发和产品支持。MIUI 允许注册顾客建立自己的个人主页（类似于 Facebook.com），所有注册顾客都可以通过加好友、点赞、分享和评论有价值的内容来互相联系。有两种类型的信息显示在顾客的个人主页上：个人信息和参与信息。顾客提供的个人信息包括顾客名、真实姓名、性别、生日、爱好、教育背景、家乡、住所等。参与信息是指顾客在 MIUI 上的行为和活动，包括交友、发布状态、上传照片、发表评论、发布内容、分享内容等。

本项研究开发了一个 python 程序来自动采集代表性数据，数据采集时间分别为 2015 年 1 月 24 日和 2015 年 3 月 24 日。研究假设社会资本影响顾客生成内容的受欢迎程度，因此，我们收集了顾客自注册之日起至 2015 年 1 月 24 日的社会资本数据。如果顾客发布了多个顾客生成的内容，通过随机选择只检索一个内容。网络社区通常是快速变化和动态的沟通渠道；因此，两个多月前发布的顾客生成内容不太可能呈现持续的交互[106]。本项研究于 2015 年 3 月 24 日收集了顾客生成内容的受欢迎程度和视图，总共获得 885 个顾客生成的内容。

2. 变量测量

将顾客生成内容的受欢迎程度作为因变量，该变量是通过对内容的评论数来衡量的。这也是学者普遍采用的测量标准[107, 108]。大量的评论意味着顾客生成内容的受欢迎程度，因为它意味着其他顾客愿意花时间给出他们的意见和参与讨论活动[108]。

社交网络关系是通过顾客拥有的好友数量来衡量的，这与之前研究中使用的衡量方法是一致的[89, 109, 110]。与 Zheng 等[99]、Pai 和 Tsai[92]的研究相似，本书使用顾客对其他顾客帖子的评论数量来衡量互惠规范。根据 Zheng 等[99]的工作，将顾客生成内容的共享语言的衡量通过顾客生成内容的长度，顾客生成内容的描述是对与其他顾客共享的意见和想法的直接叙述。

帖子作为一个控制变量，可通过顾客从注册日期到数据收集点发布的顾客生成内容的总数来度量。观点作为一个控制变量，可通过顾客生成内容自发布到数据收集点之日起的观点总数来度量。本书的样本中总共获得了 885 个顾客的数据，评论、帖子和观点的总数分别为 35 174 条、21 385 条、4 734 363 条。描述性统计如表 6-10 所示，包括各变量的均值、标准差和相关系数。

表 6-10　描述性统计

变量	均值	标准差	相关系数					
			1	2	3	4	5	6
1 受欢迎程度	39.745	120.905	1					
2 社交网络关系	1.125	5.486	0.159	1				
3 互惠规范	251.381	462.507	0.271	0.428	1			
4 共享语言	74.882	71.827	0.384	0.187	0.292	1		
5 帖子	24.164	123.57	0.145	0.172	0.242	0.130	1	
6 观点	5 349.563	17 834.03	0.534	0.084	0.130	0.347	0.044	1

6.3.4 研究结果

1. 假设检验结果

与基于协方差的结构方程模型相比，偏最小二乘（partial least squares，PLS）法具有较强的鲁棒性，统计识别问题较少[119]。因此，本书采用 PLS 法来检验研究模型。PLS 法结果如图 6-5 和表 6-11 所示。社会资本对受欢迎程度有显著的正向影响。具体来说，互惠规范（β=0.137，p<0.001）和共享语言（β=0.176，p<0.001）对受欢迎程度有显著的积极影响。因此，H6-3 和 H6-4 得到了支持。结果还显示，共享语言是一个重要的预测的互惠规范（β=0.220，p<0.001）。然而，社交网络关系对受欢迎程度的影响（β=0.018，p>0.05）是由互惠规范（β=0.386，p<0.001）和共享语言（β=0.187，p<0.001）来完成调节的。因此，H6-5a 和 H6-5b 不被支持①。

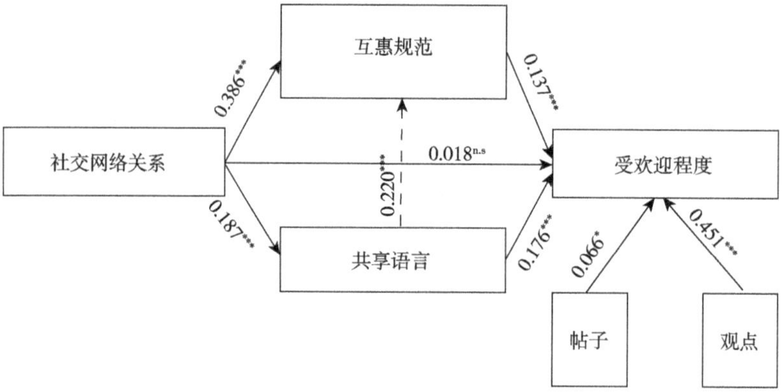

图 6-5 PLS 法结果

*表示 p<0.05；***表示 p<0.001；n.s 表示 p>0.05

表 6-11 PLS 法结果

关系	β	标准差
互惠规范→受欢迎程度	0.137***	0.030
共享语言→受欢迎程度	0.176***	0.031
社交网络关系→受欢迎程度	0.018n.s	0.030
社交网络关系→互惠规范	0.386***	0.030
社交网络关系→共享语言	0.187***	0.033
共享语言→互惠规范	0.220***	0.030
帖子→受欢迎程度	0.066*	0.028
观点→受欢迎程度	0.451***	0.029

n.s 表示不显著；*、***分别表示在 5%、0.1%的水平下显著

① 假设是部分调节，实际是完全调节，所以假设不被支持。

2. 鲁棒性检验

为了保证数据分析结果的稳健性，使用 OLS 法来进一步检验研究模型。遵循 Baron 和 Kenny[112]的方法，我们发现，当只考虑社交网络关系时，它对受欢迎程度的影响是显著的（β=2.139，p<0.05）。然而，当考虑互惠规范和共享语言对受欢迎程度的影响时，这种影响就变得不显著（β=0.401，p>0.05）（表 6-12）。因此，社交网络关系对受欢迎程度的影响完全由互惠规范和共享语言调节。

表 6-12　稳健性检查结果

变量			步骤 1	步骤 2	步骤 3
IV	M	DV	IV→DV	IV→M	IV+M→DV
					IV→DV
SNT	NR	POP	2.139*	32.582***	0.401n.s
	SL			2.449***	

n.s 表示不显著；*、***分别表示在 5%、0.1%的水平下显著

6.3.5　结果讨论与本节研究贡献

1. 结果讨论

本节旨在探讨社会资本的三个维度，即社交网络关系、互惠规范和共享语言，以及三者之间的相互关系对顾客生成内容受欢迎程度的影响，得到了四个主要结果。

第一，研究结果证实，顾客之间的社会资本，尤其是互惠规范，是受欢迎程度的一个强大驱动因素。互惠规范可能转化为顾客之间更好的体验，从而提高顾客所生成内容的受欢迎程度。互惠规范在促进顾客的可靠性和责任感方面可能起着至关重要的作用。互惠规范与中国的关系文化高度契合。在集体文化中，人们通常更有意识地从他人身上受益，并参与到集体中[113]。人们强烈地认为自己的行为与他人的行为是一致的。互惠规范要求顾客为他们在网络社区中获得的任何利益提供一些回报。强烈认同互惠规范的顾客感到有义务去回报他们从其他顾客那里获得的任何有用资源。顾客在其他帖子上的评论是一种典型的互惠形式，可能会引起其他顾客更多的互惠评论。因此，互惠规范使顾客同伴对顾客生成的内容做出积极的反应。

第二，研究结果表明，共享语言对受欢迎程度也有积极的影响。首先，共享语言可以提高顾客之间达成共识的可能性，因为它可以让顾客建立自己的语法和词汇，从而提高他们的沟通效率[97]。其次，共享语言作为顾客之间的认知纽带，可以促进知识的交流和组合，从而形成对产品相关理念和思想的共同理解[114]。最后，强大的共享语言提供了响应和评论顾客生成内容所必需的公共代码和含义。

随着共享语言水平的提高，顾客同伴更有可能对合作产生积极的态度。相反，当共享语言水平较低，顾客同伴不积极合作时，他们在共同创造过程中对顾客生成内容的响应意愿较低。

第三，研究结果表明，社交网络关系使得互惠规范成为可能，而互惠规范反过来又影响了顾客生成内容的受欢迎程度。社交网络关系对受欢迎程度的影响是通过互惠规范来调节的，这说明建立友谊不一定会使顾客生成内容受欢迎，除非互惠规范得到很好的发展。社交网络关系与友谊息息相关，从而影响互惠规范的发展。更遵守互惠规范的顾客更有可能与他们的好友交换可用的知识和信息。

第四，研究结果表明，社交网络关系对顾客生成内容受欢迎程度的影响完全由共享语言调节。这意味着，由于这种社交网络关系没有积极的影响，顾客需要实际地创造和维护一种共享语言。随着时间的推移，顾客之间建立了共享语言，这进一步促进了与产品相关的信息和知识的组合和交流，增加了顾客之间的共同理解。社交网络关系只有通过顾客之间建立互惠规范和共享语言才能影响顾客生成内容的受欢迎程度。

2. 本节研究贡献

本节研究贡献体现在以下几方面。第一，针对网络协同创造的知识交换和协同性，将共同创造理论理解为顾客之间的相互作用和互动。之前的研究主要将顾客贡献作为一种付出行为[73, 85, 115]，忽视了共同创造的知识交换和协作性。本节研究通过探究顾客生成内容的受欢迎程度，即一篇文章的评论总数，扩展了共同创造理论，强调了顾客之间的知识交流和分享。

第二，本节将社会资本理论扩展到顾客线上共同创造情境。社会资本理论被广泛应用于揭示一系列的个人行为，如知识共享[87, 88]、顾客满意度[116]、过程和产品性能[90]、集资[99]、拍卖延续意图[102]。然而，其对顾客在线共同创造的过程的解释力还未得到系统的研究。本书将社会资本理论扩展到顾客在线协同创造情境，发现顾客之间的社会资本对提高顾客生成内容的受欢迎程度具有重要作用。

第三，与以往关于个体社会资本的研究多是采用调查数据不同[97, 105, 117, 118]，本书使用 python 程序收集客观数据，检索个人社会资本数据，探索客户共同创造过程。依据 Sun 等[116]的研究，本节用社交网络关系来衡量结构资本。根据以往的研究证实了社会资本理论在传统语境中的作用[119, 121]，发现社会资本是网络协同创作背景下一个有价值的理论视角。本节探讨了包括社交网络关系、互惠规范和共享语言在内的多维度社会资本，这三个维度提供了综合视角来理解顾客共同创造过程中的社会资本。

第四，本节研究揭示了社会资本的三个维度，即社交网络关系、互惠规范和共享语言之间的相互关系如何影响顾客生成内容的受欢迎程度。研究结果表明，社交网络关系在互惠规范和共享语言的形成中起着至关重要的作用。更有趣的是，与之前的社会资本研究相反，结构资本对知识贡献和分享具有正向影响[103, 104]，此研究证明，社交网络关系对受欢迎程度的影响，不是部分而是完全由互惠规范和共享语言调节的。这一发现丰富了社会资本研究，通过发现互惠规范（关系维度）和共享语言（认知维度）更可能提高网上共同创作的背景下的受欢迎程度。社交网络关系并没有像其他文献所说的那样，仅通过提供对资源和信息的访问，就提高了顾客生成内容的受欢迎程度。社交网络关系只有通过顾客之间知识交流的结合应用（即通过互惠规范和共享语言的影响）才能增强顾客生成内容的受欢迎程度，这一发现拓宽了我们对社会资本相关文献内容的理解，展示了该理论在顾客在线共同创造环境下的卓越。

3. 本节研究应用价值

本节研究也为 COCC 和公司管理者提供了一些实际的启示。首先，管理者应该开发和维护一个人际沟通环境，培养顾客之间的互惠规范。具体来说，应该建立各种正式和非正式的规章制度，允许有人际交往的机会，提高人际交往的频率。管理者应该鼓励顾客评论其他顾客的内容，以提高他们自己的内容受欢迎的可能性。

其次，管理者可以建议顾客不仅在他们的顾客生成的内容中提供文本（这是与受欢迎程度相关的一个关键因素），还可以利用广泛的媒体类型，如图像、链接和视频，生动地表达他们的想法和看法。此外，管理者还可以通过开发一种共享语言和代码来增强顾客之间的认知社会资本，如帮助顾客更多地了解产品功能，在产品使用方面提供适当的指导，以提高顾客对共享的理解程度。

再次，考虑到社交网络关系在影响顾客生成内容的受欢迎程度方面所起的间接但至关重要的作用，管理者应该通过鼓励顾客与其他顾客加好友来增强顾客之间的社交网络关系。顾客之间的网络连接可以提供通向技术和社会资源的通道和形成顾客关系的方法。

最后，在线共同创造正迅速向一种新的模式发展，在这种模式下，顾客之间的互动将越来越多。在共同创造的协作过程中，社会资本在塑造顾客生成内容的受欢迎程度方面发挥着至关重要的作用。未来的研究和实践应该更具体地关注如何开发顾客之间的社会资本，以便更好地理解和管理在线共同创造活动。

4. 本节研究局限性

本节研究有几个局限性。第一，只从小米公司拥有的 MIUI 社区 COCC 中收集数据。可以将本节研究应用于三星、IBM 和戴尔（Dell）等其他专注于顾客共同创造的品牌，以确定结果是否成立。第二，将共享语言度量为顾客生成内容的描述的长度。顾客不仅可以在 MIUI 社区中以文字描述的形式呈现自己生成的内容，还可以图片、链接、视频的形式呈现。在未来的研究中，应考虑将活动性和交互性的媒体类型引入顾客生成内容的受欢迎程度的预测中。第三，由于有争议的内容往往会吸引更多的关注，我们的研究内容限制于顾客生成内容在受欢迎程度方面的影响。后续研究可以考虑从分析顾客生成内容方面去探索顾客生成内容的受欢迎程度。第四，本节研究只从顾客那里收集社会资本数据，虽然研究关注的是顾客之间的社会资本，但是 COCC 既包括顾客也包括员工，社会资本是与双方相关的。因此，未来的研究也应该考虑员工的感受。

参 考 文 献

[1] Mauri A G，Minazzi R. Web reviews influence on expectations and purchasing intentions of hotel potential customers. International Journal of Hospitality Management，2013，34：99-107.

[2] Zeithaml V A，Berry L L，Parasuraman A. The nature and determinants of customer expectations of service. Journal of the Academy of Marketing Science，1993，21（1）：1-12.

[3] Mohr L B. Explaining Organizational Behavior. San Francisco：Jossey-Bass，1982.

[4] Grönroos C. A service quality model and its marketing implications. European Journal of Marketing，1984，18（4）：36-44.

[5] Parasuraman A，Zeithaml V A，Berry L L. Alternative scales for measuring service quality：a comparative assessment based on psychometric and diagnostic criteria. Journal of Retailing，1994，70（3）：201-230.

[6] Godes D，Silva J C. Sequential and temporal dynamics of online opinion. Marketing Science，2012，31（3）：448-473.

[7] Li X X，Hitt L M. Self-selection and information role of online product reviews. Information Systems Research，2008，19（4）：456-474.

[8] Liu Z W，Park S. What makes a useful online review? Implication for travel product websites. Tourism Management，2015，47：140-151.

[9] Ashenfelter O，Jones G V. The demand for expert opinion：Bordeaux wine. Journal of Wine Economics，2013，8（3）：285-293.

[10] Hilger J，Rafert G，Villas-Boas S. Expert opinion and the demand for experience goods：an experimental approach in the retail wine market. Review of Economics and Statistics，2011，93（4）：1289-1296.

[11] Barber B，Lehavy R，McNichols M，et al. Can investors profit from the prophets? Security analyst recommendations and stock returns. The Journal of Finance，2001，56（2）：531-563.

[12] Gretzel U，Yoo K H. Use and impact of online travel reviews. Information and Communication Technologies in Tourism，ENTER 2008，Proceedings of the International Conference in Innsbruck，Austria，2008.

[13] Park D H，Lee J. eWOM overload and its effect on consumer behavioral intention depending on consumer involvement. Electronic Commerce Research and Applications，2008，7（4）：386-398.

[14] Blackshaw P，Nazzaro M. Consumer-generated media（CGM）101：word-of-mouth in the age of the web-fortified consumer. Nielsen BuzzMetrics White Paper，2006.

[15] Cox C, Burgess S, Sellitto C, et al. The role of user-generated content in tourists' travel planning behavior. Journal of Hospitality Marketing & Management，2009，18（8）：743-764.
[16] Litvin S W，Goldsmith R E，Pan B. Electronic word-of-mouth in hospitality and tourism management. Tourism Management，2008，29（3）：458-468.
[17] Ayeh J K，Au N，Law R. "Do we believe in TripAdvisor?" Examining credibility perceptions and online travelers' attitude toward using user generated content. Journal of Travel Research，2013，52（4）：437-452.
[18] Sparks B A，Browning V. The impact of online reviews on hotel booking intentions and perception of trust. Tourism Management，2011，32（6）：1310-1323.
[19] Xiang Z，Gretzel U. Role of social media in online travel information search. Tourism Management，2010，31（2）：179-188.
[20] Vermeulen I E，Seegers D. Tried and tested：the impact of online hotel reviews on consumer consideration. Tourism Management，2009，30（1）：123-127.
[21] Baka V. The becoming of user-generated reviews：looking at the past to understand the future of managing reputation in the travel sector. Tourism Management，2016，53：148-162.
[22] Zhang Z，Ye Q，Law R. Determinants of hotel room price：an exploration of travelers' hierarchy of accommodation needs. International Journal of Contemporary Hospitality Management，2011，23（7）：972-981.
[23] Chaves M S，Gomes R，Pedron C. Analysing reviews in the web 2.0：small and medium hotels in Portugal. Tourism Management，2012，33（5）：1286-1287.
[24] Xie K L，Zhang Z L，Zhang Z Q. The business value of online consumer reviews and management response to hotel performance. International Journal of Hospitality Management，2014，43：1-12.
[25] Kanouse D E，Hanson Jr L R. Negativity in evaluations//Jones E E，Kanouse D E，Kelley H H，et al. Attribution：Perceiving the Causes of Behavior. Mahwah：Lawrence Erlbaum Associates Inc.，1987：47-62.
[26] Fiske S T. Attention and weight in person perception：the impact of negative and extreme behavior. Journal of Personality and Social Psychology，1980，38（6）：889-906.
[27] Amabile T M. Brilliant but cruel：perceptions of negative evaluators. Journal of Experimental Social Psychology，1983，19（2）：146-156.
[28] Goes P B，Lin M F，Yeung C A. "Popularity effect" in user-generated content：evidence from online product reviews. Information Systems Research，2014，25（2）：222-238.
[29] Cao Q，Duan W J，Gan Q W. Exploring determinants of voting for the "helpfulness" of online user reviews：a text mining approach. Decision Support Systems，2011，50（2）：511-521.
[30] Sen S，Lerman D. Why are you telling me this? An examination into negative consumer reviews on the web. Journal of Interactive Marketing，2007，21（4）：76-94.
[31] Willemsen L M，Neijens P C，Bronner F，et al. "Highly recommended!" the content characteristics and perceived usefulness of online consumer reviews. Journal of Computer-Mediated Communication，2011，17（1）：19-38.
[32] Schlosser A E. Posting versus lurking：communicating in a multiple audience context. Journal of Consumer Research，2005，32（2）：260-265.
[33] Leary M R，Kowalski R M. Impression management：a literature review and two component model. Psychological Bulletin，1990，107（1）：34-47.
[34] Lee S，Noh S E，Kim H W. A mixed methods approach to electronic word-of mouth in the open-market context. International Journal of Information Management，2013，33（4）：687-696.

[35] Bansal H S，Voyer P A. Word-of-mouth processes within a services purchase decision context. Journal of Service Research，2000，3（2）：166-177.

[36] Bloch P H，Sherrell D L，Ridgway N M. Consumer search：an extended framework. Journal of Consumer Research，1986，13（1）：119-126.

[37] Brucks M. The effects of product class knowledge on information search behavior. Journal of Consumer Research，1985，12（1）：1-16.

[38] Khammash M，Griffiths G H. "Arrivederci CIAO.com，Buongiorno Bing.com"—electronic word-of-mouth（eWOM），antecedences and consequences. International Journal of Information Management，2011，31（1）：82-87.

[39] Cheung C M K，Thadani D R. The impact of electronic word-of-mouth communication：a literature analysis and integrative model. Decision Support Systems，2012，54（1）：461-470.

[40] Chen Y，Lin Z B. Fashionability vis-à-vis rationality：investigating factors driving users' e-tourism website stickiness. Current Issues in Tourism，2018，21（1）：41-57.

[41] Qunar. https://blog.ctrip.com/2019/04/24/ctrip-group-qunar/[2019-12-20].

[42] 用大数据说话 去哪儿网推酒店业"聪明旅行者之选". http://travel.cnr.cn/list/20140326/t20140326_515160814.shtml[2020-04-24].

[43] Zhang Z Q，Zhang Z L，Yang Y. The power of expert identity：how website-recognized expert reviews influence travelers' online rating behavior. Tourism Management，2016，55：15-24.

[44] Chevalier J A，Mayzlin D. The effect of word of mouth on sales：online book reviews. Journal of Marketing Research，2006，43（3）：345-354.

[45] Melián-González S，Bulchand-Gidumal J，López-Valcárcel B G. Online customer reviews of hotels：as participation increases，better evaluation is obtained. Cornell Hospitality Quarterly，2013，54（3）：274-283.

[46] Hu N，Zhang J，Pavlou P A. Overcoming the J-shaped distribution of product reviews. Communications of the ACM，2009，52（10）：144-147.

[47] George G，Haas M R，Pentland A. Big data and management. Academy of Management Journal，2014，57（2）：321-326.

[48] Hoff S J. Feedback sensor development for IR-based heaters used in animal housing micro-climate control. Applied Engineering in Agriculture，2009，25（3）：403-415.

[49] Duan W，Gu B，Whinston A B. Do online reviews matter?—an empirical investigation of panel data. Decision Support Systems，2008，45（4）：1007-1016.

[50] Forman C，Ghose A，Wiesenfeld B. Examining the relationship between reviews and sales：the role of reviewer identity disclosure in electronic markets. Information Systems Research，2008，19（3）：291-313.

[51] Gu B，Park J，Konana P. Research note—the impact of external word-of-mouth sources on retailer sales of high-involvement products. Information Systems Research，2012，23（1）：182-196.

[52] To increase scores and bookings，hotels must respond to guest reviews. https://www.phocuswire.com/To-increase-scores-and-bookings-hotels-must-respond-to-guest-reviews[2019-08-09].

[53] Ye Q，Law R，Gu B. The impact of online user reviews on hotel room sales. International Journal of Hospitality Management，2009，28（1）：180-182.

[54] Mudambi S M，Schuff D. What makes a helpful online review? A study of customer reviews on amazon.com. MIS Quarterly，2010，34（1）：185-200.

[55] Ghose A，Ipeirotis P G. Estimating the helpfulness and economic impact of product reviews：mining text and reviewer characteristics. IEEE Transactions on Knowledge and Data Engineering，2011，23（10）：1496-1512.
[56] Hao Y，Li Y，Zou P. Why some online product reviews have no usefulness rating? Hyderabad：Pacific Asia Conference on Information Systems，2009.
[57] Jeon J，Croft W B，Lee J H，et al. A framework to predict the quality of answers with non-textual features. 29th Annual International ACM SIGIR Conference on Research and Development in Information Retrieval，2006.
[58] Kusumasondjaja S，Shanka T，Marchegiani C. Credibility of online reviews and initial trust：the roles of reviewer's identity and review valence. Journal of Vacation Marketing，2012，18（3）：185-195.
[59] Liu J，Cao Y，Lin C Y，et al. Low-quality product review detection in opinion summarization. 2007 Joint Conference on Empirical Methods in Natural Language Processing and Computational Natural Language Learning，2007.
[60] Weimer M，Gurevych I. Predicting the perceived quality of web forum posts. Conference on Recent Advances in Natural Language Processing，2007.
[61] Klare G R. Assessing readability. Reading Research Quarterly，1974，10（1）：62-102.
[62] Tausczik Y R，Pennebaker J W. The psychological meaning of words：LIWC and computerized text analysis methods. Journal of Language and Social Psychology，2010，29（1）：24-54.
[63] Nabi R L. A cognitive-functional model for the effects of discrete negative emotions on information processing，attitude change，and recall. Communication Theory，1999，9（3）：292-320.
[64] Lu J，Hayes L，Yu C S，et al. Technology readiness，trustworthiness，and use of e-auctions. Southwest Decision Sciences Institute Conference，2010.
[65] Ahluwalia R，Shiv B. Special session summary：the effects of negative information in the political and marketing arenas：exceptions to the negativity effect. Advances in Consumer Research，1997，24：222.
[66] Basuroy S，Chatterjee S，Ravid S A. How critical are critical reviews? The box office effects of film critics，star power，and budgets. Journal of Marketing，2003，67（4）：103-117.
[67] Cenfetelli R T，Schwarz A. Identifying and testing the inhibitors of technology usage intentions. Information Systems Research，2011，22（4）：808-823.
[68] Kahneman D，Tversky A. Prospect theory：an analysis of decision under risk. Econometrica，1979，47（2）：263-291.
[69] Greene W. Econometrics Analysis. 7 ed. Upper Saddle River：Prentice Hall，2011.
[70] Kim S M，Pantel P，Chklovski T，et al. Automatically assessing review helpfulness. 2006 Conference on Empirical Methods in Natural Language Processing，2006.
[71] Gunning R. The fog index after twenty years. Journal of Business Communication，1969，6（2）：3-13.
[72] Stajner S，Evans R，Orasan C，et al. What can readability measures really tell us about text complexity?//Rello L，Saggion H. Workshop on Natural Language Processing for Improving Textual Accessibility，2012：14-22.
[73] Chou E Y，Lin C Y，Huang H C. Fairness and devotion go far：integrating online justice and value co-creation in virtual communities. International Journal of Information Management，2016，36（1）：60-72.
[74] Nambisan S. Designing virtual customer environments for new product development：toward a theory. Academy of Management Review，2002，27（3）：392-413.

[75] Lee H H M, van Dolen W. Creative participation: collective sentiment in online co-creation communities. Information & Management, 2015, 52 (8): 951-964.
[76] Nambisan S, Nambisan P. How to profit from a better "virtual customer environment". MIT Sloan Management Review, 2008, 46 (3): 53-61.
[77] Prahalad C K, Ramaswamy V. Co-creation experiences: the next practice in value creation. Journal of Interactive Marketing, 2004, 18 (3): 5-14.
[78] Payne A F, Storbacka K, Frow P. Managing the co-creation of value. Journal of the Academy of Marketing Science, 2008, 36 (1): 83-96.
[79] Schau H J, Muniz A M Jr, Arnould E J. How brand community practices create value. Journal of Marketing, 2009, 73 (5): 30-51.
[80] Vargo S L, Maglio P P, Akaka M A. On value and value co-creation: a service systems and service logic perspective. European Management Journal, 2008, 26 (3): 145-152.
[81] Luo N, Zhang M L, Liu W H. The effects of value co-creation practices on building harmonious brand community and achieving brand loyalty on social media in China. Computers in Human Behavior, 2015, 48: 492-499.
[82] Grissemann U S, Stokburger-Sauer N E. Customer co-creation of travel services: the role of company support and customer satisfaction with the co-creation performance. Tourism Management, 2012, 33 (6): 1483-1492.
[83] Wang Y C, Hsiao S H, Yang Z G, et al. The impact of sellers' social influence on the co-creation of innovation with customers and brand awareness in online communities. Industrial Marketing Management, 2016, 54: 56-70.
[84] Nambisan S, Baron R A. Interactions in virtual customer environments: implications for product support and customer relationship management. Journal of Interactive Marketing, 2007, 21(2): 42-62.
[85] Nambisan S, Baron R A. Virtual customer environments: testing a model of voluntary participation in value co-creation activities. Journal of Product Innovation Management, 2009, 26 (4): 388-406.
[86] Agrawal A K, Rahman Z. Roles and resource contributions of customers in value co-creation. International Strategic Management Review, 2015, 3 (1/2): 144-160.
[87] Chiu C M, Hsu M H, Wang E G. Understanding knowledge sharing in virtual communities: an integration of social capital and social cognitive theories. Decision Support Systems, 2006, 42 (3): 1872-1888.
[88] Chow W S, Chan L S. Social network, social trust and shared goals in organizational knowledge sharing. Information & Management, 2008, 45 (7): 458-465.
[89] Nahapiet J, Ghoshal S. Social capital, intellectual capital, and the organizational advantage. Academy of Management Review, 1998, 23 (2): 242-266.
[90] Hsu J S C, Hung Y W. Exploring the interaction effects of social capital. Information & Management, 2013, 50 (7): 415-430.
[91] Davenport T H, de Long D W, Beers M C. Successful knowledge management projects. Sloan Management Review, 1998, 39 (2): 43-45.
[92] Pai P, Tsai H T. Reciprocity norms and information-sharing behavior in online consumption communities: an empirical investigation of antecedents and moderators. Information & Management, 2016, 53 (1): 38-52.
[93] Pesämaa O, Pieper T, da Silva R V, et al. Trust and reciprocity in building inter-personal and inter-organizational commitment in small business co-operatives. Journal of Co-Operative Organization and Management, 2013, 1 (2): 81-92.

[94] Hung S Y, Lai H M, Chang W W. Knowledge-sharing motivations affecting R&D employees' acceptance of electronic knowledge repository. Behaviour & Information Technology, 2011, 30 (2): 213-230.
[95] Ray S, Kim S S, Morris J G. The central role of engagement in online communities. Information Systems Research, 2014, 25 (3): 528-546.
[96] Wasko M M, Faraj S. Why should I share ? Examining social capital and knowledge contribution in electronic network of practice. MIS Quarterly, 2005, 29 (1): 35-57.
[97] Chang H H, Chuang S S. Social capital and individual motivations on knowledge sharing: participant involvement as a moderator. Information & Management, 2011, 48 (1): 9-18.
[98] Lesser E L, Storck J. Communities of practice and organizational performance. IBM Systems Journal, 2001, 40 (4): 831-841.
[99] Zheng H, Li D, Wu J, et al. The role of multidimensional social capital in crowdfunding: a comparative study in China and US. Information & Management, 2014, 51 (4): 488-496.
[100] Ravindran K, Susarla A, Mani D, et al. Social capital and contract duration in buyer-supplier networks for information technology outsourcing. Information Systems Research, 2015, 26(2): 379-397.
[101] Robert L P Jr, Dennis A R, Ahuja M K. Social capital and knowledge integration in digitally enabled teams. Information Systems Research, 2008, 19 (3): 314-334.
[102] Wang J C, Chiang M J. Social interaction and continuance intention in online auctions: a social capital perspective. Decision Support Systems, 2009, 47 (4): 466-476.
[103] Tsai W, Ghoshal S. Social capital and value creation: the role of intrafirm networks. The Academy of Management Journal, 1998, 41 (4): 464-476.
[104] van den Hooff B, Huysman M. Managing knowledge sharing: emergent and engineering approaches. Information & Management, 2009, 46 (1): 1-8.
[105] Zhao L, Lu Y B, Wang B, et al. Cultivating the sense of belonging and motivating user participation in virtual communities: a social capital perspective. International Journal of Information Management, 2012, 32 (6): 574-588.
[106] Luarn P, Lin Y F, Chiu Y P. Influence of Facebook brand-page posts on online engagement. Online Information Review, 2015, 39 (4): 505-519.
[107] de Vries L, Gensler S, Leeflflang P S H. Popularity of brand posts on brand fan pages: an investigation of the effects of social media marketing. Journal of Interactive Marketing, 2012, 26 (2): 83-91.
[108] Sabate F, Berbegal-Mirabent J, Cañabate A, et al. Factors influencing popularity of branded content in Facebook fan pages. European Management Journal, 2014, 32 (6): 1001-1011.
[109] Rhee M. Network updating and exploratory learning environment. Journal of Management Studies, 2004, 41 (6): 933-949.
[110] Wang Y G, Li D H. Virtual space co-creation: the perspective of user innovation. Journal of Organizational and End User Computing, 2016, 28 (2): 92-106.
[111] Hair J F, Ringle C M, Sarstedt M. PLS-SEM: indeed a silver bullet. Journal of Marketing Theory and Practice, 2011, 19 (2): 139-152.
[112] Baron R M, Kenny D A. The moderator-mediator variable distinction in social psychological research: conceptual, strategic, and statistical considerations. Journal of Personality and Social Psychology, 1986, 51 (6): 1173-1182.
[113] Hui C H, Triandis H. Individualism-collectivism: a study of cross-cultural researchers. Journal of Cross-Cultural Psychology, 1986, 17 (2): 225-248.

[114] Wagner H T，Beimborn D，Weitzel T. How social capital among information technology and business units drives operational alignment and IT business value. Journal of Management Information Systems，2014，31（1）：241-272.

[115] Wang Y G，Ma S S，Li D H. Customer participation in virtual brand communities：the self-construal perspective. Information & Management，2015，52（5）：577-587.

[116] Sun Y Q，Fang Y L，Lim K H，et al. User satisfaction with information technology service delivery：a social capital perspective. Information Systems Research，2012，23（4）：1195-1211.

[117] Chen Y C，Wu J H，Peng L F，et al. Consumer benefit creation in online group buying：the social capital and platform synergy effect and the mediating role of participation. Electronic Commerce Research and Applications，2015，14（6）：499-513.

[118] Hau Y S，Kim B，Lee H，et al. The effects of individual motivations and social capital on employees' tacit and explicit knowledge sharing intentions. International Journal of Information Management，2013，33（2）：356-366.

[119] Atuahene-Gima K，Murray J Y. Exploratory and exploitative learning in new product development：a social capital perspective on new technology ventures in China. Journal of International Marketing，2007，15（2）：1-29.

[120] Hau Y S，Kang M. Extending lead user theory to users' innovation-related knowledge sharing in the online user community：the mediating roles of social capital and perceived behavioral control. International Journal of Information Management，2016，36（4）：520-530.

[121] Kim M J，Lee C K，Bonn M. The effect of social capital and altruism on seniors' revisit intention to social network sites for tourism-related purposes. Tourism Management，2016，53：96-107.

第7章　娱乐行为在降低感知风险中的角色：来自手机应用数据的证据①

风险通过自然灾害或人为灾害给人类身心造成具体创伤[1-4]。自有人类历史以来，各种灾害与灾难就常常折磨着人类文明[5]。仅在2004~2013年的这10年间，全球就发生了6525件有记录的灾难（其中3867件为自然灾害），导致100多万人死亡，经济损失达1万亿美元，影响了10多亿人口的生活[6]。在未来若干年内，随着人口压力进一步增大[7]、科技相关的风险迅速增加[2]及气候变化相关的极端天气发生率攀升[4]，灾难风险这个“幽灵”的影响将会更大。灾难如此频繁，各民族人民和社会又是如何从中复原的呢？和身体恢复及经济恢复[8, 9]的挑战相比，可能更重要的是个体心理恢复的挑战；如果心理无法得到恢复，则人类活动将会受到全面影响[10-13]。本章通过对风险经历如何影响群体日常行为模式及此类变化是否影响灾难恢复中的心理恢复进行调查，探索了灾难恢复中涉及的人为因素。

7.1　研 究 假 设

本章将2013年雅安地震作为一种“自然实验”，用于探索风险经历如何影响人类行为。雅安居民因其位于不同地点而随机地遭受到了不同程度的地震烈度②影响，我们以不同烈度的影响作为对不同水平的风险经历的测量，并以数种方式对风险经历的行为影响做了测量。首先，本章使用地震灾民的纵向个体层面手机应用数据（N=157 358，占雅安人口的10.1%），这些数据刻画了居民在地震前后的日常

① 本章部分内容发表在Jia J S，Jia J M，Hsee C K，et al. The role of hedonic behavior in reducing perceived risk：evidence from postearthquake mobile-app data. Psychological Science，2017，28（1）：23-35.

② 烈度是对地震影响的一种主观测量，不应和里氏震级或矩震级等地震等级测量相混淆，后者指的是地震释放的能量。

生活方式，可以描绘出人们在不同时间如何应对不同程度风险的行为。其次，对这些行为在缓解感知风险方面的效能进行了探索，感知风险是由经历地震造成的一种负面心理状态，它与对不确定性和恐惧的感受有关[1]，是在自然风险、环境风险和健康风险研究领域常用的一种主观危险估计[2]。将受访者的手机应用数据与一次现场调查（N=2000）相结合，该现场调查于地震后一周对难以观察的心理建构（包括感知风险）进行了测量。最后，采用工具变量法测量通信、功能和享乐行为对感知风险的影响。为了进一步确认结果的有效性，本章对灾民恢复经历（N=3100）进行一次回顾性调查。

已有研究调查了灾难对信息扩散和物理流动性的影响[14-16]，但本章记录了风险经历对日常生活方式的影响，并使用可验证的个体行为测量手段对通信、功能和享乐行为在灾难恢复中的角色进行测量。

从概念上看，风险是一个多维度的复杂理论建构[2]，既包含有认知取向的信息成分（如概率估计），也包含有情绪取向的经验成分（如恐惧感），这二者都必须成功地得到缓解才能实现心理恢复[1]。处于全社会风险场景（如灾难）时，风险的体验也可以在人与人之间发展，因为信息和情绪会在灾民和与灾民有社会关系（如亲属）的人士之间传递[17]。本章预计，风险的这些不同方面可能会导致相应的适应性行为反射性增加。

因此提出如下假设。

H7-1：风险经历会不可避免地增加对功能行为和信息行为（如阅读最新的新闻以消除与不确定性相关的风险）的需求。

H7-2：风险经历会增加交流行为（如更多的电话、短信和通信应用程序的使用）、扩大活跃的社交网络规模（按照外向程度中心性测量[18]），以便满足人与人之间传递信息与情绪的需求（如消除有关亲属安康的不确定性、分享经验及寻求社会支持[14, 17]）。

同时，对有关享乐行为的两项假说进行测量。

H7-3：风险经历会导致享乐行为的增加。

H7-4：灾难后参与更多享乐行为会减少受风险威胁的整体感受。

这些假设似乎与直觉相矛盾（如灾民可能太忙或是没有心情从事享乐活动），但是也有理由让人相信灾民可能会寻求愉悦、快乐并以此作为对风险的响应，而这样做可能会对他们获得幸福感有好处。在神经学层面，厌恶刺激可以刺激大脑中中脑–边缘多巴胺的释放，从而促进寻求快乐[19]。确实，多巴胺回路中的过度抑制与严重抑郁症和其他精神疾病有关，这意味着抑制快感会产生负面的心理后果，寻求快乐可能是对负面刺激（如风险）的适应性反应[20, 21]。此外，对情绪调节的心理学研究表明，寻求积极情绪是情绪修复过程的一部分[22]，因此，灾民可能会尝试从事享乐活动，以缓解处于压力中的身心状态[23]。尽管有证据表明积极情感可以作为群体层面的恐惧减少策略[1, 24, 25]，但是传统上，享乐行为作为一种减轻灾难心理影响的方法一直被忽视。相反，人们一直关注风险相关的交流与临床方法（如咨询或药物），默认为放弃快乐仅是为减少风险所付出代价的一部分[2, 13, 26-28]。

7.2 研究方法

雅安地震发生于北京时间 2013 年 4 月 20 日上午 8 点 2 分，其震中位于四川省雅安市芦山县，距离四川省省会成都市约 116 千米。在初步分析中测试风险经历的严重程度会如何改变灾民的行为。国家地震科学数据中心将地震的表面波震级定为 7.0 级，为了对风险经历的程度进行测量，本章使用典型的最大修正麦加利地震烈度，其在不同地理位置分别处于Ⅴ~Ⅸ度。当地政府的统计数据表明，烈度与实际损害高度相关（受伤，r=0.56；群体流离失所，r=0.76；估计经济损失，r=0.81；p<0.01）。以前关于风险的研究主要集中在风险估计上，而且通常在假设的背景下进行[2-4,26]，但是本章是对由真实危险和紧急危险造成的风险感知进行测量。

将地震作为一种工具，具有以下几种独特的经验优势。首先，地震产生的随机冲击相当于进行了一次准实验，因为居民不知道地震会发生。其次，地震产生的危险很难在实验室环境中复制，因此提供了一个研究真实风险如何影响人们生活的机会。再次，雅安地区不同地点经历了不同程度的物理震动和破坏，所以地震自然而然地生成了风险经历区间尺度。最后，相对温和的物理损害（150 万人口中有 196 人死亡）缓解了天花板效应，并且意味着大多数地区的电信基础设施完好无损（只有两个人口相对较少的县部分网络中断）。

本章使用多种移动通信数据，包括移动应用程序（App①）、电信（如语音呼叫、短信）和网页浏览器使用的数据，以获取地震带来的行为影响。手机无处不在并被频繁使用，因此它提供了最详细可用的有关人类活动动态个体层面上的记录[18]。手机应用数据还反映了现实世界中的内部行为（如打给邻居的电话频率增加反映了与邻居物理互动增加[18, 29]）。以往的研究中常使用通信模式与地理位置来对人类行为进行推定，但本章将移动应用程序的使用作为一种日常人类兴趣与活动的代替物来进行关注。我们推断，个体对不同移动应用程序的相对使用情况如发生变化，能反映出其普遍的心理上的兴趣（如看视频、玩游戏或听音乐可反映出其对愉悦活动的普遍兴趣）。手机的便携性、多功能性和典型的拥有者接近度

① 移动应用程序（App）是安装于手机上的软件程序（如音乐播放器、播放视频的程序、提供天气信息的程序）。

为在地震发生之前、地震发生期间和地震发生后进行连续、自动和不显著的行为的测量提供了条件。

7.3 数据获取

7.3.1 个体层面电信与地震数据

本章使用雅安地震灾区 157 358 名居民 3 个月的电信记录(2013 年 3 月 1 日~5 月 31 日，以 4 月 20 日地震为中点)，这些居民均为一家中国移动通信业务运营商的活跃用户（占总人口的 10.1%，其中 59.0%为城镇居民)。这些数据包括 5600 万条带时间戳的匿名的个人语音呼叫、短信和移动互联网使用记录，以及他们的基本人口统计信息、家庭住址和手机信号塔访问信息。对这些用户的注册地址进行编码，进而能够将来自中国地震局基于位置的地震烈度测量数据与雅安手机用户联系起来。这些用户的注册地址是他们的真实住址，因为运营商也向他们提供连接到住址的固定线路服务(如固定电话、宽带)。因此本章可观察到地震对每位居民的精确影响(地震发生于星期六上午 8 点 2 分，所以大部分人在家中)，并且可将这些居民与雅安市人民政府提供的县域经济和损害数据结合起来。

7.3.2 App 数据

将电信数据集与一份独立的手机应用程序使用模式数据集进行结合，后者针对的是 71 820 名作为应用程序活跃用户的雅安居民（62.44%为城镇居民)。本章对活跃用户的定义是，在地震前一周和地震后一周分别至少使用了 1 次基于万维网的移动应用程序的用户。数据可显示每位用户每日访问各个应用程序的次数。本章对 125 种最流行的移动应用程序进行考察，这些应用程序已经由运营商事先归为 19 个小类：微信(因为其流行程度和多功能性，独立为一类)、即时通信(不含微信)、地图与 GPS、工具、应用市场（用于下载应用程序)、多媒体通信（基于互联网的文体信息)、博客、移动支付、新闻、浏览器、游戏、生活服务(旅游、天气等)、社交网络、视频、财经、购物中心、电子邮件、阅读、音乐。本章将移动应用程序使用归为三大类——通信、功能性使用和享乐性使用（如天气信息应用程序为功能性使用，音乐播放器应用程序为享乐性使用)，并且(相对于地震前)对地震后的使用变化进行研究。

7.4 研 究 结 果

总体而言，地震烈度越高，所有三类行为均逐级增加；此种增加现象于地震当天开始，持续约一个月。在第一周内，烈度为Ⅸ的地区出现了例外情况，因为基础设施受损，地震发生后的前几天发生了服务中断。然而，在手机通信塔基础设施修复后，这些地区的应用程序使用在接下来的一周内迅速恢复。

7.4.1 地震烈度对行为的影响

为了正式测试地震烈度是否会改变行为，本章使用一阶差分固定效应模型①来测试地震发生后第一周与地震前一周相比的移动应用程序使用变化情况，经高度显著的 F 检验与 Hausman 检验（$p<0.001$）确认，与随机效应 OLS 法回归相比，此模型更加合适。使用模型（7-1）来获取从地震前（$t=0$）到地震之后的移动应用程序使用中的个体行为变化：

$$y_{it}=\alpha+v_i\rho+x_{it}\beta+I_{it}\theta+\varepsilon_{it},\quad t=0,1,\cdots,T \tag{7-1}$$

其中，因变量 y_{it} 为在时间（周）t 时个体 i 的移动应用程序使用；α 为常数；v_i 为个体 i 非时变变量中的一个向量（如年龄、性别、手机款式、服务套餐、地震特征，这些在地震前后均保持不变）；x_{it} 为电信活动的一个向量（主叫电话与短信、依据该期间联系的人数确定的活跃社交网络规模、万维网使用频率）；I_{it} 为处理变量，包括地震烈度、一个电信基础设施损坏的哑量（当 $t=0$ 时，$I_{it}=0$，即地震前的一周）；ε_{it} 为随机误差项。一阶差分模型通过取两个时间连续方程的差，取消了 α 与 v_i。

$$\Delta y_i=\Delta x_{it}\beta+I_{it}\theta+\Delta\varepsilon_{it},\quad t=1,\cdots,T \tag{7-2}$$

其中，Δy_i 为地震前一周与地震后第 t 周的变量差。一阶差分模型利用固定效应估计量的优势，隔离了非时变可观测与不可观测特征的影响[30]。而文献[31]中一阶差分估计量 $\hat{\beta}_{FD}$ 与 $\hat{\theta}_{FD}$ 为来自回归模型的混合 OLS 估计量（一致、无偏）[31]。

总体而言，地震烈度越高，预测地震后第一周内通信、享乐性与功能性应用程序使用就越多（表 7-1）。其中，一阶差分模型显示，地震烈度是地震后通信应用程序（$t=31.5$，$p<0.001$）、享乐性应用程序（$t=26.0$，$p<0.001$）与功能性应用程序（$t=14.1$，$p<0.001$）使用增加的一个显著性预测变量。电信频率（包括主叫呼

① 本模型对使用变化进行比较（即地震前后使用的差异），对无法观察的异质性（如经历了不同地震烈度的地区可能具有无法观察的人口统计学差异）进行解释。

叫频率与短信发送频率)、万维网使用频率及社交网络活跃规模的较大变化也预示着三类应用程序的使用大幅增加。基础设施破坏哑量（烈度为Ⅸ）表明通信与享乐应用程序使用的减少，很有可能是由于在地震后的前四天内互联网访问减少，但是基础设施破坏不是功能性应用程序使用的一个显著性预测变量。为了进行稳健性检验，本章采用一种地震烈度的替代测量方法，将距震中的距离作为预测变量，得出了同样的结果。

表 7-1　预测从地震前一周至地震后一周个体层面移动应用程序使用变化的一阶差分固定效应模型（N=45 574）

变量	通信应用程序（调整后的 R^2=0.139）				享乐性应用程序（调整后的 R^2 = 0.0366）				功能性应用程序（调整后的 R^2 = 0.0253）			
	系数	标准差	t	p	系数	标准差	t	p	系数	标准差	t	p
主叫呼叫频率变化	0.835	0.085	9.79	<0.001	0.262	0.058	4.53	<0.001	0.227	0.096	2.37	0.018
短信发送频率变化	0.739	0.040	18.6	<0.001	0.309	0.027	11.4	<0.001	0.271	0.045	6.05	<0.001
社交网络活跃规模变化	0.635	0.248	2.56	0.011	0.395	0.170	2.34	0.019	0.973	0.278	3.49	<0.001
万维网使用频率变化	1.27	0.020	62.8	<0.001	0.207	0.014	15.0	<0.001	0.542	0.023	23.9	<0.001
基础设施破坏哑量	−26.6	6.80	−3.91	<0.001	−21.0	4.62	−4.53	<0.001	−11.3	7.62	−1.49	0.137
地震烈度	5.21	0.166	31.5	<0.001	2.92	0.113	26.0	<0.001	2.61	0.186	14.1	<0.001

注：地震前一周及地震后一周之间通信、享乐性、功能性应用程序使用的变化为因变量。针对三个模型的 F 检验与 Hausman 检验均为高度显著（p<0.001），表明固定效应模型非常合适

为了进行交叉验证，本章使用（私人住宅和手机号码）主叫和被叫语音呼叫及短信数量作为替代因变量、地震烈度与基础设施破坏哑量作为自变量来运行一阶差分模型。结果，在基础设施破坏受控的情况下，地震烈度越高，语音呼叫主叫数量就越多（t=65.53，p<0.001），短信数量也越多（t=57.02，p<0.001），社交网络活跃程度越高（即联系了更多与灾民有社会关系的人士）（t=82.76，p<0.001）。总体而言，地震对电信使用的影响与其对移动应用程序使用的影响相似。

地震后四周内通信应用程序、享乐性应用程序、功能性应用程序每周使用频率变化如图 7-1~图 7-3 所示。以地震前一周的使用情况为基准。经历的地震烈度为Ⅵ、Ⅶ、Ⅷ、Ⅸ的不同地点，其结果分开显示。由于来自烈度Ⅴ地点的样本极少，这些样本被纳入烈度Ⅵ的结果中。

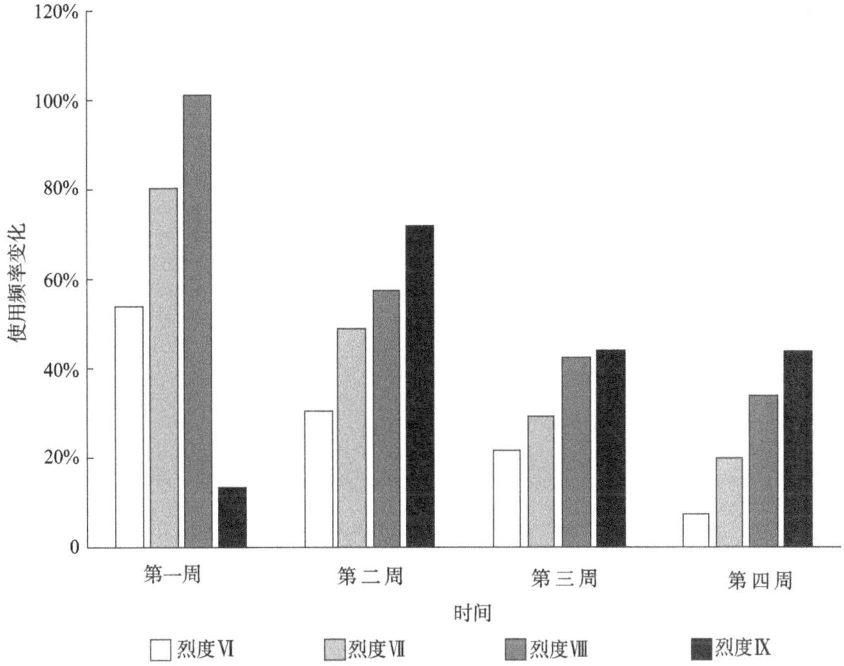

图 7-1　地震后四周内通信应用程序每周使用频率变化

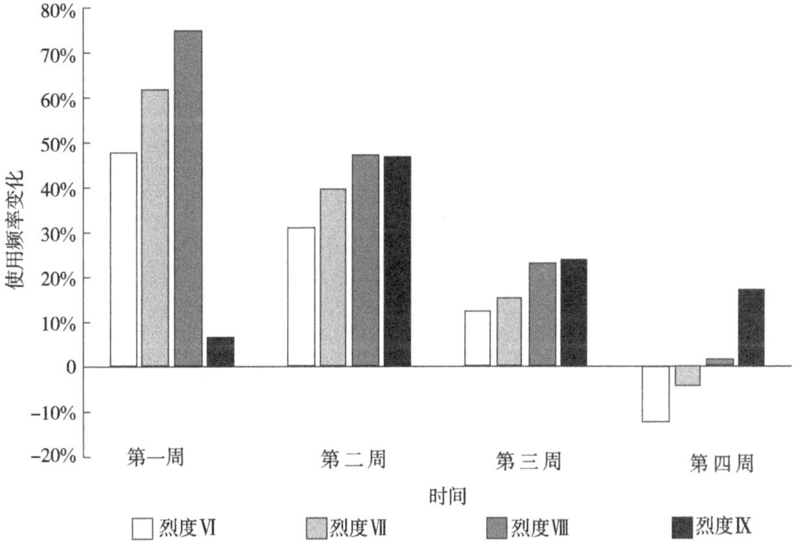

图 7-2　地震后四周内享乐性应用程序每周使用频率变化

此前，人们一般预计基于移动设备的活动在地震后会减少，原因是更加忙碌、情境限制及压力导致的社交回避。然而，正如 H7-1 和 H7-2 预计的那样，地震后立刻出现了功能性应用程序与通信应用程序使用的增加，而且此种模式在地震后

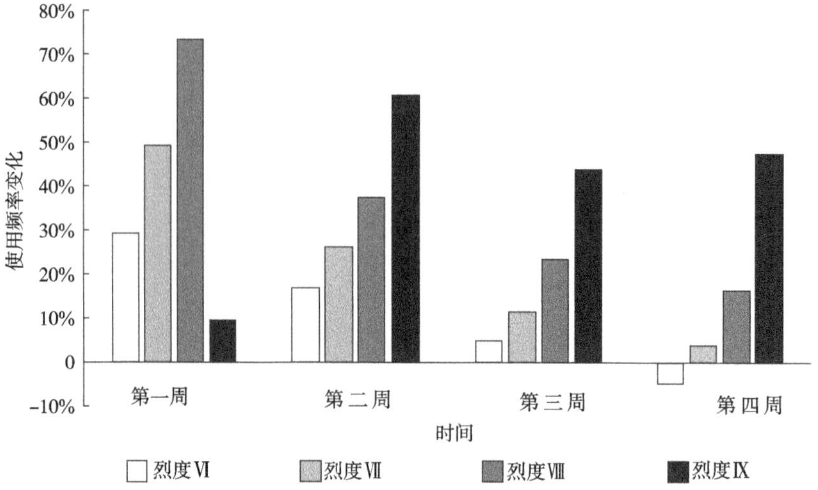

图 7-3　地震后四周内功能性应用程序每周使用频率变化

持续了数周（图 7-1 和图 7-3）。享乐性应用程序的使用同样也增加了数周时间（图 7-2），正如 H7-3 所预计的那样。关键的一点是，所有类别应用程序在更高地震烈度的地点增加更多（但在烈度为Ⅸ的地区第一周除外，因为在前四天网络访问受到了移动基础设施破坏的影响）。换句话说，物理震动越大，会导致基于移动设备的活动增加越多，此发现使那种认为应用程序的使用是替代性、非地震相关的解释理屈词穷。

此外，地震烈度对互联网网页浏览器存在更加微妙的影响，而互联网网页浏览器可以被视为是多功能的应用程序。通过使用与之前相同的固定效应模型来考察地震后一周的网页浏览行为发现，尽管地震烈度越高，通信类网站（t=14.0，p<0.001）和功能性网站（t=12.23，p<0.001）的访问越频繁，但是享乐性网站访问频率越低（t=-3.00，p<0.01）。功能性网站的访问增加符合规范性信息需求（H7-1），而通信网站的访问增加可能是由于当时在我国基于浏览器的大众社交媒体、聊天和信息发送服务类网站客户端比专门的 App 应用程序更加常见。然而，我们注意到：地震后对享乐性网站的访问减少，此发现结果与表 7-1 的分析和 H7-3 不一致。考虑到手机网页浏览器更多的是用于搜索信息而不是用于享乐活动（如在手机浏览器上玩游戏或听音乐要比使用专门的 App 应用软件更困难），结果也可能仅仅说明：地震灾民在地震后没有在网页浏览器上寻找新的享乐性应用程序，而是更加频繁地使用现有的享乐性应用程序。这一情况与之前的一些研究一致：心理压力的增大增强了对熟悉的选择的渴望，与规范性成本无关[32]。

7.4.2　不同行为在减少感知风险方面的效能

前文已经说明，经历更大的风险（如地震烈度更大）会导致通信应用程序、享乐性应用程序和功能性应用程序使用的增加，但是这些行为与灾难后恢复有哪些联系呢？尽管通信和功能性的行为目的均较直观（如社会支持、信息寻找和共享），但是享乐性行为的角色稍欠清晰。通过概念性分析，本章认为，享乐行为可能是一种适应性的应对策略，这种策略有助于人们从厌恶的风险经历中进行心理恢复[19，20]。然而，享乐行为的增加可能是由与风险无关的因素推动的。例如，经历了更大地震烈度地区的居民可能由于地震破坏减少了其他可参与的活动，而其花在手机上的空闲时间更多。为了测试不同行为对心理恢复的影响，我们进行了一次大规模的现场调查，对人们在灾难刚发生后的心理状态进行测量，其测量结果被用作统计理论测试中的一个因变量。

1. 现场调查

地震发生后的 5~7 天，从数据集中随机抽取 2000 名居民进行电话调查（最终响应率为 43%；如此高的响应率可能是和居民对创伤后社会支持的需要及其愿意与官方机构分享其困境有关）。关键的因变量是感知风险："现在您觉得地震的风险有多大？"评定量表中的值最小为 1（根本没有威胁），最大为 10（威胁很大）。感知风险是对面临风险时的总体感受的一种通用测量法[2]，它与焦虑、压力和对未来悲观前景等感受有关[1]。将经历的物理损害、受伤和对恐惧的初始感受均作为协变量，并对其进行测量。为了使测试更有说服力，调查的重点放在损失最大的两个县：芦山（震中县）和宝兴（相邻的一个县，重灾县）。

探索性分析表明，地震一周后的感知风险与享乐性应用程序的总体使用（p<0.001）及享乐性应用程序特定小类的使用［包括视频（p=0.002）、音乐（p=0.019）、阅读（p=0.025）及购物应用程序（p=0.040）］在第一周内呈负相关。这些结果与 H7-3 一致，但是解释变量可能存在内生性，所以相关性（及普通回归模型）并未显示有因果关系（如通信应用程序与享乐应用程序的使用可能与由遗漏的变量、测量变量及同时性或因果关系造成的误差项有关）。

2. 工具-变量分析

为了对地震后应用程序使用与感知风险之间的因果关系进行测试，本章使用工具变量分析法，此法利用地震天然的实验环境提供了一个应用程序使用的无偏估计量来解决内生性问题[33]。

其中，本章使用了一种具有渐近有效性的两步最小卡方估计方法[34，35]，以便对 Tobit 模型进行估计：

$$y_{1i}^{*} = y_{2i}\beta + x_{1i}\gamma + \mu_i \qquad (7\text{-}3)$$

$$y_{2i} = x_{1i}\Pi_1 + x_{2i}\Pi_2 + v_i \tag{7-4}$$

其中，y_{1i}^* 为因变量（即感知风险）；y_{2i} 为内生变量的一个向量；x_{1i} 为外生变量的一个向量；x_{2i} 为辅助工具的一个向量；β 和 γ 为参数向量；Π_1 和 Π_2 为参数矩阵；μ_i 和 v_i 为独立随机误差项。在本章中，地震后一周内通信应用程序、享乐性应用程序和功能性应用程序及互联网浏览器的使用被当作内生变量（y_{2i}）。此模型对不同形式的行为是否有助于减少个体的感知风险进行测试，地震后一周内相应的使用情况（x_{2i}）及其他外生变量（x_{1i}）被当作工具变量。

Tobit 模型的截取方法能减轻对感知风险调查测量中极端值的天花板效应（数据点中 17.1%为 10，表明存在严重的右侧截尾），以便能正确地估计参数，因此，本章没有对 y_{1i}^* 进行观察，而是观察了 y_{1i}：

$$y_{1i} = \begin{cases} 0, & y_{1i}^* < 1 \\ y_{1i}^*, & 1 \leqslant y_{1i}^* \leqslant 10 \\ 10, & y_{1i}^* > 10 \end{cases}$$

此工具变量法的逻辑如下。如果将解释方程［方程（7-3）］作为单独的普通回归来操作，则此模型可能会受到内生性问题的困扰。例如，如果更频繁的享乐性应用程序使用预测出更低的感知风险，则也有可能是误差项中某个遗漏的变量（如空闲时间）造成的。然而，采用两步最小卡方估计法时，会使用一种工具（常常来自自然实验）来进行无偏差、一致性的估计。此方法的正式要求是工具（a）与内生解释变量相关（相关条件），但是工具（b）与解释方程中的误差项无关（正交条件）。因为外生解释变量与工具无关的话，则其无法解释为何模型及模型所测试的关系有显著性。

在本章中，地震前一周的应用程序及互联网使用情况与地震后一周相应的应用程序及互联网使用情况相关，但又与感知风险无关，故而被用作工具变量。事实上，这四个工具变量与其相应的外生变量高度相关（r=0.697~0.747，p<0.001），因此满足了相关条件；最小 F 统计量为 192.50。这种相关性很直观，因为人们在一段时间内的行为习惯相对稳定，尤其是在使用手机上[12, 16, 29]（如地震前就喜欢听音乐的人在地震后仍然比其他人听得多）。此外，依据正交条件，地震后的感知风险与地震前的通信应用程序、享乐性应用程序和功能性应用程序并不显著相关，只与之前的互联网（浏览器）使用呈弱负相关（p=0.04）。但是，对年龄、性别及农村县城差异进行控制后，此弱负相关性不再显著。此相关性的缺乏直观可见，因为地震前一周的应用程序使用与由尚未发生的地震产生的误差项(如空闲时间）没有相关性。

在两步最小卡方估计法中的第一步［方程（7-4）］，对四个外生变量中的每一个（地震后应用程序与互联网使用）与其相应的工具变量集（包括地震前应用程序与互联网使用）及其他外生变量（如性别、年龄）进行回归，以进行无偏差估计。将这些估计量用于第二步回归［方程（7-3）］，以估计 Tobit 模型中的所有参数。

表 7-2 列出了 Tobit 模型的最终估计量，其结果与 H7-4 相一致。享乐性应用程序更频繁的使用明显地预测了更低的感知风险（p=0.005）。此结果与寻求快乐可能是针对厌恶体验的一种神经适应性响应[19，20]的观念相一致。关键的一点是，此模型显示：无论其他因素差异如何（如空闲时间或受损害的程度），享乐行为越频繁，感知风险越低①。

表 7-2　就应用程序使用对感知风险的影响进行工具-变量分析的结果

预测变量	系数	SD	z	p
常数	4.788	0.805	5.94	<0.001
年龄	0.013	0.011	1.16	0.247
性别（男性=1）	−0.732	0.245	−2.99	0.003
智能手机（是=1）	0.465	0.360	1.29	0.197
县城（是=1）	−0.574	0.257	−2.23	0.026
报告的损失	0.321	0.054	5.97	<0.001
距震中距离	0.000 017 9	0.000 016	1.12	0.262
社交网络活跃规模	−0.005	0.005	−0.95	0.341
主叫电话数量	0.090	0.155	0.58	0.564
发送短信数量	−0.263	0.109	−2.41	0.016
互联网浏览器使用	−0.298	0.175	−1.70	0.089
通信应用程序使用	0.454	0.180	2.53	0.011
享乐性应用程序使用	−0.396	0.142	−2.80	0.005
功能性应用程序使用	0.041	0.146	0.28	0.781

注：本分析中，感知风险为截尾变量（在 0 处左截尾数据为 77 个，未截尾数据为 474 个，在 10 处右截尾数据为 583 个）

通信（包括社交网络）应用程序的使用是感知风险的一个显著正预测变量（p=0.011），这一情况与处于风险事件（如灾难）中增加通信总是有好处这一观念是相反的。原因有可能是社交网络中的对话更关注负面经历的分享并突出风险，这使得人们感觉受到更多的风险（或者减慢了感知风险的缓解）。功能性应用程序的使用不是一个显著预测变量，这一情况可能反映出其使用主要是由于实际需要，而与调节感知风险的关系更小。发送短信数量越大，则感知风险越低。此外，男性感知的风险要比女性感知的风险小，原因有可能是男性和女性在风险感知方面

① 雅安全市所有县在震后都已停工停产，所以虽然各县的地震烈度不同，但居民们在震后的空闲时间基本相同。此外，后续的回顾性现场调查也没有发现手机使用情况与生活条件（生活条件间接反映了空闲时间多少）之间存在联系。

存在性别差异[36, 37]；县城居民感知的风险比其他地区感知的风险要小，原因有可能是该处的建筑施工质量更高；其他控制变量无显著影响。

3. 个体差异解释

基于风险容忍的个体差异，本章考虑了一种替代性的解释①。根据这一解释，风险容忍水平不同的人士对地震的反应是不一样的，和风险容忍程度低的人相比，风险容忍程度高的人（这些人天生感知的风险就要小）应对风险时，相对于通信活动，他们寻求获得更多的享乐活动。本章使用初始恐惧作为风险容忍的代替物，进行一次理论测试。在现场调查时，通过以下条目对初始恐惧进行测量："您在 4 月 20 日地震时感受到的恐惧有多大？"评定量表中的值最小为 1（没有），最大为 10（很大）。本章将受访者归为了两组，地震后第一周应用程序使用增加的为一组，应用程序使用减少的为另一组，对两组的初始恐惧进行比较，分别针对通信应用程序的使用和享乐性应用程序的使用进行分析，结果表明：那些增加了通信应用程序使用的受访者（M=7.56）与那些减少了通信应用程序使用的受访者（M=7.52；p=0.891），其初始恐惧几乎一样。在享乐性应用程序方面有类似的模式，那些增加了享乐性应用程序使用的受访者（M=7.48）与那些减少了享乐性应用程序使用的受访者（M=7.35；p=0.650），其初始恐惧相似。换句话说，地震带来的恐惧水平并未随着享乐性应用程序和通信应用程序的变化而变化，这一点与基于风险容忍差异所做的解释不一致。

为了进行稳健性检验，将初始恐惧作为一个协变量重新运行工具–变量模型。享乐性应用程序仍然是感知风险的一个显著负预测变量（p<0.05），但通信应用程序不再是显著预测变量（p=0.14），原因可能是对初始恐惧进行测量时也测量了因变量（感知风险）。不过，最重要的发现结果还是享乐性应用程序使用的影响仍然保持稳健。

相对于地震前，地震后行为模式的变化需要另外的解释，这也正是工具–变量法的逻辑。在个体层面，通信应用程序及享乐性应用程序的使用在地震前（r=0.587，p<0.001）和地震后（r=0.607，p<0.001）都高度相关。此外，通信应用程序的使用变化与享乐性应用程序的使用变化高度相关（r=0.500，p<0.001）。换句话说，那些地震后使用通信应用程序更多的人使用享乐性应用程序也变得更多。这种情况也再一次与风险容忍的个体差异导致人们改变了其行为这一观念不一致。

① 此解释是由一位匿名审稿人提出的。应当注意的是：因为本 Tobit 模型消除了内生性问题，所以在有关个体差异影响方面没有做说明。

4. 回顾性调查

为了进行交叉验证，本章于 2015 年 6 月（在地震后 2 周年，因为官方有纪念活动，所以这些记忆就凸显了出来）就灾民地震经历进行了一次回顾性电话调查。从移动电信数据集中随机抽取了 3100 位应用程序活跃用户，其中的 1134 位用户（36.6%）完成了调查。这一调查对灾后生活环境（家或者帐篷）、灾后网络可访问性、身体恢复花费时间、心理恢复花费时间及经历的损失和伤害进行测量。这些问题为风险经历提供了额外的主观和客观测量。这些测量在事后的稳定环境中进行，与之前所进行的感知风险现场调查测量提供了对比，之前的现场调查是于地震后很短时间就进行的。总体而言，这两组测试结果一致。

进行有效性检验时，我们发现，受访者经历的地震烈度（基于其地理位置）与其自己报告的感知破坏相对应。该调查还对此前未观察到的灾民恢复体验进行了深入理解。受访者估计，其物理生活条件平均于 68 天后回归正常。此估计量因地震烈度水平不同而有变化，在烈度为Ⅴ和Ⅵ的地区大约为 1 个月，在烈度为Ⅶ和Ⅷ的地区大约为 2 个月，而在烈度为Ⅸ的地区大约为 6 个月。然而，灾民情绪的恢复速度要比其物理环境或经济环境的恢复快得多。79.3%的受访者在第一周结束时已经感觉到某种程度上的情绪恢复。此结果与本章的观察一致，即灾民几乎在地震之后马上就增加了其享乐行为（图 7-2）。很明显，在地震烈度更大的地区，情绪恢复就更慢，这种情况与人们已经完成了心理恢复所以参与更多享乐行为这一观念相反。似乎恢复最慢的那些人（高地震烈度地区的人士）参与的享乐行为最多。

这一调查也可测试地震后不同生活条件对享乐性应用程序的使用是否有影响（即在地震烈度更大的地区，是否可进行的替代活动更少导致享乐应用程序使用的增加）。可对地震后一周内停留在家中的受访者和生活在户外帐篷中的受访者的享乐性应用程序使用进行比较，户外帐篷中无法使用固定线路的娱乐，如电视或有线连接互联网（雅安的居民中 62%停留在家中，30%停留在户外帐篷中，8% 离开了家乡；帐篷中生活的百分比随地震烈度水平增加而增加）。

7.5　讨　　论

总体而言，本章采用多种方法在大规模人群中，对个体行为在响应真实风险经历时随时间发生的变化进行记录，结果发现地震烈度越高，地震后的通信应用程序、享乐性应用程序与功能性应用程序使用频率的增加也会越多（一阶差分模型）。然而，只有享乐行为减少了感知风险（工具–变量分析），通信行为（即通信应用程序、电话呼叫和短信的使用）产生了混合效应（mixed effect）（只有发送短信数量起到了帮助作用，它可能反映了人们的弱关系网络规模和社会支持可用程度），功能性行为（主要包括信息搜索）对感知风险无显著影响。

总体来看，享乐行为的增加是心理恢复的一个积极因素，而并非仅是灾后活动增加的产物（artifact）。已有文献资料记录了积极情感、神经系统奖励和快乐带来的心理上的好处，但是对于将享乐行为作为一种心理恢复辅助手段进行推广的科学、公共政策关注相对较少。根据传统的做法，享乐行为，以及广义上的神经系统奖励与社会认为的适当风险响应相冲突。事实上，一些政府甚至强制实施反对享乐的政策，如在灾难发生后一段时间内不得穿鲜艳的衣服或者禁止电视娱乐节目。享乐并非灾民的唯一诉求，但研究结果表明，娱乐天然地在灾民心理治疗过程中发挥作用，并且享乐活动可能潜在地促进群体规模的创伤事件的心理恢复。

对本章的统计模型进行解读需要特别小心。虽然工具–变量方法反映因果关系（至少在统计意义上），但它本身并不表现出精确的机制或心理过程。确定其潜在的机制是一项超出本章研究范围的单独问题。但是，本章的结果并非毫无关于机制的证据，结果表明享乐行为在降低感知风险方面发挥作用，而通信行为可能会增加感知风险。此外，本章还排除了许多针对记录现象的简单的非心理学解释：固定效应模型显示，行为改变不可能是由异质性（如地区间的经济差异不能解释应用程序使用的增加，因为本书对每个地点震后的改变进行了测试）导致的，而工具变量模型解决了内生性问题（如空闲时间、测量误差和同时性等被忽略的变量）。本章还对其他关注风险容忍和生活条件个体差异的解释进行测试，但是，享乐行为帮助人们从风险经历中恢复的准确过程仍然属于一个开放性问题，希望以后的研究能探究该问题的本质。

虽然要精确了解快乐活动刺激人们从厌恶体验中恢复这一认知和神经系统过程可能需要采取功能性的磁共振成像方法[19, 20]，但是将来进行的社会心理学、认知心理学研究也可以通过测试不同类型情绪和行为帮助人们从风险中恢复的相对效能，来加深对该过程的理解，如其原因可能是能产生低唤醒积极情绪（如平静）的享乐行为比产生高唤醒积极情绪（如激动）在降低感知风险方面有效。沿这些研究路径进行的研究不仅能加深对风险感知与经历情绪之间互动方式的理论了解[1]，而且能基于情感心理学提供更多政策干预。政策干预二级心理治疗策略，尤其是那些能够利用手机无处不在特点的策略，可以成为与公共卫生医疗相对应的心理学对等方案，尤其是群体层面事件（如灾难）刚发生后，因为成本、现场咨询人员有限、物理可及性等，很难在规模上成比例增加一级治疗时尤为重要。

考虑到信息带来的规范性好处及大量的文献资料记录了风险沟通（如危机沟通、媒体沟通及口头传播）进行信息扩散[26]带来的好处，人们可能会奇怪，为什么私人沟通行为增加了感知风险。一个可能的原因是如果私人沟通以与地震有关的对话为主，则这些沟通可能会加强恐惧和不确定性的感受。考虑到地震后前两周内发生了许多较大的余震（震级>5.0），这种加强效果可能会持续较长时间。这样的效应并不让人惊讶，但是其暗含之义与现有的风险与危机管理经验和知识有冲突[2]：关于风险的地毯式媒体报道和密集沟通是现代社会发生灾难后的标准做法。

我们对于信息的价值没有异议，很明显，沟通可能带来其他有益的功能[26]，如增加对余震的警惕。但是，本章结果指出，以后的研究可以对信息收益与心理幸福感之间的平衡进行更好的定义，并对关注风险的沟通活动在危机管理中何时产生相反效果进行调查。例如，地震发生几天后，有关风险的沟通活动产生的信息收益可能已经很小，但是会增加居民的精神状态成本，他们已经对风险有了痛苦的意识。实际上，和沟通活动及信息活动不同的是，减少感知风险最有效的活动（听音乐、看视频、玩游戏、购物）本质上就是可供消遣娱乐的。因此，制定风险管理策略，通过转移应激刺激（如对已经凸显的风险进行的媒体报道）上的注意力，可以提升灾民的心理幸福感。

通过阐释如何运用群体规模的手机应用数据（更进一步，来自其他数字和移动平台的数据）来推断心理行为及和心理学理论发生联系，本章对心理学和行为科学做出了方法论上的贡献。基于大量的纵向个体层面现场数据所获得的发现，在实验室环境下是很难获得的。传统上因样本规模小、选择有偏见、依赖自我报告和其他方法上的缺陷被批评的社会科学领域[18]能够从大数据革命的新方法机遇中获益。同时，研究结果还强调将行为理论与统计假设测试结合起来的价值，而不是依赖单纯的数据驱动方法，以获得深入洞察。在移动数据平台时代，这一点尤其如此。移动数据平台提供了前所未有的机遇，可以将基于理论的（自然的或其他）实验操作与个体层面、群体规模及内部行为数据结合起来。此类移动平台有可能将心理学理论从静态延伸到纵向框架，能够获取行为的时间动态变化并减少实验室与现场之间的操作差异。在连接理论与实践的传统时间、空间距离方面，移动平台还能使那些之前只能在实验室中研究的心理现象在真实世界环境下被大规模地研究，以提高社会的幸福感。

参考文献

[1] Loewenstein G F，Weber E U，Hsee C K，et al. Risk as feelings. Psychological Bulletin，2011，127（2）：267-286.

[2] Slovic P. Perception of risk. Science，1987，236（4799）：280-285.

[3] Viscusi W K. The value of risks to life and health. Journal of Economic Literature，1993，31（4）：1912-1946.

[4] Weber E U. Experience-based and description-based perceptions of long-term risk: why global warming does not scare us (yet). Climatic Change, 2006, 77 (1/2): 103-120.
[5] Butzer K W. Collapse, environment, and society. Proceedings of the National Academy of Sciences of the United States of America, 2012, 109 (10): 3632-3639.
[6] World disasters report 2014—focus on culture and risk. http://www.ifrc.org/world-disasters-report-2014[2020-04-24].
[7] Goldstone J A. Population and security: how demographic change can lead to violent conflict. Journal of International Affairs, 2002, 56 (1): 3-21.
[8] Kunreuther H, Slovic P. Science, values, and risk. Annals of the American Academy of Political and Social Science, 1996, 545 (1): 116-125.
[9] Michel-Kerjan E, Kunreuther H. Redesigning flood insurance. Science, 2011, 333 (6041): 408-409.
[10] Bonanno G A, Galea S, Bucciarelli A, et al. Psychological resilience after disaster: New York City in the aftermath of the september 11th terrorist attack. Psychological Science, 2006, 17(3): 181-186.
[11] Brickman P, Campbell D T. Hedonic relativism and planning the good society//Apley M H. Adaptation Level Theory: A Symposium. New York: Academic Press, 1971: 287-302.
[12] Diener E, Lucas R E, Scollon C N. Beyond the hedonic treadmill: revising the adaptation theory of well-being. American Psychologist, 2006, 61: 305-314.
[13] Perrin M A, DiGrande L, Wheeler K, et al. Differences in PTSD prevalence and associated risk factors among world trade center disaster rescue and recovery workers. The American Journal of Psychiatry, 2007, 164 (9): 1385-1394.
[14] Bagrow J P, Wang D, Barabási A L. Collective response of human populations to large-scale emergencies. PLoS ONE, 6 (3): e17680.
[15] Gao L, Song C M, Gao Z Y, et al. Quantifying information flow during emergencies. Scientific Reports, 2014, 4: 3997.
[16] Lu X, Bengtsson L, Holme P. Predictability of population displacement after the 2010 Haiti earthquake. Proceedings of the National Academy of Sciences of the United States of America, 2012, 109 (29): 11576-11581.
[17] Cohen S, Wills T A. Stress, social support, and the buffering hypothesis. Psychological Bulletin, 1985, 98 (2): 310-357.
[18] Eagle N, Pentland A S, Lazer D. Inferring friendship network structure by using mobile phone data. Proceedings of the National Academy of Sciences of the United States of America, 2009, 106 (36): 15274-15278.
[19] Salamone J D, Correa M. The mysterious motivational functions of mesolimbic dopamine. Neuron, 2012, 76 (3): 470-485.
[20] Hikosaka O. The habenula: from stress evasion to value-based decision-making. Nature Reviews Neuroscience, 2010, 11 (7): 503-513.
[21] Li B, Piriz J, Mirrione M, et al. Synaptic potentiation onto habenula neurons in the learned helplessness model of depression. Nature, 2011, 470 (7335): 535-539.
[22] Salovey P, Mayer J D, Goldman S L, et al. Emotional attention, clarity, and repair: exploring emotional intelligence using the trait meta-mood scale//Pennebaker J W. Emotion, Disclosure, & Health. Washington D C: American Psychological Association, 1995: 125-154.
[23] Ferraro R, Shiv B, Bettman J R. Let us eat and drink, for tomorrow we shall die: effects of mortality salience and self-esteem on self-regulation in consumer choice. Journal of Consumer Research, 2005, 32 (1): 65-75.

[24] Frederick S，Loewenstein G. Hedonic adaptation//Kahneman D，Diener E，Schwarz N. Well-being：The Foundations of Hedonic Psychology. New York：Russell Sage，1999：302-329.

[25] Hsee C K，Hastie R，Chen J. Hedonomics：bridging decision research with happiness research. Perspectives on Psychological Science，2008，3（3）：224-243.

[26] Fischhoff B. Risk perception and communication unplugged：twenty years of process. Risk Analysis，1995，15（2）：137-145.

[27] Ressler K J，Mayberg H S. Targeting abnormal neural circuits in mood and anxiety disorders：from the laboratory to the clinic. Nature Neuroscience，2007，10（9）：1116-1124.

[28] Zeckhauser R J，Viscusi W K. Risk within reason. Science，1990，248（4955）：559-564.

[29] Saramaki J，Leicht E A，Lopez E，et al. Persistence of social signatures in human communication. Proceedings of the National Academy of Sciences of the United States of America，2014，111（3）：942-947.

[30] Liker J K，Augustyniak S，Duncan G J. Panel data and models of change：a comparison of first difference and conventional two-wave models. Social Science Research，1985，14（1）：80-101.

[31] Wooldridge J M. Econometric Analysis of Cross Section and Panel Data. Cambridge：MIT Press，2010.

[32] Litt A，Reich T，Maymin S，et al. Pressure and perverse flights to familiarity. Psychological Science，2011，22（4）：523-531.

[33] Angrist J D，Krueger A B. Instrumental variables and the search for identification：from supply and demand to natural experiments. Journal of Economic Perspectives，2001，15（4）：69-85.

[34] Berkson J. Minimum Chi-square，not maximum likelihood!. The Annals of Statistics，1980，8（3）：457-487.

[35] Newey W K. Efficient estimation of limited dependent variable models with endogenous explanatory variables. Journal of Econometrics，1987，36：231-250.

[36] Byrnes J P，Miller D C，Schafer W D. Gender differences in risk taking：a meta-analysis. Psychological Bulletin，1999，125（3）：367-383.

[37] Finucane M L，Slovic P，Mertz C K，et al. Gender，race，and perceived risk：the "white male" effect. Health，Risk & Society，2000，2（2）：159-172.

第 8 章　大数据行为研究趋势：一个“时空关”的视角①

8.1　概　　述

科技发展的日新月异，使人类社会的流动和交流行为呈现出诸多前所未有的新特征。在移动互联网、社交网络、物联网等新兴信息技术的支持下，人们的个体行为与组织行为均呈现出鲜明的网络化特征。同时，随着智能手机、GPS、App、传感器及其他识别设备的发展，可以在任何时间、任何地点记录人们的各种行为。并且现代交通工具的快速发展，如网约车、高铁等，大大增加了人们的流动性和社会活动范围。各种具有时空信息和网络特征的数据互相融合、相互叠加，描绘出人类社会的各种动态特征和复杂行为，促使全球数据量呈现出前所未有的爆炸式增长。

大数据时代的行为研究，就是通过大数据来分析和推断人们的各种个体行为和社会行为。本章从时间（time）、空间（space）、关联（connections）三个维度，即“时空关”视角，聚焦人们的流动性和关联性及两者之间的关系，分析近年来大数据行为研究的主要进展，并总结本书课题组的相关研究结果。流动性，即人们在空间和时间上的位移，是人类生活与工作的必要条件，并影响着人们的各种行为；而关联性，即人与人之间通过血缘、婚姻、工作、同学及朋友等各种关系相连接，描绘出人类社会的结构特征。“时空关”决定或影响着人们的各种行为，从人们的流动行为和社会关联角度去分析交通拥堵、城市规划、公共政策、应急管理、病菌传播等问题，可以获得更多的洞察[1]。

针对大数据行为研究，本章提出“时空关”的分析框架。如图 8-1 所示，除

---

① 本章部分内容发表在贾建民，耿维，徐戈，等. 大数据行为研究趋势：一个“时空关”的视角. 管理世界，2020，2：119-129.

了通过时间与空间两个维度来描绘人类流动行为、以关联来描绘社会网络行为之外，这一框架还提供了通过时间、空间、关联的各种组合来考虑大数据行为研究的范畴。例如，关联与时间两个维度组合涉及的是时变或动态网络，关注的是社会网络的演变和进化规律；关联与空间两个维度组合构成的是空间网络，着重考虑空间因素对社会网络的影响。大数据行为研究可能同时涉及时间、空间、关联三个维度，以刻画“天时、地利、人和”的行为规律。“时空关”为大数据时代的行为洞察提供了一个基本框架，它能帮助人们对大数据进行描述、分析、解释、预测，使人们从多个维度形成对人类行为的规律性认识。

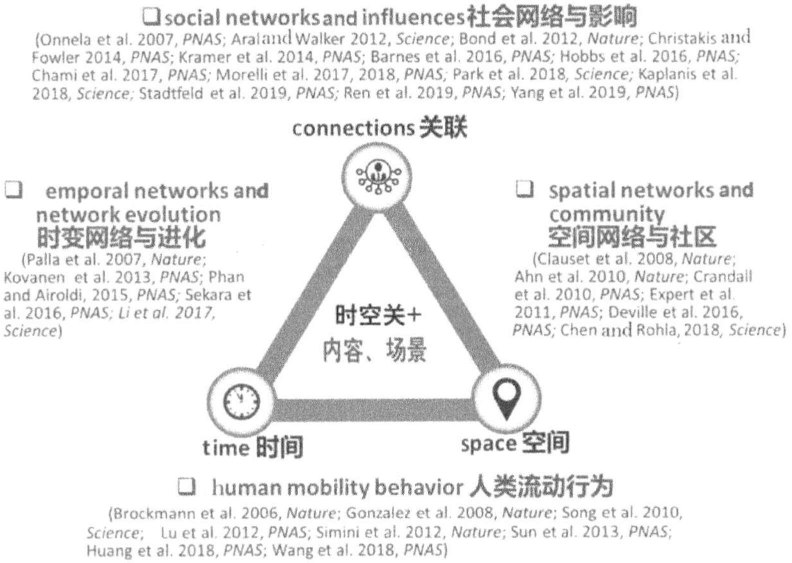

图 8-1　大数据行为研究文献的“时空关”视角

本章根据“时空关”分析框架，从社会网络、时变网络、空间网络及人类流动行为等研究领域，对近年来在 *Nature*、*Science*、*PNAS* 三个期刊所发表的关于大数据行为研究的主要文献做了一个分类和梳理，以便进一步分析相关趋势。大数据研究的“时空关”不但涉及时间、空间、关联及这些维度的组合所构成的基础科学问题，如流动性规律、社会网络结构特征等，而且通过“时空关”+不同内容与信息（以下简称“时空关+”）来洞察各种人类行为，开展更加广泛的应用研究。图 8-1 中所总结的文献，除了关注“时空关”基础科学问题以外，还涉及移民、选举、健康、灾害、交通、商业、传播等应用领域。

“时空关+”也为大数据的特征提供了一个清晰的描述。以往研究采用最多的手机移动通信数据，以及现在广泛采用的移动社交 App 数据，都提供了完整的“时空关”信息，即在什么时间、什么地点、与谁关联。目前，许多广泛应用的手机 App 都提供了“时空关+”某种内容的信息，如具有社交功能的游戏、短视频、图片、商务、学习等。这些都为开展“时空关+”的研究提供了数据的可行性。另外，还可以通过数据融合来获得“时空关+”的各种整合数据。

本章基于国家自然科学基金资助的“大数据环境下的商务管理研究”重大项目，提出大数据“时空关”分析框架，首先以这一框架分析近年来的大数据行为基础研究的主要进展,其次通过这个框架总结近年来本书课题组的相关研究结果，最后讨论大数据行为研究未来可能的发展趋势。

8.2 大数据行为研究进展

图 8-1 展示了按照“时空关”分类的大数据行为研究的主要领域和文献构成。人类的时空流动行为与社会交互行为既有自身的规律，也相互关联、相互影响，二者还同时受到社会网络、空间地域的约束和影响，并随时间发展而动态演变，这些交织的影响对于人们在特定时空的个体和社会行为起着决定性的作用。

8.2.1 流动行为研究进展

智能手机、GPS、App、移动互联网与物联网等现代信息技术快速发展，使收集人们的时空和移动轨迹的相关数据成为可能，从而推动了基于时空大数据开展人类流动行为的研究[1]。Brockmann 等[2]开创性地利用美国银行票据记录网站对超过 100 万人的票据位移数据开展了人类流动性规律的研究，他们发现票据位移的距离数据近似按照幂律分布衰减，这意味着多数人都在短距离内移动（≤10 千米），远距离移动的人占少数但具有长尾特征（约 7 %的人位移距离大于 800 千米），且两次位移之间的等待时间也服从幂律分布。另外，González 等[3]利用 10 万人的手机通信数据也证实了手机用户的移动距离服从具有指数尾的幂律分布，而且人们的位移具有简单的再生特征，即经常来回于少数几个近距离地点（如家和工作地），只是偶尔有些长距离的旅行。流动性的这些统计特征和周期规律，使人们的流动行为具有很高的可预测性[4]。

近年来，流动行为的研究朝着更注重模型精细化的方向发展。Pappalardo 等[5]考虑了返回者（通常在少有的几个地点移动）与探索者（在很多不同地点移动）两组人群的不同流动行为，发现具有相同流动特征的人群之间会有更多的互动。Jiang 等[6]从时空上考虑家庭地址与工作地点有关的活动，为流动行为提供了相应的机制模型。基于人们流动的记忆性和目的地的竞争性两种效应，Yan 等[7]建立了一个统一模型来描述所有空间尺度上（如城市内与城市间）个体与群体的移动行为。另外，人们的流动行为还会受到人口统计变量的影响，包括年龄、性别、家庭状况、职业等[8]，如有没有孩子会影响女性的流动行为。

人们的流动性特征与他们的各种社会经济行为有着密切的联系[9]。Huang 等[10]利用 7 年交通智能卡数据分析了北京市民往返于居住地和工作地点的通勤行为，发现通勤时间长于 45 分钟的人们倾向于搬到更近的地方居住，通勤时间少于 45 分钟的人们则倾向于寻找稍远但更好的工作或住所，而低收入的农民工通常住在郊区，他们通勤距离和时间更长而且常常更换工作地点。近年来不少研究从流动性视角去揭示各种社会现象和政策问题。Lu 等[11]基于 190 万个海地手机用户的移动数据研究了海地大地震后灾民的移动行为，揭示了他们短、中、长期的避难和迁移行为及回返特征。研究发现，地震后灾民们逃亡地点与他们平时的流动形态有高度的相关性，特别是那些有紧密社会联系的地方（如圣诞或新年去的地方），以上结论为应急管理和灾后重建提供了重要的依据。

Wang 等[12]利用美国 50 个主要城市 40 万人的 Twitter 数据估计他们的住址和流动形态。研究发现，各种种族和收入人群的移动距离和访问过的邻居数量在大都市地区都差不多。但是，黑人、拉美裔人与富人、白人中产阶级的接触要远远低于白种人，而且贫穷的白人社区与富有的白人社区也是相互孤立的。该项研究从人们流动性的角度揭示了美国虽是多元文化的国家，但人们在地域上还是被种族和社会阶层所分隔，因此黑人和贫困阶层缺乏与主流社会的交往，从而不能获得足够的发展机会。Chen 和 Rohla[13]通过融合超过 1000 万个美国手机用户的流动数据与选区选举数据，揭示了美国政党分歧已经影响到家庭的关系。他们发现有党派分歧的家庭在 2016 年大选前感恩节晚餐的聚会时间要比无党派分歧的家庭少 30~50 分钟，且选举广告会大大加剧这个差别。不同党派的家庭成员之间原本可以通过家庭聚会获得更多沟通机会，但研究发现这种时机正逐年减少。

8.2.2 社会网络行为研究进展

过去在多个领域对社会网络都开展了大量的定性和定量研究。研究显示，人们之间的血缘和非血缘的社会关系影响着他们的各种行为。随着互联网、手机移动通信及社交媒体（如 Facebook、Twitter、新浪微博及微信）等新兴信息技术的发展，产生了海量的社会关联“大数据”，这为开展社会网络的实证研究提供了新的机会。例如，Kaplanis 等[14]利用家谱网络数据，展示了西方社会婚姻中的血缘关系随着历史发展而减少的趋势，并且还挖掘出一个拥有 1300 万个成员的家庭世系网络。

“六度分隔”是社会网络领域早期最重要的猜想：世界上任何两个人都可以通过一系列彼此认识的人（5 个人 6 条边）被连接起来，即“小世界”现象。Watts 和 Strogatz[15]建立了“小世界”网络模型，他们在规则网络（朋友的朋友也是朋友）的少许节点之间以固定的概率随机重连，就能产生“小世界”现象。几乎同一时期，Barabási 和 Albert[16]对一类无标度（scale-free）网络提出了成长的“优先连接”原则，即新的节点在加入网络时会倾向于与具有更多连接的节点相连。这种“优先连接”机制会导致社会网络中的“富者更富”“赢者通吃”现象。对于这类无标度网络，其节点具有的连接数量（中心度）按照幂律分布衰减，即除了极少的节点有非常多的连接以外，大部分节点只有很少的连接。这些模型的建立推动了网络科学的形成和发展，并在众多领域获得应用[17]。

社会网络节点之间的连接强度（联系的频繁程度）同样具有幂律分布的特征，即每个节点除了少数的强关系，其余大部分都是弱关系。Granovetter[18]指出了弱关系的重要性，因为弱关系往往具有新信息。弱关系在“小世界”网络连接中起着重要作用[19]。Onnela 等[20]应用手机通信数据研究了关系强度与网络局部结构之间的耦合关系，发现如果去掉强关系，社会网络的结构依然稳健；但如果把弱关系去掉，整个网络就会崩溃。其研究显示，网络节点之间的关系强度可以用它们的结构嵌入度来测量，这里结构嵌入度表示两个节点之间拥有的共同朋友数量，有嵌入的关系会有更高信任度[21]。Aral 和 Walker[22]在 Facebook 平台上采用大规模随机实验来研究关系强度和各种网络结构嵌入对朋友之间产品采纳的社会影响力，发现结构嵌入起着重要作用。在最近一项利用 8 个国家的 Twitter 数据及 3 个国家的手机数据的研究中，Park 等[23]发现虽然两个人之间的关系强度会随着他们之间空间距离的增加而减弱，但并不会随着他们之间最短网络距离（除他们自身的连接之外）的增加而减弱，即当两个人需要通过更多的间接朋友（大于 3 个）相连接时，这两人之间的关系强度反而有所增强。这样的发现只有在大数据时代才有可能。

在社会网络中，由于人们之间相互关联，他们的各种行为和状态，包括吸烟、情绪、甚至肥胖等，也会相互影响并传播[24, 25]。已有的研究认为弱关系在网络连接和信息传播方面有重要作用，但强关系才能对各种行为产生影响力。Bond 等[26]对 6100 万个 Facebook 用户在网络上的投票行为开展了随机实验，研究显示社会影响力主要是通过强关系来传递的，并且这种影响力会有三度的传播。Aral 和 Walker[27]基于 130 万个 Facebook 用户开展了有关产品采用的随机实验，发现影响力和易感性这两者往往不能兼得，即具有较强影响力的人不易受他人影响，而易受影响的人往往又缺少影响力。另外，他们的研究还显示，年轻人比年长的人更易受他人影响；男性的影响力比女性高 49%，但女性对男性的影响力比对同性的影响力高 46%；已婚人士受他人影响的程度最低；同龄人间的影响力最大（高出基准线 97%）。Ren 等[28]从另外一个角度研究显示，通过移除社会网络中一些节点可以有效地摧毁网络的功能，这在控制腐败、犯罪、疫情、谣言传播等领域有广泛的应用价值。

社会网络中通常是“人以群分”，即具有类似特征的人之间更容易形成关系，且相互之间有更大的社会影响力[29, 30]。社会基因学研究发现，人们基因型的相似性可以预测他们之间的关系强度[31]。实证研究也表明，相同兴趣的人成为朋友的可能性更高[32]。人们不同的心理特征支撑着不同的关系种类，幸福感高的人会占据以分享快乐为特征的网络中心，而具有同情心的人往往成为以信任关系为特征的网络中心[33]。

社会网络给人们带来的各种影响一直是近年来研究的热点。Yang 等[34]研究了美国商学院研究生的 450 万次电子邮件通信数据，显示了社会网络中心度能显著地预测他们能否获得具有领导地位的工作职位。Stadtfeld 等[35]的研究显示，人们能否把社会网络中的朋友关系转换成学术合作的纽带可以用来解释学术的成败。Hobbs 等[36]基于 1200 万个 Facebook 用户的数据，揭示了在线上结交更多朋友的人会得到更多的健康利益，且他们的死亡风险更低。Chami 等[37]的实证研究显示，人们的社会网络会影响社区的健康。Barnes 等[38]发现捕鱼人的社会网络甚至会影响到生态健康。另外，各种因素对社会网络形成的影响也是一个有待研究的领域。例如，Phan 和 Airoldi[39]采用飓风这一自然实验，基于 Facebook 数据研究了灾难对社会网络的影响，发现受影响的人们会形成更多紧密联系的群组并与朋友的朋友形成更多的新关系，从而获得更多的社会支持。Morelli 等[40]通过神经科学与社会网络相结合的方法，揭示了人们有能力观察到周围同龄人的社会价值，并以此作为建立强关系的来源。

8.2.3　社会网络与时空关系研究进展

人们的社会网络会受到他们所处的地域空间的影响，并随着时间变化而动态演化。已有研究显示，人们的社会关联具有距离依赖的特征，即连接的强度和概率随着地理距离的增加而减少。在最近一项关于家谱网络数据的研究中，Kaplanis 等[14]揭示了西方社会婚姻中的血缘关系随着夫妻双方出生地的距离增加而降低，尤其是第二次工业革命以来，这一平均距离超过了 100 千米，正是由于铁路流动技术的发展，促进了西方多文化的融合，从而减少了婚姻中的血缘关系。由于地理上的相似性和便利性，人们通常在自己地缘相近的区域有更多的亲戚和朋友，因此社会网络往往依赖于空间地域[41, 42]。社区社会网络的一个典型特征就是重叠性和层次性[43-45]，且区域内的管理结构具有分层特征，社区社会网络包含了大都市区域、县域中心（小城镇）和村庄三个层次。在很多发展中国家，人们从农村迁移到城市或从小城市转移到大城市，通过这样的地缘迁移来获取更多的机会来改变自己的生活状态。因此，人们的地理位置对其社会阶层和社会联系具有强烈的暗示性。

已有研究表明空间约束对于社会联系具有较强影响，大约有 2/3 的朋友关系依赖于地域[46]。社会关系能解释人们 10%~30%的一般性流动行为，以及 50%~70%

的周期性流动行为，特别是社会网络关系影响长距离的旅行[47]。此外，社会网络结构可能会随时间而改变，社会网络的时间特征成为理解人们动态行为的重要研究对象[43, 48, 49]。时间与空间的关联也会促进人际社会网络之间的联结[50]。人们的行为可能存在多种形式的时空重叠，如空间维度的同地点、时间维度的同时间及时空双维度即轨迹等，这种具有时空共存的同轨迹状态意味着人与人之间存在某种意义上的关联[51]。反之，如果两个人有更多的共同朋友，他们就会有更多的共同位置；而且关系越强，他们流动轨迹的相似性就越高[52]。

Eagle 等[53]检验了基于轨迹的物理接近性来推测社会网络连接的可预测性，发现其准确率为 95%。后续的研究也确认了这种预测效力，并进一步拓展到社会网络中的链路预测[54]。基于轨迹的人际连接可以建立相应的社会网络，并提取特有属性。例如，Sun 等[55]基于公交轨迹是否重叠提取出乘客间是否存在车内相遇的共乘关系，解释了公共交通中“熟悉的陌生人”现象，并基于这种共乘关系建立了一类社会网络，认为这种社会网络有助于管理者洞察以信息扩散和疾病传播为代表的多种扩散或传播过程。

Deville 等[56]采用多个手机移动通信数据集，研究了人们的流动性与社会网络之间的关系，建立了流动性幂律与互动性幂律两个模型的指数之间的线性关系，这一新的关系展示了人们的流动性和社会互动的空间依赖性。实际上，对过去发表的多种位移数据的研究表明，人们在近距离范围（≤10 千米）的出行频率并不服从幂律分布，只有大于一定距离的出行频率才会按幂律分布衰减[2, 56]。10 千米以内的距离往往属于城市内的范围，通常在城市内的流动性是经常的、重复的[3]，而城市外的旅行则是少有的，往往是非重复的。同样，移动通信随距离变化的频率分布也有相似的特征。因此 Deville 等[56]所建立的线性关系可能只适合于城市外围的流动性与城市外围的互动性之间的关系。

在国家自然科学基金重大项目的资助下，本书基于公交刷卡数据、滴滴订单数据、铁路旅客数据、移动通信数据等，从“时空关”的视角，研究了人们流动的时空关系和流动行为对环境的影响，流动行为的社会关联特征和社会网络对流动性的影响，社会网络的嵌入性和进化机制，对应急通信的影响，社会网络对利他行为的影响。图 8-2 从“时空关”视角给出了概要性总结。

8.3 基于交通大数据的流动行为研究

从市内的公交、滴滴到城际的公路、铁路、航空等多种形式的交通出行产生了海量数据，催生了交通领域的流动行为研究[1]。本书首先基于城市公交刷卡数

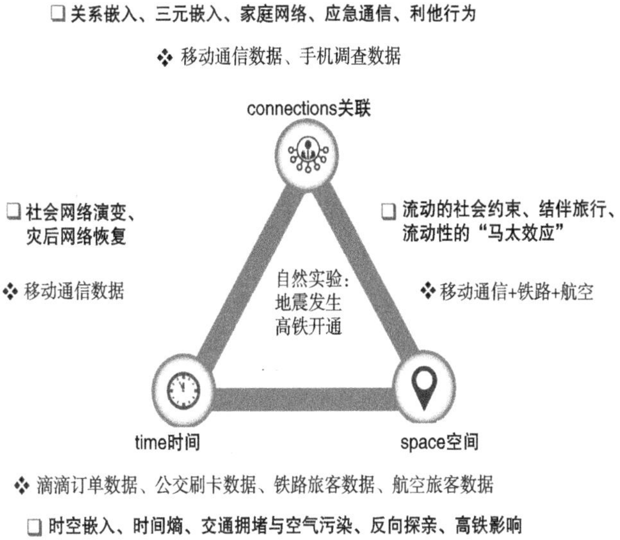

图 8-2　本书研究的“时空关”总结

据和滴滴乘客数据分别研究了城市人口流动的时空关系和流动行为对环境的影响；其次基于铁路客运数据分别研究了旅客出行方式选择行为和结伴出行所带来的影响。

8.3.1　城市交通中的流动行为研究

本书首先基于信息熵概念提出流动行为的时间熵以度量城市交流中流动行为的时间规律性和可预测性，并结合文献中已有的空间熵，基于成都市 19.5 万个乘客的 576 万个公交刷卡数据，分别从时间和空间两个维度对城市交通出行进行了度量。所发现的时空流动行为特征可将城市公交出行人群大致分为两大类。在占据主体的类型中，人们出行的空间熵和时间熵具有显著的统计相关性，即他们出行的空间规律性与时间规律性是高度相关的；在占比较小的另一类型中，人们的出行具有高度的空间规律性但时间规律性的分布较为分散。本书通过发现时间熵与空间熵之间的部分相关关系揭示了流动行为的时空两个维度之间所存在的关联和相互影响，即时间维度和空间维度的流动行为虽然相互独立但彼此之间存在某种程度的一致性[57]。这种一致性背后的机制和影响因素值得进一步的研究确定。

网约车近年来已成为城市居民日常出行不可或缺的交通方式之一。本书以城市中心作为参照点，建立了上客点、下客点和市中心之间的“交通三角”结构关系，用以研究城市居民的流动行为和交通效率。该方法尤其适用于路网形态为环形加放射状的城市，如北京、成都、西安等。这些城市的市中心向心力极强，人群自城市外围大量移动至市中心再扩散回外围，往往在不同时段形成非对称的流动，即“出城容易进城难”或者“进城容易出城难”。“交通三角”能够很好地描绘不同流动状态，揭示城市交通的时空规律。例如，当上客点到市中心的距离大于下客点到市中心的距离时，总体的移动趋向于进城方向，反之则为出城方向；当上客点、下客点与市中心之间的夹角为 180° 左右时为穿越市中心的移动。模型分析显示，基于“交通三角”衍生出的各种变量能显著地预测网约车的流动效率和空置率。

防治城市空气污染是我国政府和公众近年来最为关注的议题之一。本书从网约车流动行为的角度来研究城市交通拥堵与空气污染之间的关系。以往的研究一方面发现机动车尾气排放会造成严重的空气污染，交通拥堵引起的油耗增加则会进一步加剧污染物排放；另一方面又发现多数城市的交通拥堵指数与空气污染程度呈负相关关系。虽然有些学者也注意到这一矛盾但未能给出合理的解释。本书从流动行为的角度探讨了交通效率与空气污染之间的因果关系。通过匹配 2016 年 11 月成都市滴滴出行 600 万条订单数据与每天每小时各区域的空气质量数据及气候信息等，采用断点回归模型和中介变量分析方法，对交通拥堵与空气污染之间的交互影响机制进行了研究。结果显示，一方面，网约车运行规模增加会加剧城市空气污染，其机制是车辆流动效率降低这一中介变量的作用，即交通拥堵加剧空气污染。但另一方面，空气污染又会对交通拥堵产生抑制作用，其机制是空气污染会促使人们减少出行，从而降低车辆需求和运行规模，增加流动效率。因此，交通拥堵与空气污染之间并非恶性循环的单向影响，而是即相互促进又相互抑制的动态平衡。该发现为城市问题的协同治理提供了理论和实证依据。

8.3.2 铁路旅客流动行为研究

本书基于川渝地区铁路客运大数据研究了旅客的购票、取票、旅行等行为及顾客关系管理等。数据分析显示，购票提前时间随出行距离的增加而增加，也随着共同出行人数的增加而增加。85%的铁路旅客在开车前 1 天内取票，其中大部分人（48.4%）在开车前 1~2 小时内取票，而在开车前 1 小时内取票的人数只占 26.5%。旅客流动行为受出生地和居住地的嵌入影响显著，71.8%的铁路旅行与出生地有关，67.5%的与居住地有关。旅客乘车频率符合幂律分布，即成渝高铁旅客群体中“一次性”旅客占总乘车人数的 41.9%，而乘车频次最高的前 20%的旅客贡献了 60%的乘车次数和客票收入。高频旅客是高铁运输的主要客源，也是高铁运营收益的主要贡献者，可以此构建基于大数据的新型铁路顾客关系管理方案和系统。

本书铁路春运高峰客流规律的研究分析了从平时到春运高峰期间周节律的变动情况，结合不同方向、路线及车次的信息，运用时间序列与网络分析等工具建立了春运客流高峰判断和预测模型。研究发现，从四川去京沪穗深等中心城市的春运客流表现出“反向探亲”现象，即春节前客流中长者（60 岁以上）和青少年乘客比例相对较高，而春节后客流中青壮年和中年乘客的比例相对较高。春运客流中来往广州的旅客最多，几乎是来往上海或者北京的两倍。本书还基于人口、经济发展和离站距离等多项经济与社会发展指标，利用引力模型刻画了城市间的人口流动引力，建立了城市间人员流动的计量模型，并应用于新开成渝客运专线的初期客流预测与分配上。

成渝高铁改变了成渝走廊既有线路对人们出行的时空约束，提供了更高质量的出行服务，对既有线路形成明显分流。基于铁路旅客个人数据，本书采用双重差分方法开展因果关系推断，通过比较高铁开通前后实验组（高铁沿线）和对照组（暂无高铁）城市铁路客运量和个体行为差异，统计意义上得出高铁开通对人们出行影响的无偏估计。分析结果显示，高铁开通使沿线客流量增加了 5 倍，旅客出行频率增加了 2.13 倍，但平均出行距离却减少 17.8%。这可能是成渝高铁强化了人们在该走廊区域的短途流动，从而减少了长距离流动。高铁开通前，动车是成渝间铁路客运的主力，但高铁开通后动车站点客流时空分布和网络结构发生较大变化，全线客流减少约 47.9%，其中成渝直达客流减少 81.8%。旅客出行需要在高铁、动车和普快列车等不同交通方式中进行选择。本书采用成渝铁路旅行个人出行历史数据，提炼个体解释变量，基于随机效用理论构建了离散选择模型。分析显示，高铁乘客中 18~35 岁的青年群体占总人数的 57.1%，特别是那些使用移动渠道或者互联网购票的人，他们处于“数字鸿沟”的优势端，其迁移至高铁的概率更大。这些分析对人们的铁路出行行为提供了有效的预测。

8.4　流动行为的社会关联研究

从流动性的角度看，空间维度的移动是人们出行的目的，时间维度的延伸是人们出行的过程，关联维度则描绘人们出行的社会协同。流动行为的社会关联特征是大数据“时空关”的一种完整表达。本书首先分别基于城市公交刷卡数据和铁路客运数据研究了或暗或明的结伴出行的影响，构建了城市中由流动行为所衍生的社会网络，发现了结伴出行对铁路产品和服务选择的影响；其次通过融合手机通信和铁路客运数据，揭示了本地和外地社会网络对流动行为各自的约束和激励作用及高铁所带来的影响。

8.4.1 关联流动行为及其影响研究

城市公共交通系统每日通勤当中往往有“伴随”的旅客，即不同旅客在相同时间由相同出发地，经相同路径前往相同目的地的流动行为。按照社会网络中的“人以群分”效应，互相伴随的旅客应该在地域、时间、兴趣等消费偏好上较为相似。本书基于成都公交系统576万个旅客的刷卡数据，根据伴随所揭示的社会连接，构建出随时间不停演化的社会网络。该社会网络在瞬时状态下由大量小规模的全连通子网络构成，并且随时间累积，新的连接使得这些小规模网络不断融合形成大规模网络。公交伴随是普遍发生的现象，但重复率并不高：在1天当中，有超过81%的乘客会有伴随行为；而在1周内只有不到12%的旅客会有重复伴随；即使频繁经历伴随行为的旅客所伴随的他人也往往各不相同。城市公交管理者应该关注这类社会网络中心度较高的旅客，因为他们在信息传播或疾病防控中有重要意义。

在铁路旅客中，超过20%旅客以结伴的方式出行，其中2人结伴出行占比为64.7%。我国集体主义文化盛行，顾客结伴出行、休闲、购物、用餐等相当普遍，结伴消费与单独消费相比，有其不同的行为特征和消费结果。结伴出行通常发生在关系亲密的熟人之间，如家人、亲戚、朋友或同事。与关系亲密的人在一起时，倾向于照顾对方的利益，从而对价格的敏感度会降低[58]，因此结伴出行时人们更有可能选择价格偏高的列车和座位。另外，结伴出行有助于同行者产生积极的情感体验，从而激发享乐型消费的动机[59, 60]，导致出行者会偏向选择更高品质的出行体验。本书采用赫克曼二阶段模型（Heckman two-stage model），控制超过130万个乘客的个体固定效应，研究了旅客结伴出行对铁路产品和服务选择的影响，发现结伴出行会显著提高旅客对更高级列车和更高档座位的选择概率，特别是与女性及年长者结伴出行更倾向于选择高等级列车和座位。铁路部门可以鼓励人们共同出行以刺激旅客对高品质生活的追求，推动消费升级。

8.4.2 流动行为的社会约束研究

以往研究一般认为人们的流动行为与其社会网络间存在正相关关系，即人们的社会网络越大则其流动性越强[52, 56]。这些研究通常是基于同一个数据集，如同一个人的手机通信和位置信息，因此存在严重的内生性问题，甚至产生了相互矛盾的结果。本书融合手机通信和铁路旅行两类不同来源的数据，得到包括150万个个体的数据集。数据总体上显示社会网络大小与人们流动性大小（采用铁路旅行总距离来度量）之间几乎不存在相关性。但若将社会网络分解为本地（即本城市移动通信服务范围）和外地（占总体的25.92%）两个相互独立的网络，可发现人们流动性强弱与外地社会网络大小呈显著地正相关关系，而与本地社会网络大小呈显著的负相关关系，即本地社会网络会约束人们的流动行为。相比于孔子在

《论语》中所强调的“父母在，不远游”，这一发现不妨称为“朋友在，不远行”。

本书采用成渝高铁开通前后这一自然实验，使用双重差分方法，选择成渝高铁沿线的内江和资阳作为实验组，将不在沿线的自贡、宜宾、眉山和乐山作为对照组，研究了社会网络对流动行为影响的因果关系。将个人本地社会网络在总体网络中的占比，或本地通话次数在总体通话中的占比，作为人们本地社会资源的相对测度。三重差分（即本地相对社会资源、实验组、高铁开通）分析结果显示，本地社会资源占比和三重交叉项对流动性均有显著负面影响，其影响具有因果关系。另外，人们的流动行为受制于本地与外地社会资源的相对分布，即本地社会资源的相对比例决定了人们流动行为的减少程度；高铁一方面增加了沿线人们的流动性,另一方面又强化了本地社会资源的约束作用从而减少了人们的流动行为。大多数人（82.67%）的本地朋友都要多于他们的外地朋友，因此本地朋友对流动行为的这种负面影响不可忽视。

在此基础上，本书控制相对社会资源变量，研究高铁开通对具有不同社会经济地位（通过是否购买过一等座及以上席位来度量）的个体的影响，发现高铁开通对不同社会经济地位人的流动性增加并不均衡。除社会资源相对测度外，本书还采用了本地与外地社会资源的绝对指标，应用工具变量分析方法（即采用“朋友的朋友的”本地与外地社会资源作为工具变量），研究了社会资源对流动行为的影响。同样发现流动行为显著地受外地社会资源正面影响，同时显著地受本地社会资源负面影响；而较高社会地位的人群会放大外地社会资源对流动行为的这种正面影响，并减少本地社会资源的负面影响。具有较高社会地位的人群从高铁运行中获得更多流动性利益这一现象称为流动行为的“马太效应”。基于10万个手机用户与其航空旅行的融合数据分析同样发现了这些现象。

我国铁路网络的逐步升级使得高铁正逐渐取代传统铁路运输，使低收入人群在高铁之外的出行选择变少。这种“被高铁”现象有可能减少低收入旅客的流动性，从而降低地区之间的经济联系和情感联系。本书研究发现交通技术进步所带来的利益受制于社会系统，因为人们的流动行为和目的源于社会资源的分布。人们的社会经济地位越低，则本地社会资源对其流动行为的负面影响越大，人们通过交通工具进步所获得的利益就越小，导致“穷者更贫”。总之高铁对人们流动性带来的利益受制于社会系统的约束,这对科技与社会系统的协同发展有重要启示。

8.5　社会网络行为研究

基于社会网络的行为研究涉及多个领域，本书的研究主要集中在网络局部行为和微观机制的研究，即网络的嵌入性与进化机制，以及社会网络对众筹和利他行为的影响。

8.5.1 社会网络的微观机制与应急行为研究

复杂社会系统的某些重要属性往往只有在特殊情况下才能获得观察。本书将2013年雅安地区受地震影响的15万个灾民的移动通信数据与相关调查数据、社会经济和地震影响等数据相结合，利用地震这一自然实验开展统计分析，研究了人们在风险环境下的应急沟通行为、信息使用行为和应对行为[61]，为家庭网络研究和社会网络演变的微观机制研究提供了新的思路和证据。

地震灾害的爆发让人们重新审视社会网络中的人际关系。震后人们的第一个通信对象无疑是其重要关系，但只有26.8%的这种重要关系跟平时通话最多的那组关系是一致的，而35.5%和19.8%的重要关系按照他们平时的通信频率只能分别排在第5位和第10位之后。因此，依据关系强度变量（如通信频率）来预测社会网络中人们的重要关系往往会产生较大偏差。研究发现，震后社会网络的开启由关系强度和结构嵌入（即他们是否具有共同的朋友）两者共同驱动。在关系强度变量对社会网络在震后开启的时间、对象（朋友或者家庭），以及社会互动的影响中，结构嵌入起着调节变量的作用，即只有具有结构嵌入的关系强度才对社会网络的开启行为有预测作用。因此，用于捕捉重要人际关系的嵌入结构不仅其本身是一个显著的预测因子，也是关系强度具有预测能力的必要条件。结果显示，关系强度与结构嵌入的交叉项与关系强度的主影响的符号相反，这说明结构嵌入使得关系强度的边际影响（即关系强度增加一个单位所产生的额外影响）呈递减趋势。因此，具有结构嵌入的弱关系的边际影响力比强关系大。这一结论从经济学意义上为“弱关系的力量”[18]提供了一个新解释。

家庭是社会网络的基本组成单位，本书对三人家庭的各种嵌入结构如何在震后影响应急通信行为和社会网络进行了深入研究。将网络嵌入性的研究从二元关系扩展到三元关系，并将嵌入结构与嵌入强度分离。基于地震灾区家庭计划移动手机用户的通信数据，采用类似双重差分的分析方法，研究表明，在更高地震强度下，那些具有更完整嵌入结构的家庭会在更短的时间内联系家人，其家庭内部的通信会表现出更多互动性，且他们与核心家庭之外的社会网络成员间也会有更多通信。因此，具有更多家庭嵌入性的成员具有更大的网络中心度，这表明家庭关系与朋友关系之间是相互补充而不是相互替代，即朋友网络特别是共同的朋友网络会强化家庭网络中的成员关系。除此之外，具有完整嵌入结构的家庭成员在受灾情况下能获得更多的社会支持。

地震为社会网络的演化提供了一个有始点的观测机会。对于三人家庭的有向通信网络，总共有十六种网络形态（motifs）[62]，而这些不同形态的三元网络结构在地震前后实际出现的频率都不能被过去的理论，如结构平衡理论[63]和关系传递性理论[64]等所预测。虽然过去网络演化研究取得了较大进展，如提出了优先连接原则[16]和其他网络动态模型[43, 49]，但是对网络微观层面的演化机制还缺乏深入研究。基于“近因”（recency）和“互动”（reciprocity）两种行为效应，我们建立了一个只有单一参数的网络连接演化模型，能很好地预测三元网络各种形态的演化过程和演化结果，以及等待时间。而这些微观层面的形态和机制为理解宏观层面的社会网络演化提供了新的认识。

8.5.2　社会网络中的众筹与利他行为研究

手机的广泛应用不仅扩大了人们的社交范围，也为联结各类社会行为提供了接口。我们结合个人移动通信数据与田野实验，研究了个体社交网络结构所形成的社会属性与亲社会响应行为（包括利他行为和助人行为等）之间的关系。研究发现，个体的社会网络特征反映了他们的社会地位和其他社会属性，如网络关系的不对称性、拥有高档手机等，这些变量能够预测人们的亲社会意图和行为。通过基于电话和短信的田野实验揭示了网络变量与亲社会行为的因果关系。在该研究中，我们还通过操纵口音来辨别人们社会地位的高低，从而获得对网络变量的认识。过去的研究显示，社会地位较高的个体具有更少的利他行为。而我们的研究显示社会地位较低的个体往往有意愿帮助更多的同等境地的人，而社会地位高的个体倾向于对其他高社会地位的人提供更多帮助。

针对众筹这种新兴的网络募资方式，本书课题组还通过整合社交与众筹两个平台的数据，研究了社交网络效应对众筹行为的影响。第一个平台为点名时间网，它是中国第一个众筹平台，也是当时最大的众筹平台之一。我们获取其连续 3 年每日的网站运营数据，包括总计 63 267 个投资人对 902 个项目的所有投资信息。另一个平台是新浪微博，点名时间网上有 32 257 个投资人（超过 50%）拥有新浪微博。通过新浪微博，发现仅这 32 257 个投资人之间就有 135 834 条直接联系，并最终形成一个超过 300 万人的巨大社交关系网。通过融合这两个平台的数据，对社会关系网络如何影响众筹融资进行了深度剖析，发现多个维度的社会关系均会影响众筹行为。例如，只需要 4 位朋友即可将最冷门的投资项目选择变成最热门的投资选择。另外，如果一个众筹项目的前期投资人和后期投资人之间有着更深入的关系嵌入（即关系强度）和结构嵌入，后期投资人会对这个众筹项目投资更多，还会倾向于做出与前期投资人类似的投资选择。

8.6 结 束 语

流动性和关联性是人类社会的基本特征，将两者联系起来，从“时空关”的视角开展大数据行为研究，形成了研究的新格局。这些研究在时间、空间、关联三个维度上或各有侧重，或兼而有之，既关注流动性规律、网络结构与演化等基础性问题，也通过“时空关+”内容和场景，把研究扩展到交通拥堵与空气污染、春运与高铁影响、家庭网络与应急通信、利他行为与众筹等热点应用问题，构成了多维度、多层次、多场景、多领域的大数据行为研究图景。

人类流动性涉及的范围可以从住家附近到远方旅行，而人们的关联性也可以是从家庭、邻居到远方的亲友。我们的研究展示，把空间与关联划分为本市与外地两个层次，提供了流动性与关联性之间关系的新洞察：即外地的社会网络对人们外地的流动性有正面推动影响，但本地的社会网络对人们外地的流动性有负面约束作用。正是由于社会网络的这种双向作用，高铁给不同社会阶层带来不一样的流动性利益。我们可以进一步猜想，本地的社会网络对人们本地的流动性有正面推动影响，而外地的社会网络对人们本地的流动性有负面影响。这些猜想需要大数据来验证。另外，流动性与关联性之间的反向关系也值得探讨，高铁的开通是否会使人们本地的社会网络减小，使外地的社会网络增加，这是一个值得研究的问题。

人类流动行为的规律性同时涉及空间、时间、社会等几个维度，沿空间维度的探索在此前提到的诸多学者的努力下已经积累了较为丰厚的成果，而沿时间维度和社会维度的探索方兴未艾。流动性通常反映了人们从一种状态到另外一种状态的动态过程，而关联性则表达了人们是否处于社会交流的状态。虽然人类行为应该有一般性的时空演变规律和网络关联特征，但要更加深入地认识流动性和互动性行为，还需要考虑与之相关的内容、场景和目的。“时空关+”才能赋予时间、空间、关联各个维度的具体含义，时间、空间、关联各个维度才能变得更加有意义。

通过人工智能基于大数据来预测人们的各种行为是目前研究与应用的热点。过去的一些研究显示，手机移动通信产生的各种社会网络变量（如朋友的朋友的特征）及流动性变量可以用来预测人们的行为及社会经济状况[65, 66]。“时空关+”让我们从多个维度及这些维度所派生出的变量（如时间熵、空间熵、网络熵等）通过有明确意义的机器学习去预测人们的各种行为和状态，综合评估这些维度的影响力。

大数据行为研究面临的主要挑战是如何解决“时空关+”内容所产生的大数据的内生性问题。前面的分析已经指出，如果采用同一个数据集来描绘流动性和社会关联，这样的数据往往存在内生性问题。融合不同数据集提供了数据层面的一种解决办法。如何通过大数据来做因果推断是大数据行为研究与应用面临的主要挑战[67]。未来的研究将会更加重视采用大规模随机实验、田野实验或者自然实验等手段，结合双重差分、断点回归等方法，对行为做因果推断。

滴滴、高铁等流动性技术，以及手机、微信等移动连接技术的发展，拓宽了地域的时空边界，改变了人们的时空观念，提供了流动与连接的有效解决方案。我国在流动性与关联性技术及服务方面都走在世界的前列，将要到来的 5G 时代会产生更加丰富的数据资源，这为基于“时空关”开展大数据行为研究提供了肥沃的土壤，为我国学者在大数据领域贡献新知提供了机会。

参 考 文 献

[1] Barbosa H，Barthelemy M，Ghoshal G，et al. Human mobility: models and applications. Physics Reports，2018，734：1-74.

[2] Brockmann D，Hufnagel L，Geisel T. The scaling laws of human travel. Nature，2006，439：462-465.

[3] González M C，Hidalgo C A，Barabási A L. Understanding individual human mobility patterns. Nature，2008，453（7196）：779-782.

[4] Song C，Qu Z，Blumm N. Limits of predictability in human mobility. Science，2010，327（5968）：1018-1021.

[5] Pappalardo L，Simini F，Rinzivillo S，et al. Returners and explorers dichotomy in human mobility. Nature Communications，2015，6：8166-8174.

[6] Jiang S，Yang Y X，Gupta S. The TimeGeo modeling framework for urban mobility without travel surveys. Proceedings of the National Academy of Sciences of the United States of America，2016，113（37）：5370-5378.

[7] Yan X Y，Wang W X，Gao Z Y. Universal model of individual and population mobility on diverse spatial scales. Nature Communications，2017，8（1）：1639-1647.

[8] Lenormand M，Louail T，Cantú-Ros O G. Influence of sociodemographic characteristics on human mobility. Scientific Reports，2015，5：10075.

[9] Simini F，González M C，Maritan A. A universal model for mobility and migration patterns. Nature，2012，484（7392）：96-100.

[10] Huang J，Levinson D，Wang J. Tracking job and housing dynamics with smartcard data. Proceedings of the National Academy of Sciences of the United States of America，2018，115（50）：12710-12715.

[11] Lu X，Bengtsson L，Holme P. Predictability of population displacement after the 2010 Haiti earthquake. Proceedings of the National Academy of Sciences of the United States of America，2012，109（29）：11576-11581.

[12] Wang Q，Phillips N E，Small M L. Urban mobility and neighborhood isolation in America’s 50 largest cities. Proceedings of the National Academy of Sciences of the United States of America，2018，115（30）：7735-7740.

[13] Chen M K，Rohla R. The effect of partisanship and political advertising on close family ties. Science，2018，360（6392）：1020-1024.

[14] Kaplanis J，Gordon A，Shor T. Quantitative analysis of population-scale family trees with millions of relatives. Science，2018，360（6385）：171-175.

[15] Watts D J，Strogatz S H. Collective dynamics of “small-world” networks. Nature，1998，393（6684）：440-442.

[16] Barabási A L，Albert R. Emergence of scaling in random networks. Science，1999，286：509-512.

[17] Vespignani A. Twenty years of network science. Nature，2018，558：528-529.

[18] Granovetter M. The strength of weak ties. American Journal of Sociology，1973，78（6）：1360-1380.

[19] Dodds P S，Muhamad R，Watts D J. An experimental study of search in global social networks. Science，2003，301（5634）：827-829.

[20] Onnela J P，Saramäki J，Hyvönen J. Structure and tie strengths in mobile communication networks. Proceedings of the National Academy of Sciences of the United States of America，2007，104（18）：7332-7336.

[21] Granovetter M. Economic action and social structure： the problem of embeddedness. American Journal of Sociology，1985，91（3）：481-510.

[22] Aral S，Walker D. Tie strength，embeddedness，and social influence：a large-scale networked experiment. Management Science，2014，60（6）：1352-1370.

[23] Park P S，Blumenstock J E，Macy M W. The strength of long-range ties in population-scale social networks. Science，2018，362（6421）：1410-1413.

[24] Christakis N A，Fowler J H. Connected：the Surprising Power of Our Social Networks and How they Shape our Lives. New York：Little，Brown and Company.

[25] Kramer A D，Guillory J E，Hancock J T. Experimental evidence of massive-scale emotional contagion through social networks. Proceedings of the National Academy of Sciences of the United States of America，2014，111（24）：8788-8790.

[26] Bond R M，Fariss C J，Jones J J. A 61-million-person experiment in social influence and political mobilization. Nature，2012，489（7415）：295-298.

[27] Aral S，Walker D. Identifying influential and susceptible members of social networks. Science，2012，337（6092）：337-341.

[28] Ren X L，Gleinig N，Helbing D. Generalized network dismantling. Proceedings of the National Academy of Sciences of the United States of America，2019，116（14）：6554-6559.

[29] Aral S，Muchnik L，Sundararajan A. Distinguishing influence-based contagion from homophily-driven diffusion in dynamic networks. Proceedings of the National Academy of Sciences of the United States of America，2009，106（51）：21544-21549.

[30] Centola D. An experimental study of homophily in the adoption of health behavior. Science，2011，334（6060）：1269-1272.

[31] Christakis N A，Fowler J H. Friendship and natural selection. Proceedings of the National Academy of Sciences of the United States of America，2014，111（S3）：10796-10801.

[32] Lewis K，Gonzalez M，Kaufman J. Social selection and peer influence in an online social network. Proceedings of the National Academy of Sciences of the United States of America，2012，109（1）：68-72.

[33] Morelli S A，Ong D C，Makati R. Empathy and well-being correlate with centrality in different social networks. Proceedings of the National Academy of Sciences of the United States of America，2017，114（37）：9843-9847.

[34] Yang Y，Chawla N V，Uzzi B. A network's gender composition and communication pattern predict women's leadership success. Proceedings of the National Academy of Sciences of the United States of America，2019，116（6）：2033-2038.

[35] Stadtfeld C，Vörös A，Elmer T，et al. Integration in emerging social networks explains academic failure and success. Proceedings of the National Academy of Sciences of the United States of America，2019，116（3）：792-797.

[36] Hobbs W R，Burke M，Christakis N A，et al. Online social integration is associated with reduced mortality risk. Proceedings of the National Academy of Sciences of the United States of America，2016，113（46）：12980-12984.

[37] Chami G F，Ahnert S E，Kabatereine N B. Social network fragmentation and community health. Proceedings of the National Academy of Sciences of the United States of America，2017，114（36）：7425-7431.

[38] Barnes M L，Lynham J，Kalberg K. Social networks and environmental outcomes. Proceedings of the National Academy of Sciences of the United States of America，2016，113（23）：6466-6471.

[39] Phan T Q，Airoldi E M. A natural experiment of social network formation and dynamics. Proceedings of the National Academy of Sciences of the United States of America，2015，112（21）：6595-6600.

[40] Morelli S A，Leong Y C，Carlson R W. Neural detection of socially valued community members. Proceedings of the National Academy of Sciences of the United States of America，2018，115（32）：8149-8154.

[41] Barthelemy M. Spatial networks. Physics Reports-Review Section of Physics Letters，2011，499：1-101.

[42] Expert P，Evans T S，Blondel V D. Uncovering space-independent communities in spatial networks. Proceedings of the National Academy of Sciences of the United States of America，2011，108（19）：7663-7668.

[43] Palla G，Barabási A L，Vicsek T. Quantifying social group evolution. Nature，2007，446（7136）：664-667.

[44] Clauset A，Moore C，Newman M E. Hierarchical structure and the prediction of missing links in networks. Nature，2008，453：98-101.

[45] Ahn Y Y，Bagrow J P，Lehmann S. Link communities reveal multiscale complexity in networks. Nature，2010，466：761-764.

[46] Liben-Nowell D，Novak J，Kumar R，et al. Geographic routing in social networks. Proceedings of the National Academy of Sciences of the United States of America，2005，102（33）：11623-11628.

[47] Cho E，Myers S A，Leskovec J. Friendship and mobility：user movement in location-based social networks. Proceedings of the 17th ACM SIGKDD International Conference on Knowledge Discovery and Data Mining，2011.

[48] Kovanen L，Kaski K，Kertész J. Temporal motifs reveal homophily，gender-specific patterns，and group talk in call sequences. Proceedings of the National Academy of Sciences of the United States of America，2013，110（45）：18070-18075.

[49] Li A，Cornelius S P，Liu Y Y. The fundamental advantages of temporal networks. Science，2017，358（6366）：1042-1046.

[50] Sekara V, Stopczynski A, Lehmann S. Fundamental structures of dynamic social networks. Proceedings of the National Academy of Sciences of the United States of America, 2016, 113（36）: 9977-9982.

[51] Crandall D J, Backstrom L, Cosley D, et al. Inferring social ties from geographic coincidences. Proceedings of the National Academy of Sciences of the United States of America, 2010, 107（52）: 22436-22441.

[52] Toole J L, Herrera-Yaqüe C, Schneider C M, et al. Coupling human mobility and social ties. Journal of the Royal Society Interface, 2015, 12（105）: 20141128.

[53] Eagle N, Pentland A S, Lazer D. Inferring friendship network structure by using mobile phone data. Proceedings of the National Academy of Sciences of the United States of America, 2009, 106（36）: 15274-15278.

[54] Wang D, Pedreschi D, Song C. Human mobility, social ties, and link prediction. Proceedings of the 17th ACM SIGKDD International Conference on Knowledge Discovery and Data Mining, 2011.

[55] Sun L, Axhausen K W, Lee D H. Understanding metropolitan patterns of daily encounters. Proceedings of the National Academy of Sciences of the United States of America, 2013, 110（34）: 13774-13779.

[56] Deville P, Song C, Eagle N. Scaling identity connects human mobility and social interactions. Proceedings of the National Academy of Sciences of the United States of America, 2016, 113（26）: 7047-7052.

[57] Geng W, Yang G. Partial correlation between spatial and temporal regularities of human mobility. Scientific Reports, 2017, 7: 6249.

[58] Goldsmith R E, Flynn L R, Kim D. Status consumption and price sensitivity. Journal of Marketing Theory and Practice, 2010, 18（4）: 323-338.

[59] Rook K S, Ituarte P H. Social control, social support, and companionship in older adults' family relationships and friendships. Personal Relationships, 1999, 6（2）: 199-211.

[60] Garcia-Rada X, Anik L, Ariely D. Consuming together(versus separately)makes the heart grow fonder. Marketing Letters, 2019, 30: 27-43.

[61] Jia J S, Jia J, Hsee C K, et al. The role of hedonic behavior in reducing perceived risk: evidence from postearthquake mobile-app data. Psychological Science, 2017, 28（1）: 23-35.

[62] Milo R, Shen-Orr S, Itzkovitz S. Network motifs: simple building blocks of complex networks. Science, 2002, 298（5594）: 824-827.

[63] Cartwright D, Harary F. Structural balance: a generalization of heider's theory. Psychological Review, 1956, 63（5）: 277-293.

[64] Holland P W, Leinhardt S. Transitivity in structural models of small groups. Comparative Group Studies, 1971, 2（2）: 107-124.

[65] Goel S, Goldstein D G. Predicting individual behavior with social networks. Marketing Science, 2014, 33（1）: 82-93.

[66] Blumenstock J, Cadamuro G, On R. Predicting poverty and wealth from mobile phone metadata. Science, 2015, 350（6264）: 1073-1076.

[67] Shiffrin R M. Drawing causal inference from big data. Proceedings of the National Academy of Sciences of the United States of America, 2016, 113（27）: 7308-7309.